JN014012

Tourism

経営の視点から考える
「新しい観光学」

国枝よしみ／岡田 晃 [編著]

千倉書房

まえがき

　本書は、観光に関する歴史から観光産業および地域の観光に関わる基本を経営の視座で捉えた教科書および解説書で 14 章から構成される。本書のねらいは、国内外の先行研究を提示しながら、観光の歴史的発展や学術面の理解を踏まえた上で、観光産業に関わる発展過程を知り、観光産業の経営の仕組みや、地域の観光政策やまちづくりを理解し、観光の持続可能な発展を考える力を養うことにある。このことは、これまであまり強調されてこなかった「経営の視点」が、今やわが国の経済活動の柱の一つである「観光」を捉えるためには重要であると認識しているからである。特に 2020 年当初に拡大した新型コロナウイルスによる感染拡大は、世界中の人々の行動やほぼすべての産業に多大な影響を及ぼした。中でもそれまで好調であった観光産業やそこに従事する人々が受けた影響は計り知れない。後にこの数年間の出来事は総括され、歴史に刻まれると思われるが、観光という潮流が壊滅的なダメージからどのように回復の道を辿ったか、が研究され、将来共有されることで、再び起こりうる危機に備えることができればと祈念している。これらのことを踏まえ、本書では、学術のみならず、旅行、航空、ホテル、観光地等で長年重要な職責を務められた先生方にこのコロナ禍で企業や地域がどのように対応し、今後、どう変化するのかを踏まえて解説いただいている。読者には、経営の視点を通した観光の営みを感じていただければ幸いである。

　他方、国内の有名観光地や温泉地をはじめとする研究分野；地理学、社会学、農学、あるいは文化人類学等の範疇には、紙面の都合上多くを割いておらず不十分な点も多々あることをお許しいただきたい。

　近い将来パンデミックが収束し、観光が新たなフェーズでどのように成長していくのか、テクノロジーの発展と共に将来の世代に繋がる持続可能な観光を展望しながら、読者と共に「新しい観光」を考えていければと願っている。

　本書の出版にあたっては、ANA 総合研究所顧問 岡田晃氏、同研究員 今村康子氏、JTB 大阪教育事業部 事業部長 中川渉氏をはじめ多くの諸先生方にご尽力、ご協力を賜った。心より御礼申し上げる。また千倉書房の川口理恵氏には編集のアドバイスをいただき出版に至ったこと、紙面をお借りして感謝の意を表したい。

2023 年 2 月

国枝よしみ

目　　次

第 14 章　観光まちづくり　　　　　　　　　　　　　*277*

第1章
観光と歴史

POINT

- ・本章では、観光の発展がどのような経緯を辿ってきたかを歴史の流れに沿って以下のことが理解できる。
- ・古代・中世では宗教と結びついた聖地巡礼が旅を形づくった。また、欧州を中心としたグランド・ツアーは、後の周遊旅行の基盤となった。
- ・近代では、イギリスの産業革命が大きな契機となり、交通手段の飛躍的な発達によって旅行代理店のビジネスモデルが出現した。
- ・現代では、航空機の発達と経済発展に伴いマス・ツーリズムが拡大し、観光が大衆のものになった。21世紀に入ると通信インフラの発展と航空需要の増加、大型クルーズ船による大量の観光客の輸送等により、特定の観光地では許容を超える人々が訪れ、住民の生活や環境に悪影響を及ぼすことになった。
- ・パンデミックはその矢先に発生し、世界規模で観光産業や観光地に予想をはるかに超えるダメージをもたらした。そして、新たな観光のスタイルが生み出されている。

第1節　前近代の観光

　本章の第1節から第3節までは観光と関連付けた時代の区分を提示する。

　Weaver and Lawton（2010）は、「前近代の観光」には、独自の特徴がある一方で、「近代の観光」と多くの類似性をもつとして、1500〜1950年までを「初期近代の観光」とし、それ以降は「現代の観光」とした（**図 1-1**）。マス・ツー

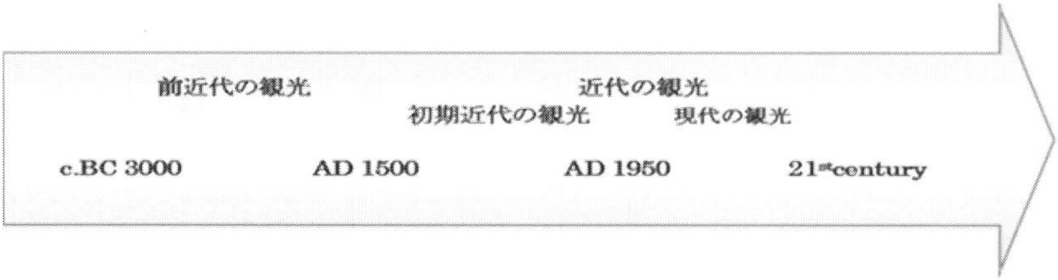

図 1-1　観光の歴史区分

出典：Weaver and Lawton (2010), *Tourism Management*, John Wiley & Sons Australia, Ltd., p. 48, Figure3.1
Tourism timelines を筆者翻訳・加工（軸は尺度を表していない）。

リズムが始まった 1950 年以降は主に、経済・社会・人口動態・技術・政治と
いった要素が観光に影響を与えた、と指摘した。

　そこで、観光に関する現在のさまざまな価値観、考え方、問題点に通じる政
策の歴史を知るため、古代・中世の観光に触れながら、英国で始まったグラン
ド・ツアーを中心に、産業革命前後の時代を概観し、過去から現在に繋がる観
光の社会的・経済的側面を考える。

1.　古代の旅

　「川に囲まれた土地（ほぼ現代のイラクに位置している）」を意味するメソポタ
ミアは、「文明の発祥地」として知られ、観光を経験する最初の場所であった
（Weaver and Lawton 2010, p. 48）。ここでは観光目的で旅する需要とそのための多
くの発明や革新が生れた。車輪、荷車、貨幣、アルファベット、馬などの家
畜、道路である。

　観光（Tourism）の語源は、さまざまな説があるが、ギリシャ語の円（サーク
ル）を描くのに使う道具のことで、出発地点に戻るという観光の特徴を反映し
ている（Leiper 1979, p. 391）とするのが一般的のようだ。紀元前 4000 年頃、サ
マリア人（バビロニア人）による貨幣の発明と交易の発展が、近代旅行の始ま
りとされている。貨幣を創造し、ビジネスの取引に使ったというだけでなく、
初めて楔形文字と車輪の発明も行ったことからトラベルビジネスの創始者と
しての功績（Goeldner ら 2000, p. 44）ともされている。

　古代ギリシャにおける観光は、オリンピックのような民族的行事と最も密接

に関わり、古代ローマでは植民地や帝国
の拡大によって膨大な旅行需要が発生し
た。ローマ人は優れた技術者で、特に土
木、建築はギリシャ人の水準を抜き、広
大な道路網、橋や旅に必要なインフラの
整備や発達に寄与した。リゾート街は植
民地開発に伴って拡大した。

　ローマのような消費都市では、1年の
うち3分の1はどこかに祭りがあり、戦
車競走、演劇、剣士（グラディアトル）
の試合がみられ、罪人がライオン、豹な
どの野獣と戦うのを鑑賞できたし、また
公衆浴場で長い時間を入浴、歓談、読書
などに費やすこともできた（衣笠ら1989,
p. 90）。街は人々が自然の温泉を楽しめ
るように、また、兵士たちや富裕層が休
んだり、休息したりする浴場、劇場を含

図1-2　ローマの剣士（イメージ）
出典：Gettyimage

む、重要な公共のインフラの建設によって特徴づけられた。英国のバース
（Bath）、イスラエルのチベリアス（Tiberias）、フランスのセント・ラファエル
（Saint Rafael）は、ローマのリゾートとして現在もその影響が色濃く残り観光地
としても人気がある。

2. 巡礼

　巡礼は、人間社会で最も知られた宗教的・文化的現象の一つで世界の主たる
宗教（仏教、ヒンズー教、イスラム教、キリスト教）の重要な特徴である。そし
て"巡礼は宗教的理由、外面的には聖地への、内面的には精神的な目的や内面
の理解によって生じる旅"（Barber 1993, p. 1）として定義されている。

　キリスト教の巡礼は、おそらく西暦1世紀ごろに始まったとされているが、
当時は巡礼に行くこと自体が命がけであった。

　巡礼は厳しく、長い旅だったが、社会的に認知された一つの儀式であったと

写真 1-1　巡礼地として知られるモン・サン・ミッシェル（フランス）

写真：Cécile Guégan

写真の解説：世界遺産モン・サン・ミッシェルは、中世より巡礼たちが訪れる修道院でありました。その名の通り「聖ミカエルを讃える岩山」でその起源は司教、聖オベールが夢の中で大天使ミカエルからこの島に修道院を建てよ、というお告げを聞いたことに遡ります。以来さまざまな時代の増築を経て現在の形となり、今日、その修道院の尖塔には金のミカエル像が輝いています。

出典・引用：フランス観光開発機構（2017）https://jp.france.fr/ja/normandy/article/montsaintmichel（2022 年 7 月 2 日閲覧）

思われる。巡礼の種類は、まず信心によるものが挙げられる。信心による巡礼者とは、巡礼行を誓った者である（アルフォンス・デュプロン編著 1985，p. 192）。巡礼者たちが帰宅の途につく時には、その証拠としてバッチをつけていた。

　スペインのサンティアゴ・デ・コンポステーラ[1]（**図 1-3**）の巡礼の場合、病気や不具の治癒を目的とした。しかし、13 世紀半ば以降は、信者たちは家に居ながら聖人たちの加護を祈願し、治癒した後、巡礼に出るという新しい習慣が生まれた。よって、この頃から健康な巡礼者が増えたとされている。俗界の貴族や大貴族には、信心のほかにもう一つ別の目的があった。その国を見たいとか、外国の宮廷に出入りしたい、あるいは自分の価値を示したいという願望から、新しい型の巡礼が発達した（アルフォンス・デュプロン編著 1985，p. 192）。これが現在でいう観光目的ということができるだろう。その他には政治

図 1-3　スペインのサンティアゴ・デ・コンポス
テーラ巡礼の道

出典：©和歌山県情報館。

を目的とした巡礼や委託による巡礼、死後の巡礼行や代理巡礼行、刑による巡礼があった。

　13 世紀における欧州の中世巡礼の最盛期には、およそ 50 万人がスペインのサンティアゴ・デ・コンポステーラにあるセント・ジェームス寺院に訪れた（Digance 2003, p.143）。なお、前述のモン・サン・ミシェルは「フランスのサンティアゴ・デ・コンポステーラの巡礼路」という世界遺産の一部としても登録されている。

　こういった社会現象を考えると中世の巡礼は、今日のマス・ツーリストに相当するもの（Digance 2003, p. 143）といえるだろう。

　14 世紀には偽りの巡礼といわれ、巡礼と見せかけて違う目的を達しようとする者も現れた。イギリスでは、巡礼を口実に職人の転職も見られたことから「通行許可証」が必要となった。巡礼は、近代に至るまである一定期間、国を離れることのできる社会的に認められた数少ない機会の一つだったことから、巡礼者の多くは聖地以外の他に関心を持っていたと考えられる（Favreau-Lilieら 1995, p. 323）。巡礼に対する威厳や人々の敬意は変わらなかったようだが、

中世末期には、公権力は巡礼に対し不信を募らせ規制を強化していった。

第2節　初期近代の観光

1. グランド・ツアー

　工業化と観光の発展については、イギリスが重要な役割を果たした。近世初頭のイギリス（イングランドとウェールズ）の人口はおよそ 400 万人で、ドイツの 1,500 万人、フランスの 1,400 万人に比べてはるかに少なかった。しかし、農民の独立自営化、富裕化と農業資本主義の発展、毛織物工業の発展により、資本主義社会への移行が進み、18 世紀には大英帝国へと発展した。その後イギリスの工業化に至る過程で、現在のツーリズム形成の基礎となったのが「グランド・ツアー」である。

　「グランド・ツアー」は、文化、教育そして娯楽のために裕福な社会的エリートによって始められた西ヨーロッパの巡遊旅行で、ツーリズムの歴史の中で最も頻繁に引用される分野の一つである（Towner 1985, p. 301）。16 世紀から 19 世紀までの英国史に関し広く注目を集めた。イギリスの指導者階級である貴族たちは、彼らの子息を国際的に通用するジェントルマンにするには、文化的先進国であるフランスやイタリアに若いうちに訪問させることが必要だと考えていたことが背景にあった。18 世紀後期のグランド・ツアーの旅行者は、主にフランスとイタリアの限られた都市；パリ、ジュネーブ、イタリア国内の小都市に立ち寄りながら、ローマ、フローレンス、ベニス、ナポリに集中した（Withey 1997, p. 7）。

　旅行者一行は、海を渡りようやく大陸に到着した（**図 1-4**）。その後、民間の馬車と馬を購入するか、雇用するかで、非常に裕福な人が利用する交通手段であった。より現実的には、馬車（2 席ある 1 頭立ての 2 輪馬車から手の込んだものまで）は、トラベル "ポスト" と呼ばれ、馬や御者を 6〜7 マイル間隔で、主要道路沿いの指定駅で借りることができた（Withey 1997, p. 11）。当時は、いわゆる標準化された宿泊施設は未だなく、政府が規制する領域は輸送であった。多くのポスティングシステムは政府が保有し、基本的に国やその他の政府事業

図 1-4　イギリスと大陸との繋がり
写真：'The landing of Sir John Bull and his family, at Boulogne sur Mer'
訳：J. Bull 卿とご家族のブローニュ = シュル = メール（フランス）上陸
© National Portrait Gallery, London

に提供され、固定価格であった。にもかかわらず、ほとんどの旅行者が予想していた価格と違っていたため、ポスティングの費用をめぐってよく口論となった（Black 1992, p. 91）。

　ツアーの内容としては 1661 年〜 1700 年のいわゆる古代の世界やルネッサンス世界への関心から支持された古典的グランド・ツアーと、1814 年〜 1820 年の観光客の感受性に応える都会や田舎の景観が好まれる二つの流れがあった。ツアーの行程管理にとって重要な要素は、季節だった。雪が降る前にアルプスを越えることが必要で、10 月半ばにはイギリスを出発しなければならない。宗教的な祭り（フェスティバル）は付加的な要素となり、クリスマスやイースターにはローマを訪れ、昇天節[2]にはベニスで過ごすというパターンは 19 世紀まで多くのツーリストがたどった（Towner 1985, p. 318）。

　転換点は 18 世紀の半ば頃のようである。それまで、地主階級のツアーは、40 〜 80 ％と多くあったが、1780 年代頃には、専門的な職業をもつ中産階級の人々が半数以上を占めるようになった。このことは、オックスフォード、ケンブリッジ大学卒業者の比率の低下など、ツアー参加者の社会的、教育的背景が変化したことを意味する。

　ツアーの期間は、16 世紀には平均 40 ヵ月間であったものが、1830 年代までには平均たった 4 ヵ月に短縮された。これは、地主階級と比較すると中産階級

の時間的・金銭的制約によるものや、1790年代のフランス革命、1814年のナポレオン戦争の影響が挙げられる。そのためツーリストセンターも大きな影響を受けた（Towner 1985, p. 321）。

　ヨーロッパにおける運送手段は、川を運行する船が主流だった。陸の輸送は、前述のポスティングシステムである。17世紀の半ばには4頭立て馬車のサービスが登場し、18世紀半ばには拡大した。その後、蒸気汽船が1816年からライン河に、1820年にはスイスの湖に導入され、観光客の流れが集中するようになった。大きな進展は18世紀中頃、馬による長距離輸送サービスが導入されたことによる、いわゆる旅客サービスの芽生えである。その他銀行家たちは、ツーリストセンターで両替サービスを提供するようになった（国枝 2013, p. 40）。なお、17世紀にはすでに旅行者のための生命保険ともいうべきものが存在した（本城 1994, p. 42）

　このように「グランド・ツアー」は、観光の歴史において重要な一時代であり、その中心となった人々は、商業や専門家あるいは製造業のいわゆる中産階級であった。

2. 工業化社会と観光の波及

　イギリスの産業革命は他国に先駆けて開花した。特に綿織物工業による市場の需要と生産力の進歩が目覚ましく、動力革命ともいわれる蒸気機関がJ. Watt（1736〜1819）によって開発され、19世紀には輸送の革命にもおよび、鉄道などの工業技術の発達により、労働時間の規制と休暇が増加した。そして、移動にかかるコストの軽減により、多くの一般大衆が旅行するようになった。当時、工業化や都市化による環境汚染は、詩、文学、絵画、新聞による日々のコミュニケーションを刺激した（国枝 2013, p. 41）。1811年には全人口の64.8%、10年後には71.8%が都市人口で占められるようになった（衣笠ら 1989, p. 336）。人々は都市の臭いや病気を避けるために郊外や海岸へ向かった。その結果、英国ではBrighton、オーストラリアではManly、ニュージーランドはRotarua、カナダではBanffといった都市が発達した。政府もこういった人々をそれらの目的地に送るために鉄道を建設した（国枝 2013, p. 41）。

　一方、オーストラリアでは、1850年代にゴールドラッシュ[3]により急激な

人口増加に見舞われた。レクリエーション活動は、急速に多様化するとともに、休暇地となる地域が拡大した。シドニーでは、下水処理は十分でなかったため、多くの人々はレジャーで都市を逃れた。こういった人の動きは、ハイキングや国立公園運動のきっかけとなった。世界の各政府は、欧州、北アメリカ、オーストラリアといった多様な地域に公園地帯、自然保護区を設置した。これら政府の関与は、国の観光に対する最初の動きであった（国枝 2013, p. 42）。

　北米における観光は、欧州の概念と異なっていたと考えられる。北米への初の旅行者は、探検家と移民、好奇心の強い、裕福な旅行者が続き、その人々は帰国して、新世界での経験について書いた（Towner and Wall 1991, p. 76）。比較的短い旅行で国境を往来する欧州とは対照的に、北米では数千マイルも行っても、まだ自国の中にいるといった違いがあった。ヨーロッパでは、観光旅行の歴史が学究的領域として描写される一方、北米では、観光はレクリエーションとして扱われたようだ。

　20 世紀の未来学者で 70 年代に日本の成長を見通していた Kahn（1976, p. 40）は、観光旅行が 2000 年迄に世界最大の産業になるであろうと予測した。その観光産業が今日の発展を遂げるきっかけとなった社会現象の一つが、前述のグランド・ツアーであり、その後、観光をビジネスとして成立させたのが英国人トーマス・クックである。

　彼はそれまでになかった団体旅行を 1841 年に思いついたとされ、国際観光に対する企業の寄与という観点だけでなく、1860 年以降、欧州や東地中海地域への貢献が挙げられる。さらに彼は、アントレプレナー（起業家）として、さまざまな広報活動などを通じて自助努力を行動で示した模範的な存在であった。

　当時の鉄道料金は、高額であった。彼は、ミッドランド州鉄道の係官に乗客数の保証と引き換えに料金値下げをするよう説得した（Withey 1997, p. 137）。これによって、570 名の行楽客が 3 等のオープン列車に乗り込み、それを興味深げに何百人もの群衆が見守ったとされている。

　1851 年、第 1 回ロンドン万国博覧会が開催された。クックはこの機会こそ労働者階級が念願の旅行に行く時代であることを認識したようである。新聞を発行し、大々的に PR を行った。その結果 16 万 5,000 人（総入場数の 3 ％に相

当）が、クックの団体旅行で博覧会を訪れた（Withey 1997, p. 166）。幾度となく大きな損失を出しながら、リヴァプールの海岸への団体旅行をはじめ、宿泊施設の手配や数年ごとに欧州内で行われた博覧会へのツアーなど、働く以外の楽しみとしての「旅行」を労働者階級の人々に低価格で提供した点でも注目される。会社設立 50 周年記念の 1891 年までにクック代理店は、180 万マイルに及ぶ鉄道・河川、海の 30,000 シリーズのチケットを提供した。その前年までの間 330 万枚のチケットを販売し、1900 年までにその数字は約 600 万枚に上った（Withey 1997, p. 166）。このようにクックは、初めて団体旅行を企画・販売することに成功し、このビジネスモデルが最初の旅行代理店であり、マス・ツーリズム[4]（Jafari ら 2003, p. 383）に繋がる起点となった。

　第二次大戦以前の英国では、ごくわずかな人たちだけが休暇で海外に出かけ、ほとんどの労働者は全く休暇を取ることができなかったとされる。しかし、この傾向は戦争で根本から変わった。1945 年までに人々は、軍隊で初めて海外に行き、さらに飛行機や航空輸送に慣れていった。戦後の経済発展は、彼らの生活水準を向上させ、それまで休暇先であった北海方面への旅では物足らなくなったのである。

第 3 節　現代の観光：マス・ツーリズムと
ニューツーリズム

　マス・ツーリズムは、フランスと英国のシーサイド・リゾートにおいて、初めて出現するが、それは公共交通機関のシステムと効率が良く（そして安価な）鉄道ネットワークの発展に伴い、工業都市とリゾート地域への投資と結びついた（Segreto ら 2009, p. 1）。その結果地中海の国々は、マス・ツーリズムの目的地となった。

　観光がどのように社会で受け入れられていたか、戦後のツーリズムを 4 段階で示したのは、Jafari（1990）である。

　彼は 1950 年代から 60 年代にかけての観光の発展を「支持的プラットフォーム」とした。この段階では、ツーリズムの肯定的な面、例えば観光は、理想的な活動であり、地域にとって経済的便益、雇用や経済波及効果、相互理解をもたらす、などが強調され、ほとんどマイナス面は知られていなかった。した

がって、この段階の支持者たちは、ツーリズムの成長は奨励されるべきで政府はこの拡大を妨げる規制をするより、促進すべきと考えていたようである（Weaver 2008, p. 3）。

　70 年代の初期からは、「警告プラットフォーム」に入りツーリズムの否定的な面を危惧する研究が盛んに行われた。Wall and Mathieson（2007）は、第三世界（発展途上国）への観光の波及について、目的地の経済に否定的な影響を及ぼすといった内容で警鐘を鳴らした。この 60 年代から 70 年代は、いわゆるマス・ツーリズム、太陽やビーチへの需要といったお決まりの動機しか持たない団体客向けの標準的な商品が全盛であった。これを Poon（1994）は、オールド・ツーリズムと呼んだ（国枝 2013, p. 46）。

　80 年代に入ると警告プラットフォームと同じ立場ではあるが「オルタナティブ（代替の）・ツーリズム」という考え方が台頭し、大規模観光に替わる小規模で地域に配慮した観光形態を支持した。この時期を「適応プラットフォーム」と呼んだ。

　90 年代初頭以降は、「知識基盤プラットフォーム」に移行した（Weaver ら 2022, p. 14）。この時代は、より客観的な立場で観光の光と影の影響を捉えた。そして、目的地によって、またその規模の大小にかかわらず、持続可能になり

写真 1-2　モン・サン・ミッシェルを訪れる団体客
写真：Cécile Guégan

うるとした。

　これまでのオールド・ツーリズムとの比較において、Poon（1994, p. 42）は、より柔軟で、環境を重視する、経験豊富で、独立心旺盛な観光客の存在を明らかにし、その旅行者を「ニューツーリスト」と呼び、新時代の消費者行動を示した。マス・ツーリズムは、大量輸送が可能な手段で観光客を目的地に送り込むことにより相当な収入や雇用を生み出すが、物理的環境や目的地のコミュニティの生活や文化に圧力をかける。目的地も受け入れ可能な範囲で対応できるようになる観光の持続可能性が重要な時代になっている。

第4節　わが国の観光

1. 古代から中世へ

　わが国でも古くから信仰の旅が見られた。白川上皇が最初に熊野参詣（さんけい）を行ったのが 1090 年とされている。平安前期の熊野詣（もうで）は、上皇、女院や貴族の間で流行した（笠原 2004, p. 96）。熊野への道は険しく、難所が多かったことから「先達（せんだつ）」と呼ばれる案内人が先導した。

　先達は、熊野参詣の信者である「檀那（だんな）」を熊野へ導いた。檀那のもとへは、熊野参詣のできない人が代参を依頼に来た。熊野へ到着した檀那は「御師（おし）」のもとへ赴いて長旅をくつろいだ。御師は宿泊の他、祈祷（きとう）や山内の案内などの世話をした。御師にとって檀那は収入源であり、先達は、それを誘導してくる人物である。したがって、先達・檀那は、動産として扱われ、売買の対象となった（笠原 2004, p. 96）。この御師の役割が現在の旅行会社（旅行代理店）に相当するともいわれている。熊野参詣には東日本の人々が多く訪れ、西日本の人々もこれに関わりながら、西国三十三か所札所巡り（ふだしょめぐ）に参加し、室町時代の中期には最盛期を迎えた。中世の参詣は武士や有力農民等に限定されていたが、近世には宿泊施設の向上や治安の維持もあり農民も参詣が可能になった。室町時代には僧侶だけでなく、一般の人々が巡礼に加わるようになったのには、産業の発達が挙げられる。前田（1990）は、二つの要因を挙げている。一つは荘園制が南北朝の内乱で崩壊し、農村の自治が進展した。これらの上層民の中から番

COFFEE BREAK

　『東海道中膝栗毛』（1802）の著者、十返舎一九は、地方のあらゆる階級で発達した新しい旅―巡礼―についても記述しています。神聖な山々の巡礼、これには登ること自体だけでなく、行くことに苦難を伴ったものです。しかし、一九は「妙義山、榛名山、富士山、大山（神奈川県）…人々はこれらの場所を7割は楽しみのため3割は信仰から訪れていた（十返舎一九（1832）大山道中膝栗毛より）」とし、巡礼を主として　レクリエーションの形態であると考えていたようです。

（出典：Miyazaki and Williams（2001）, "The Intersection of the Local and the Translocal at a Sacred Site: The Case of Osorezan in Tokugawa Japan," *Japanese Journal of Religious Studies*, 28（3-4）, p. 420.）

東海道中栗毛彌次馬。日本橋
出典：みゆネットふじさわ

　人々や物売りが行きかう賑やかな日本橋で、豆売りから豆を値切ろうとしています。そのうしろには、てんぷら屋と寿司屋の屋台が見えます。江戸時代からてんぷらと寿司は馴染みの食べ物で、当時は屋台で気軽に食べられるものでした。このシリーズは大ヒットした十返舎一九の『東海道中膝栗毛』を摸して作られています。各宿には弥次さん、北さんが登場し、落合芳幾が二人のくりひろげる道中模様をユーモラスに描き、仮名垣魯文が各宿のテーマとなる文章、狂歌一句と二人の会話をおもしろおかしく記しています。

頭・沙汰人・オトナなどという村役人が生まれ、やがて、これらの人々が巡礼に出るようになる。このように巡礼は、当初信仰の旅であったが、時代を経てその意味や目的が変化していった。民衆化が進むにつれ、社寺の祭礼の日や縁日には門前一市が開かれるようになり、「門前町」が生まれた。

　中世以降は、農民や商人などが暇をみつけては、風雅な旅を楽しんだ。土地に束縛され、苛酷な労働を強いられた農民達は、非日常的な巡礼に自由な旅を求めたのであろう。室町末期の巡礼の大衆化の要因として、前田（1990）は「巡礼聖（ひじり）」の役割を現在の「添乗員」にたとえ、その貢献を挙げた（ただし、下層の農民の巡礼への参加は江戸時代の後期である）（前田 1990, p. 61）。また、農業では、経営の集約化と多角化が進展し収穫量が増加した。その結果、商業が発達、貨幣が流通し、旅に必要なお金が巡礼の大衆化を後押しした。一方、先達を務めた山伏は中世末から近世初期になると地方へ定住するようになり、この制度が弱体化することとなった。

　江戸時代になると四国遍路が民衆の間に浸透し、享保期（1716〜1736）に最盛期を迎える。江戸時代に、巡礼に出たのは、未婚の男性ばかりではない。未婚の女性も旅に出たのである。嫁入り前に女も一度は巡礼を体験しなくてはならないという慣習は、江戸時代から各地に見られた。菜の花の咲く三月の初め、赤い杖をついた老人の「先達」に連れられた十数名の娘たちが、遍路道を歩いている姿は、四国の春の風物詩であった（前田 1990, p. 49）。

2. 近代の観光

　わが国の「巡礼」の変遷をみてきたが、欧米と比較するとそのかたちには違いが見られる。神崎（2004, p. 75）によれば、曲線型と直線型の違い、という。わが国では、各地の寺社を訪ね歩く、どちらかというと周遊型つまり曲線的である。ヨーロッパや中東における巡礼は途中で中小の聖地への立ち寄りはあるものの、目的意識からすれば物見遊山の気分を排除して直線的（神崎 2004, p. 76）、つまり出発地と目的地を往復、としている。しかし、中世の後期には巡礼を名目にビジネスをする者も出現した、とする記述も見られることから、人々にとって巡礼はさまざまな意味や目的があったのかもしれない。

　明治時代になると関所が廃止され、旅は自由になる。鉄道が整備され、1886

年（明治 19 年）に筑波大学の前身である東京高等師範学校が最初の修学旅行を行なった。翌年には長野師範学校でも実施され、やがて全国に拡がっていった。ただ当時の修学旅行は、現在のように、地理や歴史、更に各地方の文化を学習するというよりは、むしろ、1 日に 7 里（28 km）も歩く「長 途遠足」の色彩が強かった（前田 1990, p. 48）。国内旅行については、社寺や温泉だけでなく海や山といったリゾートにも目が向けられた。後に幸田露伴、田山花袋など著名人の著書や紀行文を掲載した旅行案内書などが国内旅行ブームを呼び起こしたとされている。

　現在の国際観光の萌芽は、近代国家として歩み始めた幕末から明治初期にかけてみられる。日米通商条約（1858）調印後は、神奈川、長崎、新潟、兵庫の 4 港が開かれ、翌年に同条約の締結がされると横浜も開港となり、西洋化を急ぐわが国にとって外国人のための宿泊施設は喫緊の課題となった。そのため 1890 年、政府主導のもとで、建設・外務省や宮内庁の働きかけと、渋澤栄一、大倉喜八郎らの尽力によって日本初の洋式ホテル、帝国ホテルが開業した。また、外客を円滑に誘致するための民間組織、喜賓会（Welcome Society：1893 年設立）は、ジャパン・ツーリスト・ビューロー（1912 年設立：現、JTB）へと受け継がれている。

3.　戦後から高度成長期の観光へ

　先進国が、製造業の発展とともに観光を進展させるなか、わが国でも、1950 年代半ば以降、観光ブームが興った。1964 年 4 月からは海外渡航が自由化 [5] され、同年秋の東京オリンピック開催を控え、都内はホテルの建設ラッシュに沸いた。開催直前には東海道新幹線が開通、右肩上がりの経済成長に伴い団体客を中心とした、大量に観光客を目的地に送り込むビジネスモデル、マス・ツーリズムが定着した。広域観光ルートの宿泊の拠点となった温泉地は、旅館がグループの受け入れに繁忙を極め、次第に大規模化した。温泉地の歓楽化が急速に進み、観光事業者や行政当局も観光地の景観や環境の保全に配慮することはほとんどなかった（山村 1994, p. 32）。

　1970 年には大阪で万国博覧会が開催され、会期中の総入場者数は約 6,421 万人と過去の万国博覧会史上最高を記録した。航空会社では、ジャンボジェット

が就航し、団体向けの海外旅行パッケージが好調で、マス・ツーリズムに拍車
をかけた。内藤（1970, p. 80）は、1970 年当時の大衆化した観光の様子を次の
ように描いている。

> 「熱海は 3 日間で 40 万人の入込みがあった。350 軒の旅館はもちろん、約
> 500 軒ある会社の寮も超満員で、熱海駅前広場と海岸べりの市営駐車場も
> 対前年同期の 200 ％、5 月 3 日の夜は、この駐車場で 30 台あまりのマイ
> カー族が車中泊をした」

　当時のマイカー利用の旅行者は、それまでの鉄道やバスと比べると予約をせ
ずに出かけ、大きな交通渋滞を引き起こした様子がうかがえる。このように、
マス・ツーリズムとは、観光が大衆化して、大量の観光者が発生する現象（岡
本編 2007, p. 48）を指した。

　その後 1973 年 10 月〜1974 年 8 月の第 1 次オイルショック、1978 年 10 月〜
1982 年 4 月の第 2 次オイルショックは、これまでの高度経済成長が、低成長
へ移行する転機となった。それに伴い旅行形態も団体旅行から次第に少人数で
行動する個人旅行へと移ることとなる。

　このように日本においては、戦後の経済成長と海外渡航の自由化、新幹線の
整備・航空機材の大型化等で、国内および海外旅行が大きく発展した。その背
景には、企業の好調な業績に支えられ、団体旅行需要が増加したことが挙げら
れる。有名な観光地、特に旅館はその受け入れ先となり、観光は産業化、組織
化され、20 世紀後半まで主たる大手旅行会社による大量仕入れ、大量販売と
いったマス・ツーリズムによる収益構造が確立され、業界は一部大手の寡占に
繋がっていった。20 世紀後半になると、インターネットが普及しはじめ、観
光市場は大きな変化を迎えることとなる（第 5 章参照）。

第 5 節　地域住民の意識と政策、 そして持続可能な観光へ

　観光が発達するにつれ、その地域への影響は、好ましい面とそうでない面が
指摘されてきた。例えば、外資による投資で観光開発が進められることがあ

る。地域の産業なら住民には理解ができるが、観光に関連する雇用の恩恵を受けられないまま、環境だけが悪化することとなると観光産業がどのようなものか、住民には理解できず、受け入れ側であるホストとゲストである観光客の認識に大きなギャップが生じることになる。このことは地方のみならず、大都市においても起こりうる。このような問題点に対処するためには、住民に理解を得ることや計画への参画の機会を設ける等が必要となってくる。

　また、近年、船舶、航空機、バスなどの規制緩和等による競争激化が、マス・ツーリズムといった現象で地域に思わぬ影響を及ぼすことになった例がある。世界遺産屋久島である。1996 年に交通市場全般における需給調整規制が撤廃され、2000 年には貸切バスと海運業の規制緩和が始まった。その結果、鹿児島と種子島、屋久島を結ぶ高速船に参入する企業が出現し、高速船の料金が価格競争の末、値下げとなった。その結果、屋久島を訪れる登山者数は2000 年に約 4.5 万人であったものが、一貫して増加し続け 2008 年には 2.5 倍以上の約 11 万人まで増加した。特に縄文杉への登山者は、2000 年の約 3 万人から 2008 年には 3 倍の約 9.2 万人となった。このことは、島の自然環境、住民、行政にとって大きな課題をもたらしたのである。

　このような事例は、2014 年以降急激に増加することになるインバウンドがもたらしたオーバーツーリズムの前兆であったように思われる。観光客の受け入れに関しては、その地域の許容範囲をよく理解したうえで、観光のもたらすポジティブな側面が発揮できるようにしたいものである。

　最近では、オーバーツーリズムで苦しんできた EU の都市が観光税を導入する。イタリアのベネチアでは、新しい観光税は滞在する観光客の数に応じて2023 年には 3 ユーロから最大 10 ユーロにする可能性がある。タイでは、2023 年 4 月からすべての外国人観光客に 300 バーツ（$9）の料金を導入すると発表した。地元の観光局によると、料金の一部はインフラとアトラクションの開発に再投資し、健康保険なしでタイを訪れる観光客の医療費をカバーするためにも使用される。観光地は歴史に学び持続可能な観光を真剣に考える時が来ている。

●注 ───────────

1　キリスト教12使徒の一人である聖ヤコブ（スペイン語名サンティアゴ）の墓が9世紀初頭、スペイン北西部サンティアゴ・デ・コンポステーラで発見され、それ以来、ローマ、エルサレムと並び、サンティアゴがヨーロッパ三大巡礼地の一つとして崇められ、キリスト教信者の心の拠り所となっている。

2　キリストの復活後の昇天を記念する祭り（学研国語大辞典より引用）。

3　新しく発見された金鉱に人々が殺到すること。特に、1849年に米国カリフォルニアで起こったものをいう（Goo国語辞典より引用）。

4　休日の旅行先へ大量の観光客が流入することを指す（Jafari監修（2000），*Encyclopedia of Tourism* より引用）。

5　自由化：わが国のIMF8条国への移行に伴い、1964年4月1日より、1人1年1回500ドルの範囲内で海外渡航の自由化が実施された（運輸白書1964）。

【参考文献】

Alegre, Joaquin and Magdalena Cladera (2006), "Repeat Visitation in Mature Sun and Sand Holiday Destinations," *Journal of Travel Research*, 44 (3), pp. 288-297.

Barber, Richard W. (1993), *Pilgrimages*, London: The Boydell Press.

Black, Jeremy (1992), *The British abroad: The Grand Tour in the eighteenth century*, The History Press.

Digance, Justine (2003), "Pilgrimage at contested sites," *Annals of Tourism Research*, 30 (1), pp. 143-159. ("Item Details")

Favreau-Lilie, Marie-Luise (1995), "The German Empire and Palestine: German pilgrimages to Jerusalem between the 12th and 16th century," *Journal of Medieval History*, 21 (4) pp. 321-341.

Jafari, Jafar (1990), "Research and Scholarship, The Basis of Tourism Education," *The Journal of Tourism Studies*, 1 (1), pp. 33-41.

──, et al. (2000), *Encyclopedia of tourism* by Jafar Jafari (ed.), Routledge, London and New York, 2000.

Goeldner, C. R., Brent Ritchie, J. R., and McIntosh, R. W. (2000), *Tourism: Principles, Practices, Philosophies, 8edn.*, John Wiley & Sons. Inc.

Gunn, Clare A. (1997), *Vacationscape: Developing Tourist Areas*, Routledge.

Kahn, Herman (1976), *Next 200 years: a scenario for America and the world*, William Morrow & Co; New 版.

Leiper, Neil (1979), "The Framework of tourism: Towards a Definition of Tourism, tourist, and the tourist industry" *Annals of Tourism Research*, 6 (4), pp. 390-407.

Marie-Luise Favreau-Lilie (2012), "The German Empire and Palestine: German pilgrimages to Jerusalem between the 12th and 16th century," *Journal of Medieval History*, 21 (4), pp. 321-341.

Miyazaki, Fumiko and Duncan Williams (2001), "The Intersection of the Local and the Translocal at a Sacred Site: The Case of Osorezan in Tokugawa Japan," *Japanese Journal of Religious Studies*, 28 (3–4), pp. 399–440.

Mumford, Lewis (1961), *The city in history: its origins, its transformations, and its prospects*, Harcourt Brace & World, Inc., NY.

Poon, Auliana (1994), "The 'new tourism' revolution," *Tourism Management*, 15 (2), pp. 91–92.

Segreto, Luciano, Carles Manera, and Manfred Pohl (eds.) (2009), *Europe at the Seaside: The Economic History of Mass Tourism in the Mediterranean*, Berghahn Books, New York-Oxford.

Towner, John (1985), "The grand tour: A key phase in the history of tourism," *Annals of Tourism Research*, 12 (3), pp. 297–333.

—— and Geoffrey Wall (1991), "History and Tourism," *Annals of Tourism Research*, 18 (1), pp. 71–84.

Travel off Path (2022), *5 Popular Tourist Destinations Charging An Entry Fee In 2022*, Feb. 7, 2022. https://www.traveloffpath.com/5–popular-tourist-destinations-charging-an-entry-fee-in–2022/

Wall, Geoffrey and Alister Mathieson (2006), *Tourism: Change, Impacts, and Opportunities*, Pearson Edication.

—— and Alister Mathieson (2007), *Tourism: Change, Impacts and Opportunities*, Prentice Hall.

Weaver, David (2006), *Sustainable Tourism: Theory and Practice*, Elsevier Butterworth-Heinemann.

—— (2008), *Ecotourism*, Wiley.

—— and Laura Lawton (2010), *Tourism Management*, John Wiley & Sons Australia, Ltd.

—— and Laura Lawton (2016), *Tourism Management*, 5th edition.（国枝よしみ監訳，坂井純子・樫本英之・デイヴィス恵美翻訳『観光マネジメント』，千倉書房，2022 年）

Withey, Lynne (1997), *Grand Tours and Cook's Tours: A history of leisure travel, 1750 to 1915*, William Morrow & Company.

アルフォンス・デュプロン編著，田辺保翻訳監修（1992），『サンティヤゴ巡礼の世界』，原書房。

運輸省（1964），運輸白書，昭和 39 年度。

岡本伸之編（2007），『観光学入門：ポスト・マス・ツーリズムの観光学』，有斐閣アルマ。

奥須磨子（2015），「明治前半期・旅の法制的環境（研究プロジェクト：幕末・維新期の旅日記を読む：岡山「近藤家文書」を中心に）」，『東西南北』，68-75 頁，和光大学リポジトリ。

外務省（1971），外交青書，昭和 46 年版（第 15 号）。

笠原正夫（2004），「近世の熊野参詣と西国巡礼」，『鈴鹿国際大学紀要 CAMPANA』，第 11 巻，95-106 頁。

鎌田道隆（2013），『お伊勢参り：江戸庶民の旅と信心』，中公新書。

神崎宣武（2004），『江戸の旅文化』，岩波新書。

衣笠茂・田村満穂・中村賢二郎・廣實源太郎（1989），『概説西洋史』，東京創元社。

国枝よしみ（2013），「地域保全と観光マーケティング：日本および海外における地域連携の一考察」，関西学院大学リポジトリ。

経済産業省 資源エネルギー庁 (2018),「日本のエネルギー、150 年の歴史④」, 5 月 29 日付記事。

小池洋一・足羽洋保編著 (1988),『観光学概論』, ミネルヴァ書房。

塩田正志・長谷政弘編著 (1994),『観光学』, 同文舘出版。

十返舎一九,『大山道中膝栗毛』, 帝国文庫 第 26 編著者 博文館／校訂。
　　https://nirc.nanzan-u.ac.jp/nfile/2759

内藤錦樹 (1970),『大衆旅行時代：浸透するマスツーリズム』, 日経新書。

林薫如 (2010),「古代・中世における「巡礼」」,『岡山大学大学院社会文化科学研究科紀要』, 第 29 号, 167-178 頁。

フランス観光開発機構 (2017),
　　https://jp.france.fr/ja/normandy/article/montsaintmichel（2022 年 7 月 2 日閲覧）

本城靖久 (1994),『グランド・ツアー：英国貴族の放蕩修学旅行』, 中公文庫。

前田卓 (1972),『巡礼の社会学』, ミネルヴァ書房。

――(1990),「西国巡礼と四国遍路の再考察と現在の巡礼者の動き（その 1）」,『関西大学社会学部紀要』, 第 22 巻, 第 1 号, 47-62 頁。

屋久島町ホームページ (2022),「令和 3 年度版 統計 屋久島町」, 屋久島主要山岳部の利用動向。

山村順次 (1994),『観光地の形成過程と機能』, 御茶の水書房。

第2章
持続可能な観光

POINT

・本章では、環境と観光という別分野で捉えられがちな概念を史的観点から洗い出し、それぞれの概念が共鳴して生まれた「持続可能な観光」という概念を説明する。

・事例を踏まえつつ、地域の観光資源を次世代にも継続させられるような「デ・マーケティング」の取り組みを紹介する。

・地域の受け入れ可能な人数に制限する取り組みは、コロナ禍だけでなく、アフターコロナの世界においても応用することができる。

第1節　公害と環境破壊から持続可能な開発へ

　今や世界中で注目される環境問題は、近代化に伴う工業化プロセスで生み出される社会問題として先進国を中心に取り上げられてきた。Harman（1976）は、「振り返ってみると、現在の西洋の工業化時代のパラダイムは、数世紀前から優勢になり始めたことがわかる。それ以来、西洋社会と日本のあらゆる側面に大きな影響を与え、世界の他の国々にも大きな影響を及ぼしてきた。（中略）しかし、このパラダイムは明らかに崩壊の兆しを見せており、その最大の成功は現在、大きな社会問題を引き起こしている（Harman 1979, pp. 24-25）」とも指摘した。同書では、われわれが科学や産業、経済の発展によって享受する豊かな暮らしは、一方で環境問題をはじめとするさまざまな社会問題を引き起

こすことを意味している。

　また、自然破壊についていち早く警告を発した Carson は、「今世紀という時間の中で、人間という種が世界のあり方を変える力を手に入れたのである」（Carson 1962, p. 5）と指摘している。彼女は、人間や自然環境、動植物への影響を克明に調査し、自然保護の重要性と化学公害を追求した。そうすることで、毎年訪れていた「春」がこないことを殺虫剤に含まれる化学薬品を例にわかりやすく世に問うた。

　さらにローマ・クラブ[1]の委託を受けてメドウズらが出版した「人類の危機」レポート、『成長の限界』では、世界的関心事である五つの大きな傾向として加速度的に進みつつある世界人口、工業化、汚染、食糧生産、および資源の使用の現在の成長率が不変のまま続くならば、来るべき 100 年以内に地球上の成長は限界点に到達するであろう（メドウズ他，大来監訳，1972，p. 11）と主張した。このように地球環境問題は、現在までおおよそ 100 年間ほど、人類共通の課題として認識されている。

　ここで身近な日本の環境問題について考察してみたい。日本は戦後の経済成長を成し遂げたことと同時にさまざまな問題も経験したが、その一つが環境問題であろう。特にこの環境問題では、四大公害病[2]を代表とする人体にまで甚大な影響を与える環境破壊を行ってきたことも事実である。1950 年代前半に戦後復興を完了し、1950 年代後半には海外から導入した技術をもとに積極的な技術革新が行われ、新しい産業を興すための生産設備が続々と新設された。1960 年代には、国民所得水準の上昇などにより大衆消費社会[3]が始まると、家庭電気製品等の需要が急速に増大した。

　しかし一方、急激な経済成長の過程で、工場から処理をされずに排出された有害物質により水や大気などが汚染され、健康や命への深刻な被害を及ぼす産業公害が各地で発生した。当時の公害の典型は、企業が加害者となり、住民に被害を与えたものが多い。被害が拡大した主な原因として、日本では企業活動で生じた環境汚染による健康被害が起きても、国と自治体が放置した時代があったからだと指摘されている。企業は汚染物質と被害の因果関係を知り得た後も事実を隠し、被害を拡大させたことで大気汚染・水質汚濁・健康被害などさまざまな問題を引き起こした。

　これらの公害健康被害の深刻さを如実に物語る裁判として有名なものが、1967 年の新潟水俣病裁判と四日市ぜんそくの公害裁判、1968 年のイタイイタイ病裁判、そして 1969 年の熊本水俣病裁判であり、それらは「四大公害裁判」と呼ばれた。これらの裁判は、その公害による被害者が多数に及び、その被害も人命に及ぶなど悲惨なものがあったという点で、大きな社会的関心を持たれた。四大公害裁判において裁判所が下した判決はいずれも原告が勝訴し、公害の原因企業に対し損害賠償の支払を命じるとともに、厳しく企業の責任を追及した。

　以上のように日本では、1950 年代後半から 60 年代にかけて、社会や人々は物質的な豊かさを求めて重化学工業化を推し進め、経済の高度成長に突き進む一方で、環境と健康の被害を黙認してきた。つまり、経済成長と環境破壊は一方を尊重すれば、もう一方が成り立たない「トレード・オフ」の関係にあることが、現在の中国の経済発展と環境問題を見ても明らかだろう。

　ただ、四大公害病のように加害者と被害者の関係が明確になっている場合、法律の制限等で解決することができるが、地球温暖化といった地球規模で起こっている環境問題は、誰もが加害者と被害者であるといえる。なぜなら、「環境破壊」の根本は豊かな生活のための消費活動であり、法律の制限をかけること自体が難しく、解決も困難となるからである。

　そこで経済発展を維持しつつ、環境問題を解決しようとはじめられた取り組みが「持続可能な開発（Sustainable Development）」（以下、SD）である。この発端となるのが日本の高度経済成長期も終盤を迎えた 1972 年の国連人間環境会議 [4] である。同会議では、「かけがえのない地球」をキャッチフレーズに 114 の国と地域の人々が参加し、人間環境の保全と向上をテーマに、世界の人民を鼓舞し指導する共通の展望と共通の原則が必要であることを考慮して、「人間環境宣言（通称：ストックホルム宣言）」が採択された。しかし、初めて世界的な環境について行われた国際会議では、先進国と途上国の間で「環境か開発か」という点において意見が対立した。なぜなら先進国は、開発を抑えて環境をよくすることが必要と主張し、これから経済成長しなければならない途上国にとって環境問題は後回しにすべきことであったからである。この先進国と途上国のいがみ合いは後々に続く環境会議においても議論されることとなる。

　その後、1992年にブラジルのリオ・デ・ジャネイロで開催された国連環境開発会議（通称、「地球サミット」）では、「リオ宣言」が採択されたことによって世界中で環境問題が浸透することになる。先述のストックホルム宣言以降、人間環境についてさまざまな決定が国際レベルでなされるようになり、その後、オゾン層の破壊、地球温暖化、熱帯林の破壊や生物の多様性の喪失など地球環境問題が極めて深刻化し、世界的規模での早急な対策の必要性が指摘された。その結果、1992年の地球サミットにて環境分野での国際的な取り組みに関する行動計画である「アジェンダ21」[5]が採択された。ちなみに、各国内では地域にまで浸透するよう「ローカルアジェンダ21」[6]が策定、推進されている。

　地球サミットで特筆すべきことは、①同会議に182ヵ国およびEC[7]、その他多数の国際機関、NGO代表などが参加したことである。これにより、政府間レベルで議論されてきた環境問題が、民間レベルにまで浸透してきたことである。もう一つは、②気候変動枠組条約の採択である。これは、気候変動を抑制するため、大気中の二酸化炭素濃度を削減する国際的な枠組みを定められたもので、本会議中に日本を含む155ヵ国が署名し、その後の京都議定書[8]、そしてパリ協定に繋がっていった。

　そして2000年、ニューヨークで開催された国連ミレニアム・サミットで採択された「国連ミレニアム宣言」によって極度の貧困と飢餓の撲滅など、2015年までに達成すべき目標が掲げられた。その後、2015年9月の国連サミットで加盟国の全会一致で「持続可能な開発のための2030アジェンダ」が採択され、2030年までに持続可能でよりよい世界を目指す国際目標「SDGs」へと繋がることとなる。この聞き慣れたSDGsは17のゴールと169のターゲットから構成されており、先進国・発展途上国ともに取り組む普遍的なものであり、積極的に取り組んでいくことが推奨されている。

　国連世界観光機関（UNWTO）では、観光によるSDGsへの貢献について、経済的な側面のみならず、社会や貧困、自然・環境、文化・遺産、相互理解や平和の創出といった分野でも大きく貢献できるとし、17のすべてのSDGsに関連する可能性があることを確認している。その中でも特にSDGsを意識した日本の旅行・観光分野としては、17ある持続可能な開発目標のうち、目標8の「働きがいも経済成長も」や目標12の「つくる責任つかう責任」、そして目

図 2-1　持続可能な開発目標（SDGs）の 17 のゴール
出典：外務省「JAPAN SDGs Action Platform」より引用。

標 14 の「海の豊かさを守ろう」が該当するといわれている。だが、実際に一部の企業以外、日本の観光業界において SDGs の取り組みは企業の社会的責任である「CSR 活動」の一環にとどまり、事業として発展しているとはいえない。次節では、SD という枠組みの中における観光分野である、「持続可能な観光（Sustainable Tourism）」（以下、ST）について解説をしていきたい。

第 2 節　持続可能な観光とオルタナティブ・ツーリズム

先述のリオ宣言が採択されたころ、観光は先述のアジェンダ 21 の中で SD を達成するために積極的に貢献できる経済分野の一つとして位置づけられていた。日本では、全国各地で地方自治体や地域の有志、NPO や旅行業者などさまざまな主体によって持続可能な観光を掲げた観光開発が行われている。この ST について UNWTO では、「訪問客、業界、環境および訪問客を受け入れるコミュニティのニーズに対応しつつ、現在および将来の経済、社会、環境への影響を十分に考慮する観光」と定義づけている。そのためには、①主要な生態学的過程を維持し、自然遺産や生物多様性の保全を図りつつ、観光開発において鍵となる環境資源を最適な形で活用する、②訪問客を受け入れるコミュニティの社会文化面での真正性を尊重し、コミュニティの建築文化遺産や生きた

文化遺産、さらには伝統的な価値観を守り、異文化理解や異文化に対する寛容性に資する、③訪問客を受け入れるコミュニティが安定した雇用、収入獲得の機会、社会サービスを享受できるようにする等、すべてのステークホルダーに公平な形で社会経済的な利益を分配し、貧困緩和に貢献しつつ、実行可能かつ長期的な経済運用を実施する、という三つのことを求めている。このSTにおける重要な点は、観光開発によって環境への負担を最小限にとどめ、観光客を受け入れる地域社会が経済・社会的に恩恵を受けなければいけないということである。そうすることで観光客も質の高い経験を享受できるとしている。また、SDでは環境や経済に焦点を当てがちではあるが、STにおいては、文化の持続性においても言及していることは観光というサービス業としての特性を考慮すれば妥当であろう。

　この背景には、従来の「マス・ツーリズム（Mass Tourism）」⁹（以下、MT）の反省があり、それを克服する新しい観光のあり方が模索されていた。そもそもMTは、観光旅行の低価格化によって広く旅行が一般大衆に普及し、主に「パッケージツアー」という形態で国内・海外旅行者を増やしていった。それは同時に旅行先の道路や宿泊施設の整備の進展にも繋がっていく。現在のようにインターネットやスマートフォンも存在しない時代、旅行会社が企画する「募集型企画旅行」は、観光ルート、日程、移動手段を厳選し、観光地と観光地の間をチャーターした輸送手段によって短期間で効率的に観光を可能にしていった。これが長期休暇を取ることが難しい人や旅の過程ではなく、目的となる観光対象のみを多く見たい人達から支持を得た。さらに各種の手配代行、安全性などパッケージツアーには多くのメリットがあった。受け入れ側のホテル・旅館をはじめとした観光産業にとっても、多種多様な少数の宿泊者を受け入れるよりも、一度に大人数の団体旅行者を受け入れることで効率的で多額の利益を得ることができたため歓迎されていた。

　しかし、拡大しつつあったMTにも1970年代ごろからその弊害が指摘され始めていた。主なものとして、①環境の破壊、②地域文化の商品化と社会変容、③観光利益の先進国・都市部への還流である。①の環境問題として、一度に大多数の観光客を受け入れるということは、それによって、輸送網・宿泊施設の拡大に伴う過剰な開発による自然環境への負荷と騒音・渋滞・ごみ処理な

ど多方面における生活環境への悪化が懸念される。②の社会・文化問題として
は、地域社会が観光による収入を確保するために、地域の住民のために行って
いた伝統的な祭りや儀式を、観光客用に変え、演じさせることである。また、
前近代的な伝統的生活を営む少数民族の生活文化が観光対象とされる場合にお
いては、観光客の期待に応えるために過度にその未開性を演出するといった
「本物らしさ」のために文化を商品化することが問題として取り上げられる。
このような先進国から途上国への受け入れや、先進国間の観光客の受け入れに
よる社会変容は、従来の伝統儀式を大きく変えてしまい、文化の商品化によっ
て地域に根づいた独自文化の形骸化を招きかねないという指摘がある。

　③の経済問題としては観光の利益が観光客を送り出す先進国に還流している
というものである。これは同様に国内旅行においても、観光客を送り出す都市
部と受け入れる地方との関係にも当てはまる。大人数を一度に収容する施設や
送り出す輸送手段には多額な資金が必要となる。もともと産業が乏しく、集客
ノウハウも持たない発展途上国や地域には先進国や都市部の観光業者に依存す
ることが多く、大規模な観光開発が進められる場合が多い。その結果、観光客
が溢れている途上国や地方の観光地でも地元住民へ利益は還元されておらず、
収益が観光業者を通じて先進国や都市部へ還流していることがある。よって、
地域は土地だけを提供し、大資本が施設を作り、よく働く安い移住労働力を使
い、観光客が落とす金を海外や都市が吸い上げるという構造が出来上がってし
まうのである。こういった状況は、「新・植民地主義」や「新・帝国主義」だ
と批判をされている。

　このような時代を経て、1990年代以降に「もう一つの観光」として「オル
タナティブ・ツーリズム（Alternative Tourism）」（以下、AT）という概念が生ま
れた。AT は、観光による環境への負荷を軽減し、観光地の文化を守り、現地
の人々の伝統的価値観を尊重し、観光が国や自治体からの補助金などに頼らず
ビジネスとして成立させ、かつその収入が適切に地元に還元されるような仕組
みが求められる。そして、単に観光地を効率よく見て周るだけでなく、観光地
の人々と交流し、文化を学ぶような体験を組み込んだ観光などが考えられる。
そのため AT は「少人数」、「着地型」、「体験型」などが特徴としており、MT
の対極として語られることが多い。

　ATとして企画されている事業として、具体的なツーリズム形態では、「エコツーリズム」が代表として挙げられる。エコツーリズムはさまざまな文脈で語られているが、主に共通部分は以下の三点である。

　　①自然への負荷を軽減するとともに、自然保護に貢献すること
　　②地域経済に貢献すること
　　③観光ビジネスとして成立すること

　このエコツーリズムの普及においては、モデルともなったガラパゴスとコスタリカの試みと成果が世界的に影響を与え、国内では、世界自然遺産に登録された屋久島が先進例として挙げられる。
　屋久島（鹿児島県）では、縄文杉や白谷雲水峡などの山岳部だけではなく、

図2-2　屋久島の地図
　出典：一般社団法人九州観光機構より引用。

川や海でも多くのツアーが行われている。

　また、そのツアーの担い手となるガイド事業者も 200 名以上いるともいわれており、日本国内で有数の自然系ツアーが発達した地域だといえる。こうした中で屋久島では、「屋久島における固有の自然や文化にふれあう機会の提供」、「地域資源の保全と適正な管理」、「地域振興への貢献」を同時に実現するというエコツーリズムを確立することを目的とし、当時の上屋久町と屋久町の両町が中心となり、関係団体 16 団体が参加した「屋久島地区エコツーリズム推進協議会」を設立した。これまでエコツーリズム推進協議会では、「屋久島ガイド登録・認定制度づくり」、「里の自然を活用したツアーの開発」、「西部地域の保全・利用のあり方」について検討を進めてきたが、2007 年に施行されたエコツーリズム推進法 [10] を受けて、「屋久島町エコツーリズム推進協議会」として再編され、屋久島町全域でエコツーリズムを推進するための「エコツーリズム推進全体構想」の策定作業を行っている。以上のような取り組みが行われ、観光による環境と地域経済の社会文化の活性化が具体的な形で進んできた。

　ここまでの小括として本節の最後に、AT と ST の違いについて言及しておきたい。ST も AT の概念も生み出す契機は環境問題であり、同一だったことは先述してきたとおりである。だが契機が同じであったとしても、その問題解決の目的や根拠づけまでは同一ではない、というのが一般的な解釈である。ST は、「次世代の観光機会を維持・向上させるため」という名目があるのに対し、AT はこの「次世代」というキーワードにおいて明確には示されていなかった。そのため、環境問題を解決する方法としての観光という概念や手法は同じでも次世代への継続性を考慮しているか、していないかの違いが AT と SD の差といえる。

　このように、多少の学術的な解釈は違うが、自然環境の保護保全・社会文化の継承・経済的な成長を題目に掲げたツーリズム体系が MT の反省の下で形作られるようになっていった。だが 2000 年に入り、観光業界も社会の成熟化・多様化と同時に IT 技術の進化、グローバリゼーションによるボーダレス化によって大きく変わり始めた。次節に、ST の概念を考えるべく、近年のオーバーツーリズム問題などをデ・マーケティング [11] により解決する取り組みがあることを紹介する。

第3節　オーバーツーリズムとデ・マーケティング

　2020年のコロナ禍前まで、世界中でオーバーツーリズムの問題が起こっていた。オーバーツーリズムとは、特定の観光地において、訪問客の著しい増加等が、地域住民の生活や自然環境、景観等に対して受容限度を超えて負の影響をもたらし、観光客の満足度を著しく低下させるような状況を指す。この問題はゴミの増加、騒音、ヤミ民泊、レンタカー事故の増大、地価の上昇など多岐にわたる。オーバーツーリズムの被害は、①地域住民の不利益、②観光体験の悪化、③インフラ設備の過重負担、④自然環境・生態系へのダメージ、⑤文化・遺産への脅威などが指摘されている。地域住民の生活に関しては、主に観光施設や交通機関の混雑が主に取り上げられており、観光地内に居住する人たちにとっては、私有地への無断侵入、無断写真撮影といったプライバシーの侵害なども報告されている。また、一時期増加する観光客を受け入れる施設として期待された民泊においては、観光客が住宅街に出入りすることで夜間の騒音やごみ問題、車道の占領や事故も挙げられる。さらに、ホテル・旅館業がヤミ民泊によって民業を圧迫するなども指摘されている。他方、自然環境に関しては、特に発展途上国などで問題が発生しやすく、観光の乱開発による環境破壊

写真 2-1　京都祇園花見小路付近のマナー啓発看板
出典：京都市情報館（看板は祇園町南側地区協議会作成）より引用。

や、意図されず外来種の動植物が持ち込まれることで生態系を破壊するなどが挙げられる。そして文化遺産に関しては、観光客のマナー問題が取り上げられ、落書きや立入禁止区域への侵入によって、貴重な建造物への被害が報告されている。このように観光客の受け入れ過多においては、さまざまな「観光公害」が起こり、観光客と地域住民・自治体との軋轢が起こっていた。

　オーバーツーリズムによってヨーロッパでは、オランダのアムステルダム、スペインのバルセロナ、イタリアのベネチアといった有名な主要都市から、日本では京都、奈良、鎌倉なども、押し寄せる観光客の波に地元住民や自治体は苦慮していた。オーバーツーリズムの性格上、世界遺産登録や SNS の「インスタ映え」のようにもともと観光地ではなかった場所に大勢の観光客が訪れることで生じていた問題であったが、近年の急激な観光客の増加は、もともと観光地であった都市のキャパシティ（観光収容力）[12] を凌駕するものとなっていった。そのため、観光客増加に対応するための戦略として、時期、時間、場所における観光客の分散や新たな旅行ルート・観光地の開発など、観光客の地理的な分散化・旅行時期の平準化などが行われてきた。

　しかしそれだけでは急激に増加する観光客に対応しきれず、規制の再検討・調整といった強硬策だけでなく、地域住民の便益強化など、観光地の受け入れ側を配慮した政策も取られるようになった。オランダのアムステルダムでは、規制の再検討として、違法民泊の罰金を課す取り締まり強化や宿泊施設を対象に観光税の支払いの義務化などを行った。その一方で地域住民も観光に関する関係者と参加する会議を定期的に開催するなど、地域住民の観光への参画促進を行っている。

　このように通常の集客や売上向上のマーケティングとは逆に、需要を抑制するよう働きかける戦略も都市や地域レベルで考えられ始めた。これは一般的な「需要を喚起する活動」であるマーケティングと違い、「需要を抑制する活動」としてデ・マーケティングと呼ばれる。マーケティングが本来、企業の供給能力、価値提供能力とその中長期的な目標に合うように需要を喚起しなければならない。しかし、需要過多は供給不足を招き、企業の信用を失墜させることに繋がる。そこで積極的な抑制戦略としてデ・マーケティングが必要になる。

　観光産業におけるデ・マーケティング活動は、環境保護のために観光客をた

くさん招致しないように情報を抑制したり、生産量が追いつかない場合にテレビ CM をやめたりすることが挙げられる。そのほか、デ・マーケティングの手法としては旅行代金の値上げ、プロモーション費用の削減、限定生産、入場制限、販売経路の縮小などがある。実際、都市ではなく奈良県吉野などの春と秋の桜や紅葉といった時期に一時的に観光客が急増する地域では、このデ・マーケティング活動が持続可能な観光の取り組みの中で行われてきた。例えば、①ピークロードプライシングによって道路や交通手段等の利用料金の設定を混雑時には高く、閑散時には低く設定することで利用者数を平準化し、混雑の緩和を図る取り組みや、②パーク＆バスライド方式によって、観光地周辺の工場などに臨時駐車場を設けることで、観光地の騒音・渋滞・排気ガス規制を行いつつ、地元に公共交通機関の利用促進による経済的利益の恩恵を与え、そして③駐車場の日別時間毎の予約制を導入することによって１日に受け付ける台数を物理的に制限したことで、実質的なキャリングキャパシティ[13] に繋げた。また、支払いを現地支払から事前支払制にすることで安定収入と取消料も同時に規定することで予約過多の防止に繋げた。仮に、予約が埋まり、観光地に入ることができなくなれば、観光客は②のパーク＆バスライド方式を取るか、諦めることになる。そのほかには、協力金といった形で観光客一人につき一定の金額を徴収するシステムを導入することで、道路交通整理や駐車場の管理など必要な雇用も創出し、地元経済に大きく貢献している。

　一方、都市においても市民の人口を何十倍と超える観光客が押し寄せた場合、もともと観光地ではなかった場所と同じようにオーバーツーリズムは起こる。京都市では特に市バスの乗車問題が挙げられた。具体的には、春や紅葉シーズンでは観光客が移動のためにバスを利用するため、通勤・通学に市民がバスに乗車できないという問題が多発したのである。また、古都の落ち着いたイメージが強い京都とは対照的に、混雑と渋滞で住環境を悪化させ、京都のブランドイメージを著しく低下させることとなった。さらに観光客が増え過ぎ、安全のため東山区祇園での「祇園白川さくらライトアップ」の中止などさまざまな問題が起こった。また、乱立する宿泊施設は、地価の高騰を招き、民泊に転用されたマンションや長屋には深夜早朝に出入りする外国人旅行者を懸念する声などが聞かれた。対策として、京都市は緊急の対応が必要な「違法民泊対

図 2-3　吉野山周辺交通規制図チラシ
出所：吉野町「2022 年吉野山観桜期交通情報」より一部引用。

策・宿泊施設の質の向上」、「観光地の混雑対策」、「市バスの混雑対策」、「観光客のマナー対策」の 4 点について、地域や事業者と協力し、地域の実情に応じて取り組みの強化を図ってきた。この中でもすぐに進められる対策として、京都市と京都市観光協会が主体となり、観光地の混雑対応でのテクノロジー投入をいち早く行った。「AI や ICT を活用した観光需要のマネジメント」では、「観光快適度の見える化による分散化事業の拡大」として、観光客の位置情報等を活用し、AI による混雑予測を表示した。この取り組みが本格実施される前に、2018 年秋に嵐山で実証実験を行っており、観光快適度を表示する専用ページを見た人の約半数が混雑時間をずらして訪問した結果を出している。そこで 2019 年秋には「全市版」と、ピーク時に混雑の多くなる祇園・清水、嵯

COFFEE BREAK

アフターインスタ映え

　若者の旅行離れが問題視されているなか、SNS の利用者は増え続け、「インスタ映え」がその解決策として注目されている。利用者が増えれば、「ただ良い写真が取れればよい」、ということだけでなくなってきた。写真は自己主張のツールでもあり、フォロワーから「いいね！」をもらうことが目的となりつつある。そのためには、よりインパクトのある写真が求められ、そこに多くの商品開発が行われてきた。しかし消費者にとっては、映像に記録して配信しても肝心の商品として価値を見出されなかったケースも存在する。

　具体的には、兵庫県西宮市の甲子園球場近くにある老舗の食堂が、甲子園球児などのために提供していた規格外のボリュームを誇る「カツ丼大」をやめることが 2019 年に話題となった。理由は先述したとおり、注文をして写真撮影と投稿するだけで、半分以上を残して帰る客が数年前から多くなってきたからである。

　「ファッションフード」[1] という言葉も生み出され、流行している食べ物を食べることによって、新しい体験と同時に「周りから取り残されないようにするため」という意見もある。だが、インスタ映えも定着した昨今、食品ロスの増加が散見されることにより、少しずつ社会の意識も変わり始め、食べ残しが発生しやすい店舗も消費者から敬遠されることを恐れ、環境に負荷を与えない取り組みを始めている。観光にとって、食は大きな楽しみの要素であり、アフターコロナと同時に、アフターインスタ映えは大きなテーマとして挙げられるだろう。

---

[1]　洋服や音楽などと同じような感覚で消費される食べ物を指す。

峨野・嵐山、伏見の「エリア版」を開始した。

　これらのオーバーツーリズムにおける対策は、コロナ禍の緊急事態宣言により人の移動制限が始まったことで不要になってしまったが、コロナ禍での 3 密対策にも応用できるなど、幅広い方面での活用も今後は考えられるだろう。本節で取り上げたように、デ・マーケティング活動は観光地の持続性を地域住民や自治体・観光客に訴える上では重要だと理解されている一方、利害関係者の合意が難しいことも事実である。そこで地域住民や旅行会社などへの説明や不満に対応していかなければならないという課題も残している。これからの観光事業の継続的な発展と地球環境の保護保全という大きなテーマを掲げる際に重要となることは、地域や現場といった足下の小さな取り組みを着実にこなしていくことであり、それが標準化することにより、理想とする社会と経済成長の実現、さらに環境や文化といった人類共有の財産を次世代に繋げることである。それが決して他人事ではなく、現代に生きるわれわれ一人一人に課せられた使命ともいえよう。

●注 ─────────

1　各国の知識人や財界人によって構成され、環境に関する諸問題を研究・提言しているスイス法人の民間組織。

2　四大公害病とは、熊本県水俣市に 1953 年から 1960 年にかけて発生した「水俣病」、新潟県阿賀野川流域で 1964 年頃から起きた、熊本と同じ水銀による公害病で、第 2 水俣病と呼ばれた「新潟水俣病」、富山県神通川流域で第二次世界大戦の頃から発生した「イタイイタイ病」、三重県四日市市を中心とした地域で 1960 年頃から発生した「四日市ぜんそく」のことをいう。

3　所得の上昇やマスメディアの発達などにより、消費者の物的な購買範囲が拡大し、大衆による大量消費が行われるようになった社会のこと。

4　国連人間環境会議は、1972 年 6 月 5 日から 16 日までストックホルムで開催され、人間環境の保全と向上に関し、世界の人々を励まし、導くため共通の見解と原則が必要であると七つの宣言、26 の原則を提起した。

5　国際連合広報センターによるとアジェンダ 21 とは、持続不可能な経済成長モデルから成長と開発に不可欠な環境資源を保護かつ更新させる経済活動へと世界を動かして行くものを指している。行動領域には大気の保護、森林破壊や土砂流失および砂漠化との闘い、大気・水質汚染の防止、魚種枯渇の防止、有害物質の安全管理の促進などが含まれる。また、環境にストレスをもたらすような開発様式、例えば、開発途上国における

貧困と対外債務、持続不可能な生産と消費の行動様式、人口問題、国際経済の構造なども取り上げている。行動計画は、持続可能な開発の達成に貢献する主要なグループ、すなわち女性、労働組合、農民、子どもと若者、先住民族、学術団体、地方自治体、企業、産業界、NGO（非政府組織）が果たす役割を強化する方法も勧告している。

6　アジェンダ 21 においては、その実施主体として地方公共団体の役割を期待しており、地方公共団体の取り組みを効果的に進めるため、ローカルアジェンダ 21 を策定することを求めている。日本では、1993 年に神奈川県で「アジェンダ 21 かながわ」が策定されたのを始め、市区町村でも翌年に東京都板橋区が「アジェンダ 21 いたばし」を策定するなど、地方公共団体による地域に根ざした取り組みが進みつつある。

7　European Community（欧州共同体）の略。1993 年、欧州連合条約の発効により、現在の EU（欧州連合）へと繋がる。

8　1997 年、京都で開催された地球温暖化防止京都会議（COP3）には、世界各国から多くの関係者が参加し、二酸化炭素、メタン、一酸化二窒素、ハイドロフルオロカーボン、パーフルオロカーボンおよび六フッ化硫黄の 6 種類の温室効果ガスについて、先進国の排出削減について法的拘束力のある数値目標などを定めた文書が採択された。

9　マス・ツーリズムとは、一部の上流階級、富裕層に限られていた観光を幅広く一般の人々が行うようになった現象を指し、大衆観光ともいわれる。主にパッケージツアーなどの形態により、団体もしくは大人数で観光地をめぐる旅行を指す。

10　2007 年 6 月に成立したエコツーリズム推進法は、エコツーリズムを進めるための総合的な枠組みを定めた法律である。国による基本方針の策定、地域関係者の参加による協議会の設置、地域での全体構想策定と国による認定、市町村による特定自然観光資源の指定などを定めており罰則もある。また、ツアーガイドの役割を重視した仕組みになっている。施行は 2008 年 4 月 1 日からであり、推進法の施行を機にそれぞれの地域がその資源や魅力を生かしたエコツーリズムを実現しようとする機運が高まった。

11　デ・マーケティング（Demarketing）とは、通常のマーケティングとは逆に、顧客需要を一時的ないし永続的に減退させるマーケティングのことを指す。

12　物理的、経済的、社会・文化的環境を破壊することなく、また、訪問客の満足度を許容できないほど低下させることなく、一ヵ所のデスティネーションを同時に訪れることができる最大人数をいう。

13　「観光地受け入れ容量」の調整であり、地域の環境や文化を壊さないよう、観光客の適正人数を割り出し、地域の持続的な発展のために考えられた概念となる。主に、普段は観光客が来ないような観光地での受け入れ手に用いられている手法のことをいう。

【引用文献・資料】

Carson, R. (1962), *Silent Spring*, Houghton Mifflin Harcourt.

Cohen, E. (1988), "Authenticity and Commoditization in Tourism," *Annals of Tourism Research*, Vol.

15, Issue 3, pp. 371-386.

Harman, W. (1979), *An Incomplete Guide to the Future*, W. W. Norton & Company.

Kotler, P. and Levy, S. J. (1971), "Demarketing, yes, demarketing," *Harvard Business Review*, Vol. 49, No. 6, pp. 74-80.

一般社団法人九州観光機構『九州の世界遺産〜自然遺産屋久島〜』

環境省『エコツーリズムガイドブック』
　　http://www.env.go.jp/park/kirishima/data/files/yakushima10.pdf
　　（最終アクセス日：2022 年 6 月 13 日）

外務省『JAPAN SDGs Action Platform』
　　https://www.mofa.go.jp/mofaj/gaiko/oda/sdgs/index.html
　　（最終アクセス日：2022 年 6 月 9 日）

環境省『国連人間環境会議（ストックホルム会議：1972 年）人間環境宣言』
　　https://www.env.go.jp/council/21kankyo-k/y210-02/ref_03.pdf
　　（最終アクセス日：2022 年 6 月 9 日）

京都市観光協会『オーバーツーリズム対策事業』
　　https://www.kyokanko.or.jp/project/sustainable/
　　（最終アクセス日：2022 年 6 月 15 日）

京都市産業観光局観光 MICE 推進室『市民生活との調和を最重要視した持続可能な観光都市」の実現に向けた基本指針と具体的方策について（中間とりまとめ）』
　　https://www.city.kyoto.lg.jp/sankan/page/0000260038.html
　　（最終更新日：2019 年 11 月 20 日）

京都情報館『外国人観光客等へのマナー啓発の取組等について（随時更新）』
　　https://www.city.kyoto.lg.jp/sankan/page/0000214071.html
　　（最終更新日：2020 年 2 月 26 日）

京都府『京都議定書』https://www.pref.kyoto.jp/tikyu/giteisyo.html
　　（最終アクセス日：2022 年 6 月 9 日）

国際連合広報センター『首脳会議とその他の会議』
　　https://www.unic.or.jp/activities/economic_social_development/sustainable_development/summit_and_other_meetings/（最終アクセス日：2022 年 6 月 9 日）

国連世界観光機関（UNWTO）駐日事務所『持続可能な観光の定義』
　　https://unwto-ap.org/why/tourism-definition
　　（最終アクセス日：2022 年 6 月 13 日）

高橋一夫編（2011），『観光のマーケティング・マネジメント：ケースで学ぶ観光マーケティングの理論』，JTB 能力開発。

奈良美和子・前川佳一（2020），『京都のオーバーツーリズムの現状と観光地のデ・マーケティング』，京都大学経営管理大学院経営研究センターワーキングペーパー，KAFM-WJ014。

畑中三応子（2018），『ファッションフード、あります。』，ちくま文庫。

真板昭夫（2001），「エコツーリズムの定義と概念形成にかかわる史的考察」，『国立民族学博物館調査報告』（国立民族学博物館），第 23 巻，15-40 頁。

宮本佳範（2009），「"持続可能な観光"の要件に関する考察－その概念形成における二つの流れを踏まえて－」，『東邦学誌』（愛知東邦大学），第 38 巻，第 2 号，12-22 頁。

村山慶輔（2020），『観光再生：サステナブルな地域をつくる 28 のキーワード』，プレジデント社。

メドウズ，ドネラ・H 他／大来佐武郎監訳（1972），『成長の限界：ローマ・クラブ「人類の危機」レポート』，ダイヤモンド社。

吉野町（2022），『2022 年吉野山観桜期交通情報』
https://www.town.yoshino.nara.jp/kanko-event/kanouki/koutsu/
（最終アクセス日：2022 年 7 月 7 日）

第3章
観光資源とニューツーリズム

POINT

・観光対象の素材としての観光資源の定義や分類について理解する。

・ニューツーリズムの概念やそれぞれの定義について理解し、ニューツーリズム推進に関する取り組みについて概観する。

・新型コロナウイルス感染症による観光への影響について理解したうえで、観光需要回復のための取り組みについて確認する。

第1節　観光資源

1. 観光資源の定義

　まず、資源についての定義を見ると、佐藤（2008）は、働きかけの対象となる可能性の束とし、そこにあるものを見出そうとする態度に動機づけられているという特徴があると説明している。溝尾（2008）は、資源とは資産の源の意味で、人間が社会生活を維持向上させる源泉として働きかけの対象となる自然や労働力であると説明している。また、Payne（2003）は、資源は "ある" のではなく、"なる" ものであると主張している。

　以上から資源とはもともと資源として存在しているわけではなく、人々による何らかの働きかけによって、資源となることが分かる。

　ここからは観光資源についてみてみる。

　岡本（2001）によると、観光現象の基本的な構造は、①観光行動の主体としての観光者、②観光行動の客体としての観光対象、③観光行動の主体と客体を繋ぐ媒介機能（観光情報・観光交通）、④政府や地方自治体による観光政策と観光行政の四つの要素から成り立っている。このうち、観光対象とは観光客の欲求を喚起したり、充足させたりする目的物であり、観光者を引き付ける誘因力の素材としての観光資源と、観光者がその魅力を実際に享受できるよう各種の便益を提供する観光施設（サービスを含む）から構成される。

　溝尾（2008）は、観光資源について、各種の利用可能な資源が、観光対象として顕在化されたものと定義しているし、足羽（1997）は、観光対象（人の観光意欲を満たすすべてのもの）から観光事業体の供給する財貨とサービスを取り除いたものを「観光資源」と呼んでいる。

　観光資源はそれだけでは観光対象とならないことも多く、その観光資源を人々が利用できるような条件が整えていなければ魅力的な観光対象にはならない。例えば、美しく豊かな自然観光資源があるとしても、そこまでのアクセスや宿泊施設をはじめ周辺観光施設が不十分であれば、その自然観光資源は観光対象として機能できない。

　以上の文献に基づき、ここでは観光資源を観光対象の素材として捉え、本来、観光現象とは無関係に存在していた地域の資源が、人々の何らかの働きかけによって観光に利用されると観光資源となり、その観光資源を人々が享受できる観光施設と、それに付随するサービスの条件が整えて観光対象になると整理する。

2. 観光資源の分類

　観光資源の分類方法は、研究者や観光関連機関によって若干異なるが、「人間の力による創造可否」によって、自然観光資源と人文観光資源に大別されている点は共通している。

　岡本・越塚（1978）は、前述のように、観光対象を観光資源と観光施設（含サービス）に分け、観光資源をさらに人間の力では創造することができない「自然観光資源」、人間の力によって創造される「人文観光資源」、両者の複合型としての「複合型観光資源」に分類している（**表3-1**）。そのうえ、個々の観

表 3-1　観光対象の分類

観 光 資 源

1.　自然観光資源
　　〔有形自然観光資源〕
　　　　例：山岳・高原、海洋・海岸、河川・湖沼、動・食物、源泉、気象（雪）
　　〔無形自然観光資源〕
　　　　例：気象（温かさ、涼しさ）
2.　人文観光資源
　　　　例：史跡、社寺、城跡・城郭、庭園、年中行事（祭、催し物）
3.　複合型観光資源
　　　　例：大都市、農山漁村、郷土景観、歴史景観

観光施設（含サービス）

1.　宿泊施設　　　　　　例：ホテル、旅館、キャンプ場
2.　飲食施設　　　　　　例：レストラン、バー
3.　物品販売施設　　　　例：土産物店、ショッピング・センター
4.　レクリエーション施設
　　①屋外スポーツ・趣味・娯楽施設
　　　　　　　　　　　　例：スキー場、遊歩道、レジャーランド
　　②屋内スポーツ・趣味・娯楽施設
　　　　　　　　　　　　例：ボーリング場、工芸教室
5.　文化・教育施設　　　例：野外博物館、民俗資料館、動・植物園
6.　観光案内施設　　　　例：観光案内所、ガイド、展望台
7.　公共サービス施設　　例：治安、保全、水、エネルギー、ごみ処理

出典：岡本・越塚（1978），p. 45。

光資源ないし観光施設（含サービス）が、実際には複合した形で観光対象になっていると説明している。

　公益財団法人日本交通公社編（2004）では、観光資源という表現は、開発計画論的な捉え方であり、観光対象として活用されうる潜在的な可能性を指すものであると説明した。また、現在の金や技術で簡単にはつくることができない固有性、独自性などが求められ、場の代替性がきかないという特徴をもつと説明したうえで、観光資源は自然資源と人文資源とに大別され、さらに二〇余種に細分化して捉えられるとした（**表 3-2**）。

表 3-2　観光資源の分類

自然資源	人文資源
山岳	史跡
高原	社寺
原野	城跡・城郭
湿原	庭園・公園
湖沼	歴史景観
渓谷	地域景観
滝	年中行事
河川	建造物
海岸	動植物園・水族館
岬	博物館・美術館
島嶼	
岩石・洞窟	
動物	
植物	
自然現象	

出典：公益財団法人日本交通公社編（2004），p. 39。

　いくつかの観光資源の分類方法があるなか、上記の二つの文献のように人間の力で創造できるかどうかにより自然観光資源と人文観光資源に分類されるのが一般的である。中崎（1996）も、代表的な観光資源の区分はそれが自然的な資源かそうでない資源かによる2区分のものであるが、自然以外の人工的な資源の種類が増えるにつれて、後者をさらに区分する場合があると指摘している。

　森重（2012）は、そもそも観光資源は自然資源と人文資源の両面性を備えており、捉え方によっては、観光資源を自然観光資源にも人文観光資源にも見なすことができると述べた。その例としてサケを観光資源として体験型観光を推進している北海道標津町を取り上げ、次のように説明した。サケは河川や海で生息する魚類であり、その限りでは自然観光資源といえるが、アイヌ民族との関連や町名の由来、郷土料理、基幹産業としての関わりなどから見ると、サケは標津町の歴史や文化、産業に関わる人文資源と捉えることもできる。そして、標津町ではサケを利用して、サケ漁の見学やイクラづくり体験、郷土料理体験、サーモンフィッシングなど、多様な体験型観光を展開している。

　近年、日本のみならず、世界各国で観光を地域活性化の手段として捉え、積極的に観光政策を推進している。その中で、魅力ある観光対象を創り出すために、地域にあるあらゆる要素から魅力のあるものに働きかけをし、観光資源として活用しようとしている。その際に、両面性を備えている自然資源と人文資源を組み合わせたり、どちらかに分類しにくい要素を新たな観光資源として創り出したりしている。

　国土交通省（2006）は、地域を訪れる旅行者を増加させるためには、多くの一般企業が財・サービスを市場に提供し、ニーズやウォンツを満たすための活動を実施する場合と同様に、地域の観光素材を「観光商品」に組み込み、市場に対して積極的・戦略的にマーケティング活動を行っていくことが不可欠になっていると指摘している。

　人々の旅行スタイルの変化や観光を取り巻く環境の変化により、地域のさまざまな要素が観光資源化されている。これまでは観光資源として気づかれていなかったような地域固有の資源が観光資源となり、それらを新たに活用し、体験型・交流型の要素を取り入れた新しい形の観光が注目されるようになった。次節ではその新しい形の観光について説明する。

第2節　ニューツーリズム

1. 新しい形の観光

　観光地での観光行動や旅行商品に対する観光客のニーズやウォンツも多様なものに変化してきており、その多様性に対応するため、各地においては新しい形の観光やその地域ならではの魅力ある観光資源を発掘するための取り組みをより積極的に行っていく必要がある。その新しい形の観光をニューツーリズムと称し、さまざまな観光の種類が類型化されている中で、近年特にニューツーリズムへの関心が高くなっている。

　これまでの物見遊山的な観光旅行においては、「見る」、「食べる」、「遊ぶ」というのが主な活動であったのに対して、ニューツーリズムでは、本来は観光を目的としていなかった「もの」を観光の対象として、「体験する」、「交流す

る」、「学ぶ」といった新しいニーズに応えるツーリズムの創出を目指している。

　須田（2006）は、「新しい観光」がどのような観光であるべきかについて考える時に、次の三つの要請に応えることができるものでなければならないと述べている。それは、①観光の態様やニーズの変化に対応する観光であること、②環境保護、環境との共生に繋がる観光—持続可能な（サステナブル：sustainable）観光—であること、③地域の特色を活かした観光であることである。これら三つが新しい観光に求められている要件であり、要約すれば、「地域の特性を活かし（住民のくらしと密着した）、地域の環境と共生する新しい切り口—体験学習等—の観光の展開」にほかならないとまとめている。

　観光庁が設置された2008年以降、滞在型観光や新たな顧客ニーズや地域の観光資源の特性を踏まえた「ニューツーリズム」などの地域主導型観光の政策が進められてきた。

　2012年3月30日に閣議決定された観光立国推進基本計画によれば、ニューツーリズムとは、これまで観光資源として見なされなかった地域資源を活用し、体験・交流の要素を取り入れた地域密着型の観光である。研究者によっては、着地型観光とニューツーリズムを同じ意味で使用している場合もある。石森（2011）は、マスツーリズムが旅行会社主導による発地型であるのに対して、ニューツーリズムは地域主導による着地型観光を目指していると説明した。また、その種類としては、農林水産省主導のグリーンツーリズム、環境省主導のエコツーリズム、厚生労働省の関わるヘルスツーリズムや、経済産業省が関わる産業観光などがあるとした。さらに、さまざまな新しい観光のあり方が「ニューツーリズム」と位置づけられ、「官」の支援を受けながら地域主導で推進が図られているとした。

　前述のように、観光庁（2012）では「ニューツーリズム」などの地域主導型観光の政策を積極的に取り組んできているが、その「ニューツーリズム」について次のように説明している。

　ニューツーリズムとは、従来の物見遊山的な観光旅行に対して、これまで観光資源としては気づかれていなかったような地域固有の資源を新たに活用し、体験型・交流型の要素を取り入れた旅行の形態である。活用する観光資源に応

じて、エコツーリズム、グリーンツーリズム、ヘルスツーリズム、産業観光等が挙げられ、旅行商品化の際に地域の特性を活かしやすいことから、地域活性化に繋がるものと期待されている。一方、こうした強いテーマ性を持ち、新たな国内旅行需要や旅行スタイルを触発する旅行商品化への取り組みや、旅行商品流通システムの創出もニューツーリズムの概念として位置づけることができる。

2. 各ニューツーリズムの定義

各ニューツーリズムについて観光立国推進基本計画（2012 年 3 月 30 日　閣議決定）では**表 3-3** のように記載されている。

表 3-3　各ニューツーリズムの定義

各ニューツーリズム	定　　義
エコツーリズム	観光旅行者が、自然観光資源について知識を有する者から案内又は助言を受け、当該自然観光資源の保護に配慮しつつ当該自然観光資源と触れ合い、これに関する知識及び理解を深める活動
グリーンツーリズム	農山漁村地域において自然、文化、人々との交流を楽しむ滞在型の余暇活動（農作業体験や農産物加工体験、農林漁家民泊、さらには食育など）
文化観光	日本の歴史、伝統といった文化的な要素に対する知的欲求を満たすことを目的とする観光
世界遺産	ユネスコの世界遺産リストに記載されている世界文化遺産や世界自然遺産を対象とした観光で、保全にも配慮しつつ観光活用を考えるもの
産業観光	歴史的・文化的価値のある工場等やその遺構、機械器具、最先端の技術を備えた工場等を対象とした観光で、学びや体験を伴うもの
ヘルスツーリズム	自然豊かな地域を訪れ、そこにある自然、温泉や身体に優しい料理を味わい、心身ともに癒され、健康を回復・増進・保持する新しい観光形態
スポーツツーリズム	スポーツを「観る」、「する」ための旅行に加え、スポーツを「支える」人々との交流や、旅行者が旅先で多様なスポーツを体験できる環境の整備も含むもの
ファッション・食・映画・アニメ・山林・花等を観光資源としたニューツーリズム	その他、左記を観光資源としたニューツーリズム

出典：観光庁（2012）に基づき、筆者作成。

　なお、観光庁ではニューツーリズムは、新たな旅行分野開拓のため、地域密着型の旅行商品の創出・流通を包括した新たな旅行システムの構築全体を指すものであるとし、その他の新たな観光需要の具体的な開拓案として次の四つを挙げている。

①若年層の旅行：若年層の旅行実態等を把握、成功事例の収集・普及、若年層の旅行需要を喚起するための実証実験、旅行の意義の啓発、若年層に係る新たな旅行機会の創出等を通じて若年層の旅行促進を推進
②長期滞在型観光：長期滞在型観光に係る需要の掘り起こしに努めるとともに、地域による継続的な長期滞在型観光地づくりを促進
③船旅の魅力向上：船の認知度向上のための戦略的な情報発信や利用者ニーズにあった旅行商品の開発・販売等を促進
④医療と連携した観光：外国人患者等の受入環境を整備しつつ、医療と連携した観光ツアーの多様化・高付加価値化を推進するとともに、海外における認知度の向上を進める。

第3節　ニューツーリズムの推進に関する取り組み

1. ニューツーリズムの取り組み概況

　前述のように、観光庁が設置された2008年以降、滞在型観光や新たな顧客ニーズおよび地域の観光資源の特性を踏まえた「ニューツーリズム」などの地域主導型観光の政策が進められてきた。

　国土交通省の成長戦略会議で2010年6月に閣議決定された「新成長戦略」の七つの戦略分野の一つとして「観光立国・地域活性化戦略」が選定されて以来、観光需要拡大や観光を通した地域活性化のためのさまざまな具体的な取り組みが行われた。2012年7月の閣議では「地域の特性を生かし、かつ多様化する旅行者ニーズに即した観光を提供するニューツーリズムの振興」や「地域の取組への評価等に応じた支援による戦略的な観光地域づくりの推進」などが重点施策として示された。特に、ニューツーリズムの振興において、新たに地

表 3-4　各省庁におけるニューツーリズムへの支援内容

省　庁	支援内容
観光庁	観光圏整備事業、プラットフォーム支援事業
環境省	エコツーリズム総合推進事業、地域コーディネーター活用事業、エコツーリズムガイド育成事業
文化庁	文化遺産を活かした観光振興・地域活性化事業
農林水産省	食と地域の交流促進対策交付金
経済産業省	地域集客・交流産業活性化支援事業
厚生労働省	実践型地域雇用創造事業

出典：井上（2012）に基づき、筆者作成。

域の観光資源を発掘し、活用するためには従来からある観光資源を改めて見直してみるのと、限られた観光分野に捉われず、広く地域の魅力や固有性を見出す視点が大切であるとまとめた。

　井上（2012）は、政府の各省庁におけるニューツーリズムへの支援内容について、**表 3-4** ようにまとめた。

2.　各ニューツーリズムの振興策

　観光庁が最初に取り組んだ事業は、「ニューツーリズム創出・流通促進事業」であり、ニューツーリズムのノウハウの蓄積・普及に向けてニューツーリズムの目的地となる地域と旅行会社のマッチングのためのデータベース構築のため実施された事業である。それ以降も新たな観光需要拡大のためのさまざまな取り組みを行った。2016 年までは「ニューツーリズムの振興」という施策に基づきさまざまなニューツーリズムへの取り組みが実施されたが、2016 年からはそれに代わり、「テーマ別観光による地方誘客事業」に施策の名称を変更した。

　これまで観光庁を中心に各都道府県で推進されたニューツーリズムの各振興策には次のようなものがある。

　　①ニューツーリズム創出・流通促進事業（2007 年〜 2009 年度）
　　②地域の観光振興のための地域遺産の管理・活用状況調査事業（2009 年度）

③モニターツアーの造成によるニューツーリズムの推進に関する調査事業
（2010 年度・2011 年度）

④外国人が楽しめるニューツーリズムを目指して（2011 年度）

⑤国内旅行プロモーション効果調査事業（2011 年度）

⑥地域の観光資源の魅力を活かした顧客満足型旅行商品推進事業（2012 年度）

⑦将来的な商品化にむけた観光資源磨きのモデル調査事業（2013 年度）

⑧ニューツーリズム普及促進モデル事業（2013 年度）

⑨インバウンドを見据えた着地型観光調査（2015 年度）

⑩観光地ビジネス創出の総合支援（2015 年度）

　ここからは、2016 年から実施された「テーマ別観光による地方誘客事業」についてさらに詳しく見てみる。

　まず、事業内容については、次のように概説している。

　本事業は、食、文化財、星空鑑賞等、特定の観光資源を観光に活用している地方公共団体、観光協会旅行社及び関係団体等の関係者から構成される複数地域によるネットワークを対象として、観光客のニーズや満足度を調査するためのアンケートやモニターツアーの実施、これら調査結果等を踏まえた観光客の受入体制強化や共通マニュアル作成、情報発信の強化、シンポジウム開催によるネットワーク拡大等の取組を支援することで、観光資源の磨き上げを行い、地方誘客を図るものです。

　また、期待される効果について、旅行者側と地域側にそれぞれ分けてまとめている。旅行者側にとっては、特定のテーマに関心の高い旅行者がより魅力的な旅行を享受できるとし、地域側にとっては、旅行者の複数地域への来訪需要の創出と地域間で課題や成功事例を共有することによる、効果的な観光振興策を推進できるとした。

　さらに、テーマ別観光へ取り組むためのプロセスについては、①ネットワーク構築、②マーケティング調査、③受入環境整備、④情報発信・PR、⑤ネットワーク拡大・強化のようにまとめた。最終的には地域を超えた広域での連携や、親和性の高い観光資源（テーマ）との連携を図ることで、より多くの観光

表 3-5　「テーマ別観光による地方誘客事業」で選定されたテーマ

2016～2018 年度	2016～2019 年度	2020 年度
エコツーリズム 街道観光 酒蔵ツーリズム 社寺観光／巡礼の旅 明治日本の産業革命遺産 ロケツーリズム 古民家等の歴史的資源 日本巡礼文化発祥の道	アニメツーリズム サイクルツーリズム 全国ご当地マラソン 忍者ツーリズム 百年料亭	Industrial Study Tourism ONSEN・ガストロノミーツーリズム 郷土食探訪～フードツーリズム～ 宙ツーリズム

出典：観光庁（2021）に基づき、筆者作成。

客のニーズに応じた観光メニューの提供が可能となると説明した。

　要約すると、「テーマ別観光による地方誘客事業」は、国内外の観光客が全国各地を訪れる動機を与えるため、特定の観光資源に魅せられて日本各地を訪れる「テーマ別観光」のモデルケースの形成を促進し、地方誘客を図ることを目的に実施された事業である。事業の中で選定されたテーマをまとめたのが、**表 3-5** である。

　上記のテーマのうち、2020 年度に選定された 4 テーマの定義については次のようにまとめられている。

● **Industrial Study Tourism**（産業訪問）

　「産業観光」、すなわち歴史的・文化的価値のある産業文化財（古い機械器具、工場遺構などのいわゆる産業遺産）、生産現場（工場、工房等）および産業製品を観光資源とし、それらを通じてものづくりの心にふれるとともに、人的交流を促進する観光のうち、訪日外国人のビジネス客を対象にしたもの。

● **ONSEN・ガストロノミーツーリズム**

　日本の温泉地を拠点にして、「食」、「自然」、「歴史・文化」等の地域資源をウォーキング等により体感するツーリズム。

●**郷土食探訪～フードツーリズム**

　その地域ならではの食・食文化を、その地域で楽しむことを目的としたツーリズムのこと。土地を訪れ、現地の人々と交流し、その土地ならではの食をいただく。旬の時期にしか出会えない「食材」、その土地だからこそ味わえる

「食材の鮮度」、食体験の場として地域の景観や自然をも体感しながら脱日常を経験することができる。

●宙ツーリズムとは

　宙ツーリズムとは、リアルで美しい星空や千載一遇の天文現象だけでなく、オーロラ観賞やご来光、ロケット打ち上げ体験等を楽しむツーリズムのことであり、これらを気軽にかつ快適に観賞できるもの。

　以上のように、多様で新しい旅行者のニーズに対応するため、地域独自の魅力を活かした新たな旅行商品の創出や流通を通して、地域を活性化させようとする取り組みはさまざまな形で継続的に実施され、観光の大きな潮流として定着されつつある。

第4節　新型コロナウイルス感染症と観光

1. 新型コロナウイルス感染症による観光への影響

　UNWTO（国連世界観光機関）や JNTO（日本政府観光局）などの観光関連機関で発表しているデータによると、2019年までは世界的に観光産業の成長は著しく、観光客数も右肩上がりの順調な伸びを見せていたが、2020年の春から拡大し始めた新型コロナウイルス感染症の影響で観光産業は危機的な状態に陥った。

　UNWTO（2021）は、COVID-19 のパンデミック（世界的大流行）により、2020年世界観光産業の経済的損失は1兆3千億ドル（約142兆円）に達し、国際観光客到着数は前年比74％（約10億人）の減少率を見せており、観光に関わる1億から1億2千万人の雇用が危機にさらされたと報告している。さらに、2009年の世界経済危機の際の11倍以上に当たる経済的損失となり、世界的な出入国制限、COVID-19 との世界的な闘争、消費者の信頼感のどれをとっても、2020年は"観光史上最悪の年"であると総括している。

　JNTO（2021）で発表しているデータに基づき、日本の状況を見ると、2020年の訪日外国人数は、前年比87.1％減の411万5,900人となった（2019年は

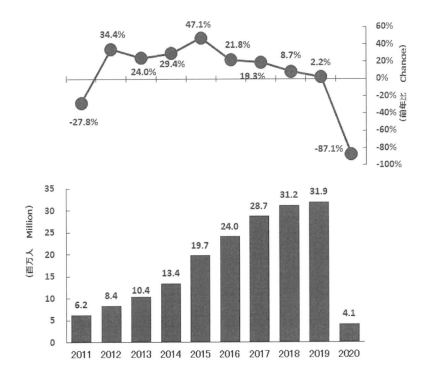

図 3-1　直近 10 年間の訪日外国人数
出典：日本政府観光局（2021）に基づき、Travel Voice 作成。

3,188 万 2,049 人）。直近 10 年間の訪日外国人数の推移をみると、2011 年以降 2019 年まで一貫して右肩上がりの順調な伸びを見せていたが、2020 年 2 月からの COVID-19 による影響で急落しているのが分かる（**図 3-1** 参照）。これは、1998 年の 410 万人以来、22 年ぶりの低水準である。

　旅行需要の激減に伴い、観光産業が危機的な状態にあるなか、コロナ禍収束後の観光客のより新しい形の観光行動への変化が予測されており、その変化への対応のための課題や取るべき政策などについての議論が必要になってきている。

2. 新型コロナウイルス感染症に伴う人々の旅行に対する意識変化

COVID-19 の影響のある状況下での人々の旅行に対する意識については、民間調査機関や観光関連機関または研究者により調査結果が報告されている。

JTB 総合研究所では、新型コロナウイルス感染症が拡大し始めた 2020 年 2 月以降継続的に「新型コロナウイルス感染拡大による、暮らしや心の変化と旅行に関する意識調査」を実施し、2022 年 4 月には 11 回目の調査結果を報告した。

また、公益財団法人日本交通公社では、新型コロナウイルス感染症の流行が旅行市場に及ぼした影響把握を目的に、定期的に意識調査を実施し、分析結果を報告書にまとめ、シリーズとして「新型コロナウィルス感染症流行下の日本人旅行者の動向」を発表している。2020 年 6 月には「その 1」として最初の報告書が発表され、2022 年 5 月には「その 20」の発表があった。

世界最大の閲覧数を持つ旅行口コミサイト「トリップアドバイザー」は、COVID-19 に関して旅行者の意識がどのように変化しているかを把握するため、過去 12 ヵ月に旅行を経験した、旅行の意思決定者に対して世界 6 ヵ国で 2020 年 4 月にアンケート調査を実施した。

筆者も 2021 年に「新型コロナウィルスと旅行に関する意識調査」を実施し、その結果を論文[1]としてまとめた。論文は、新型コロナウイルスに対する知覚リスクが旅行行動に与える影響を明らかにするとともにコロナ禍収束後の観光行動パターンの変化を予測し、今後観光産業を回復させるための方向性について考察することを目的としたものであった。

以上のようなさまざまな調査結果に基づくと、新型コロナウイルス感染症により人々の旅行に対する意識は変化しているのが分かる。その変化の傾向は次のようにまとめることができる。

まず、旅行の再開についての質問への回答から海外旅行より国内旅行へのニーズが高く、海外旅行の予定・検討時期については「慎重」の傾向にあることが分かる。筆者の研究結果では、「新型コロナウイルスに関する知覚リスク」を高く認識するほど、海外旅行より国内旅行を選好する人の割合が高いことが証明された。

　また、旅行の際にできるだけ他人との接触を避けて距離が保てるタイプの活動が好まれ、開放的で自然豊かなところに行きたいという傾向が強い。

　今後、予定・検討している国内旅行の行き先と、居住地域の関係性に関する質問では、同地域内への旅行が多数を占めていることから、近場旅行の傾向が顕著であると読み取れる。地元や近隣への観光である、いわゆるマイクロツーリズムが主流になっている。

　同行者については家族など身近な人が中心で、できるだけ少人数で出かけたいと考える人が多い傾向にある。

　宿泊施設やレストランなどを選ぶ際には「感染対策」を重視し、他の人と一緒にならないようなスタイルを好む人の割合が高いことから、衛生に対する意識が高く、公衆衛生対策の強化が求められるといえる。

　コロナ禍でも旅行に行きたいという意欲は消えることなく、不要不急の外出が禁止され、自宅で過ごす時間が多くなったことから、旅行への興味を繋ぎ止める手段としてオンラインツアーと呼ばれる新しい旅行スタイルも登場した。

3.　観光庁による観光需要回復のための取り組み

　新型コロナウイルス感染症により今までにない新しい旅行スタイルが注目されるなか、テレワークの普及など、働き方が多様化するとともに、感染リスク低減のため、非接触型サービスの導入が必要とされるなど、社会変化もみられた。

　急激な社会変化の中で、観光においては、ウィズコロナ・ポストコロナ時代において観光振興と感染症対策の両立が課題となってきた。そのなか、2020年12月に観光庁は観光戦略実行推進会議を開催し、「感染拡大防止と観光需要回復のための政策プラン」を取りまとめた。そこでは、国内旅行の需要喚起と観光産業の再生などに取り組むことが掲げられ、今後、感染拡大防止策の徹底を大前提に、当面の観光需要の回復を担う日本人国内旅行の需要を強力に喚起しつつ、本格的なインバウンド回復に備えた取り組みを進めるとされている。具体的な取り組みは、(1) 感染拡大防止策の徹底と Go To トラベル事業の延長等、(2) ホテル、旅館、観光街等の再生、(3) 国内外の観光客を惹きつける滞在コンテンツの充実、(4) 観光地等の受け入れ環境整備（多言語化、Wi-Fi 整備

等）、（5）国内外の感染状況等を見極めた上でのインバウンドの段階的復活、の五つの柱となっている。

　政策プランの五つの柱のうち、（3）国内外の観光客を惹きつける滞在コンテンツの充実に注目してみると、インバウンドのみならず国内旅行客にとってもより一層魅力的で、収益力のある観光地を実現するには、地域に眠る観光資源を磨き上げ、その価値を深く体感・体験できる滞在型コンテンツを造成する必要があるとしている。その具体的な実践例としては、①地域に残る縦割りの打破と地域に眠る観光資源の磨き上げ、②スノーリゾートやアドベンチャーツーリズム等の高付加価値・滞在型コンテンツの造成、③城や社寺、古民家、グランピング等の個性ある宿泊施設整備、④上質なサービスを求める観光客誘致のための環境整備、⑤デジタル技術を活用したコンテンツ磨き上げ等、が挙げられている。

　国際観光よりも国内観光のシェアが大きいほど、より早く回復できるとの意見もある中で、日本は旅行消費の約80％を国内旅行が占めていることから、コロナ禍が収束すると、国内旅行とりわけ他人との接触を避けて距離が保てるタイプの観光活動を中心に観光産業は回復することが予想される。さらに、徐々に国境の往来が緩和されるにつれて、海外旅行の価値や魅力を強く感じながらも、抑制せざるを得なかった環境から開放されると、海外旅行も一気に活発化することが期待される。よって、急激に変化する新しいパターンの観光行動や急増する旅行需要に備えて、観光産業はより戦略的な対策を講じる必要がある。

　日本には観光振興に必要な気候、自然、食、文化の四つの要素がすべて備わっているといわれているなか、旅行者にとってより一層魅力のある観光地として訪れてもらうためには、四つの要素をうまく活用する必要がある。しかし、これらの資源が観光資源として十分に活用されているとは言い切れず、地域に眠る潜在的な観光資源を掘り起こし磨き上げ、魅力的な観光地づくりのため有効活用すべきである。

COFFEE BREAK

注目されている「アニメツーリズム」

　コンテンツツーリズムとは、映画、小説、テレビドラマ、マンガ、アニメなどの作品に登場する舞台やゆかりの地域を訪れる旅行であり、それぞれのコンテンツを通じて醸成された地域固有の雰囲気・イメージに物語性やテーマ性が付加され、その物語性を観光資源として活用するところにコンテンツツーリズムの根幹がある。

　そのコンテンツツーリズムの一つにアニメツーリズムがあり、近年脚光を浴びている。観光庁（2021）では、アニメツーリズムについて次のように説明している。アニメツーリズムとは、アニメ作品の舞台や作品・クリエイターにゆかりのある地域（＝アニメ聖地）を巡る旅行のことで、アニメファンの間では「聖地巡礼」とも呼ばれているもの。アニメをきっかけに地域を訪れたファンが、地域の食や文化、人に触れる中で、地域そのもののファンになるという事例も多数報告されている。

　アニメツーリズムの代表的な成功事例として、『らき☆すた』の舞台、埼玉県久喜市の鷲宮神社周辺、『君の名は。』の舞台、岐阜県飛騨市、『ガールズ＆パンツァー』の舞台となった茨城県大洗町などが挙げられる。鷲宮神社は 2007 年『らき☆すた』放映後、参拝客が急増し、アニメの「聖地巡礼」が全国的に広がるきっかけになったといわれている。『君の名は。』は 2016 年に公開され、世界135 の国と地域で配給された大ヒット作で、舞台である飛騨市には市の推計では、聖地巡礼だけで 2019 年まで約 18 万人が訪れたとされている。『ガールズ＆パンツァー』の舞台である茨城県大洗町は、聖地巡礼の成功例としてたびたびメディアで紹介されており、関連するさまざまな取り組みを継続的に行っている。

●注 ──────────────

　1　金蘭正・崔錦珍（2021），「新型コロナウィルス感染症に対する知覚リスクが旅行行動に与える影響」，『東北亜観光研究』，第 17 巻，第 3 号，251-272 頁。

【引用文献・資料】

Payne, R. J. (2003), Resources, Jafari, J. (ed.), *Encyclopedia of Tourism*, Routledge World Reference, pp. 506-507.

UNWTO (2020), World Tourism Barometer May 2020 Special focus on the Impact of COVID-19.

── (2021), Worst Year in Tourism History with 1 Billion Fewer International Arrivals, Retrieved January 28.

足羽洋保（1997），『観光資源論』，中央経済社。

石森秀三（2011），「ライフスタイル・イノベーションと次世代ツーリズム」，真板昭夫他編『エコツーリズムを学ぶ人のために』，世界思想社，319-320頁。

井上史子（2012），「ニューツーリズムの推進に関する取組について」，『日本 LCA 学会』，1-23頁。

岡本伸之・越塚宗孝（1978），「観光対象と観光資源」，前田勇編『観光概論』，学文社。

── (2001)，「観光と観光学」，岡本伸之編『観光学入門─ポスト・マス・ツーリズムの観光学』，有斐閣，14-20頁。

観光庁（2012），観光立国推進基本計画。
https://www.mlit.go.jp/common/000208713.pdf

── (2020)，感染拡大防止と観光需要回復のための政策プラン。
https://www.mlit.go.jp/kankocho/news02_000433.html

── (2021)，テーマ別観光による地方誘客事業。
https://www.mlit.go.jp/kankocho/shisaku/kankochi/theme_betsu.html

金蘭正・崔錦珍（2021），「新型コロナウィルス感染症に対する知覚リスクが旅行行動に与える影響」，『東北亜観光研究』，第17巻，第3号，251-272頁。

公益財団法人日本交通公社編（2004），『観光読本　第2版』，東洋経済新聞社。

── (2022)，『新型コロナウイルス感染症流行下の日本人旅行者の動向』。
https://www.jtb.or.jp/research/statistics-tourist/

国土交通省（2006），『地域観光マーケティング促進マニュアル』，国土交通省総合政策局旅行振興課。

佐藤仁（2008），「今，なぜ「資源分配」か」，佐藤仁編『資源を見る眼：現場からの分配論』，東信堂，3-31頁。

JTB 総合研究所（2022），『新型コロナウイルス感染症拡大による、暮らしや心の変化と旅行に関する意識調査』，プレスリリース。
https://www.tourism.jp/tourism-database/survey/2022/04/covid19-tourism-202204/

須田寛（2006），『新しい観光：産業観光・街道観光・都市観光』，交通新聞社。

トラベルボイス（2021），【図解】2020年の訪日外国人数は年間411万人、12月は5.9万人（直近10年の推移グラフ付き）https://www.travelvoice.jp/20210120-147984

中崎茂（1996），「観光資源」，香川眞編『現代観光研究』，嵯峨野書院，209-218頁。

日本政府観光局（JNTO）（2021），「訪日外客数（2020年12月推計値）～ 12月は前年同月比97.7％減の5万9千人、年間では87.1％減の411万6千人～」，JNTO プレスリリース。

溝尾良隆（2008），「観光資源論─観光対象と資源分類に関する研究」，『城西国際大学紀要』，第16巻，第6号，1-13頁。

── (2009)，「観光資源と観光地の定義」，溝尾良隆編『観光学の基礎』，原書房，43-57 頁。

森重昌之 (2012)，「観光資源の分類の意義と資源化プロセスのマネジメントの重要性」，『阪
　　南論集。人文・自然科学編』，第 47 巻，第 2 号，113-124 頁。

第4章
旅行ビジネスの過去・現在・未来

POINT

- 旅行がどのようにビジネスとして確立してきたか、そして100年以上も前から始まっていた世界中の人々の交流において、日本人は、外国人観光客をどのようにもてなしていたのかを学ぶことができる。
- コロナ禍で、改めて必要と感じた人と人との交流。「人的交流と地域交流」から生まれる新しい地域交流ビジネスの紹介。また地域に埋もれたタカラを発掘し、磨き上げることで新たなイノベーションを起こすことができることを学ぶ。
- 旅行商品が時代背景と共にどのように移り変わってきたかを学ぶことができる。またその変容は、旅行会社がチケット・エージェントからトラベル・エージェントへと発展してきた過程でもあることを理解することができる。
- 旅行には欠かすことのできない鉄道であるが、これまでは旅行に行く一つの「手段」としての鉄道であった。しかし現在は、列車に乗車すること自体が旅の大きな「目的」となっている。豪華クルーズトレインの旅を例にしながら紹介していく。
- 日本のツーリズム産業を牽引してきた「JTB」が将来に向けて取り組む、デジタルを活用した観光地経営について紹介する。

第1節　旅行がビジネスとして確立してきた歴史と背景

　旅行（旅）という言葉を調べてみると、広辞苑では、旅とは「住む土地を離れて、一時他の土地へ行くこと。旅行。古くは必ずしも遠い土地に行くとは限

らず、住居を離れることをすべて「たび」と言った」。大辞林には「住んでいる所を離れて、よその土地を訪れること」とある。旅の歴史を遡ると、人類は狩猟採集時代から食料獲得のために旅をしており、農耕中心の時代になってからは、集落定住の生活が一般化し、やがて都市の形成もみられるが、なお山や海の資源を求め歩く人々の集団も多くあり、食料採集の旅は続いていた。その後、宗教的な目的の旅がさかんに行われるようになり、ヨーロッパでは 4 世紀頃には巡礼の旅が始まったとされ、日本でも平安時代末期頃には、四国遍路などの巡礼が行われるようになった。これらを考えると、現在の旅行（旅）とは異なるように思うが、巡礼の旅は現在でも日本国内のみならず、世界各国でも続いている。

　次に、巡礼の旅以外で押さえておきたいキーワードである「グランドツアー」について触れておきたい。グランドツアーとは、17 世紀から 19 世紀のイギリスにおいて、主に裕福な貴族の子弟たちが社会に出る前に、教育の仕上げとして組み込まれた旅である。その目的は、外国で新しい知見を学ぶ、これまで学んだ古代ギリシャ・ラテン文化の作品に謳われた地を見学する、そして美術作品を鑑賞することであり、旅行期間は 1 年から 5 年と長期間であった。この旅行は、10 代の青年が一人旅をするのではなく、必ず家庭教師や召使いなど複数人が同行するのが常であった。主な目的地はフランスやイタリアで、現在も多くの日本人観光客にとって人気の目的地であるように、イギリス人にとっても大変人気のある場所であったことは間違いない。現在の修学旅行（教育旅行）とは異なるが、教育の総仕上げを目的とした旅行がすでに始まっていたことには驚かされる。

　さて、本題である旅行がビジネスとして成り立ったのはいつのことであろうか。世界で最初に創業した旅行会社は、イギリスの「トーマス・クック」とされる。1841 年に開催された禁酒運動大会の参加者をあっせんした団体鉄道旅行がそのはじまりだといわれている。もともと印刷業者で、プロテスタントの一派であるバプティストの伝道師でもあったトーマス・クックは禁酒運動家の一人であった。禁酒運動大会へ団体で参加できるようチャーター便での一括輸送を考え、当時高価であった鉄道を割安で乗れるようにしたものだった。ちなみに、このチャーター便の参加者は 570 人であった。その後 1848 年にはス

表 4-1　大正時代（1913 年〜 1921 年）の訪日外国人数

西暦（年）	和暦（年）	英	米	独	仏	露	中	その他	合計（人）
1913	大正 2	4,123	5,077	1,184	363	2,755	7,786	598	21,886
1914	大正 3	2,399	3,769	805	361	3,075	6,030	588	17,027
1915	大正 4	1,977	2,960	35	168	2,917	5,313	476	13,846
1916	大正 5	3,604	4,225	9	242	4,803	6,266	759	19,908
1917	大正 6	3,868	5,196	0	431	7,780	9,621	1,529	28,425
1918	大正 7	3,693	3,572	1	665	8,065	11,455	2,089	29,540
1919	大正 8	3,953	5,664	78	710	4,681	11,392	2,723	29,201
1920	大正 9	4,238	6,821	234	513	3,830	13,202	3,267	32,105
1921	大正 10	2,857	3,772	263	245	2,983	13,082	1,839	25,041

出典：日本交通公社編（1982），『日本交通公社七十年史』。

コットランドへの旅行を催行し、1872 年には世界一周旅行も実現している。その後も事業領域を拡大し、欧州時刻表や旅行案内書を創刊、トラベラーズチェック（旅行小切手）の取り扱いを開始するなど、旅行をサポートする体制も整え、ツーリズム業界をけん引した。そしてトーマス・クック・グループは世界一の旅行会社として発展したが、2019 年 9 月、ロンドンの裁判所に破産申請を行った。

　ここまでは、ヨーロッパの旅行ビジネスについて触れてきたが、ここからは日本の旅行ビジネスに目を向けていきたい（**表 4-1**）。ビジネスとしての日本国内の旅行のはじまりは、巡礼の旅であると考えられる。1905（明治 38）年、日本旅行の創業者である南新助が高野山参詣団、伊勢神宮参拝団の団体旅行を実施した。その後 1908（明治 41）年には、国鉄貸切臨時列車による善光寺参拝団を企画。900 名が参加し、江の島・東京・日光・善光寺をめぐる 7 日間の旅で、旅行代金は 12 円 80 銭だった。また、1921（大正 10）年には、日本初の超大型全国規模団体旅行として、比叡山延暦寺開祖傳教大師 1100 年大遠忌法要団参をあっせんし、5 万人規模の参拝を無事終了させた。そして 1926（大正 15）年には、神戸発の貸切臨時列車を利用した 13 日間の北海道視察団を催行している。

　日本国内において参拝を中心とした国内団体旅行ビジネスが始まる一方で、1912（明治 45）年 3 月、外客誘致を目的とした組織「ジャパン・ツーリスト・

ビューロー（現、JTB）」が誕生した。

　明治末年、わが国は日露戦争後の財政疲弊の時期にあった。時の鉄道院営業課長の木下淑夫は、国際親善と国際収支改善の立場から、外客誘致幹旋機関設立が急務であることを力説、政府要路に進言するとともに、鉄道・汽船・ホテル・商社等関係機関に協力を要請、ここに鉄道院が中心となり、国際観光関連諸機関の参加を得て、ジャパン・ツーリスト・ビューローの設立となった。同組織は、外客の誘致と外客に諸便宜を図ることを目的とし、国際観光に関係する諸事業者への連絡、外客に対する日本の紹介・あっせん等の事業を行うこととなった。1914（大正3）年、東京駅が新築されると同時に、ツーリスト事業の紹介を行うために東京案内所を開設した。しかし、当時の人たちからはジャパン・ツーリスト・ビューローが何をするところかよくわからず、駅に待機している人力車夫たちなどは、外国人相手の商社であるくらいは知っていたが、ビューローが発音できず「ジャパン・ビール」と呼んでいたのが笑えない事実であった。創業当時活躍していた渡邊乙兵衛は入社当時、ビューローの最初のころは、「ビアホール」ですか、とよく聞かれたものですと回想している。それだけビューローという言葉が日本人にはなじみにくかったようだ。

　では、ジャパン・ツーリスト・ビューローが、わが国に来訪する外客に対して、どのようなあっせん業務をしていたのであろうか。大正初期に外客ブームがおこり、1913（大正2）年1月4日、神戸港に入港した世界周遊船クリーブランド号の300人の外客あっせんは、ビューロー開設以来最初の大型団体の受け入れであった。同船は、クラーク社がチャーターした、ハンブルグ・アメリカン・ラインの汽船で、ニューヨークからヨーロッパに渡り、地中海経由で日本に立ち寄り、サンフランシスコからは鉄道でニューヨークに帰る世界一周観光団で、日本では10日間の日程で、京都・奈良・箱根・東京・日光・鎌倉などを周遊している。2月には500人の外客を乗せて横浜に寄港し、25日間滞在した。この時は、あっせん員6名を派遣し、一行に深く感謝された。

　当時は世界一周旅行であっても、アメリカ大陸は鉄道で横断しなければならなかったが、1914（大正3）年8月15日、待望のパナマ運河開通後は、船に乗ったまま悠々と世界一周ができるようになり、世界周遊船は黄金時代を迎えた。世界一周にかかる日数は130日から140日ぐらいで、この間における日本

滞在は 10 日から 2 週間、観光拠点は、横浜・東京・日光・鎌倉・京都・奈良・神戸・宮島等であったが、日本における旅程の延長と寄港地の増加に努めたことにより、1926（大正 15）年からは、別府にも寄港するようになった。東京駅では一度に 400 台以上の人力車を駅前広場にそろえて人力車で市内見物させたが、延々 500 メートルにもおよぶ長蛇の列は見ものであった。外国人の人々にとっても人力車は珍しい乗り物であったので大いに喜ばれた。

　旅費の面から見ると、当時の世界周遊船に乗船するには、おおよそ一人最低 2 千ドルから最高 1 万ドル程度必要であった。このような世界周遊船が日本に来て消費する金額はどれほどであったか、その一例を示すと、1925（大正 14）年 4 月に来日したクラーク社の団体 700 人全体の費用は、鉄道乗車賃 3 万 8,800 円、人力車 1 万 8,900 円、自動車 8,500 円、通訳料 8,200 円、ホテル代 1 万 2,000 円、これに土産代等を加え、ほぼ 30 万円であった。当然現在と約 100 年前とは貨幣価値が大きく異なるため正確な金額を算出するのは難しいが、かなりの高額であったことは間違いない。

　大正末期、世界一周を終えたイギリス船籍のエンプレス・スコットランド号が途中寄港した訪問箇所で、「最も美しい国」など 13 項目について乗船客一同からアンケートをとったところ、次のような結果が出ている。

　　○美しい国：日本
　　○美しい都市：ホノルル（ハワイ）
　　○自動車ドライブ：アマルフィ～ナポリ間（イタリア）
　　○建築：タージ・マハル（インド）
　　○港：香港
　　○ホテル：ハワイ
　　○島：セイロン島（スリランカ）
　　○夫人：日本
　　○山：富士山
　　○川：ナイル
　　○市街：ニース（フランス）
　　○神社：日光

○風景：ヌアヌ・パリ（ハワイ）

　わが国は 13 項目のうち 4 項目で最高評価を受け、日本のすばらしさを外客に印象づけたが、その裏で、外客に対するあっせん員として添乗した社員たちの努力が旅行の満足度アップに一役買っていたこともつけ加えておきたい。

　以上、第 1 節では旅行ビジネスの成り立ちについて述べてきた。大正末期から昭和、平成にかけての旅行商品（企画）の変遷については、第 3 節で説明する。

第2節　旅行ビジネスがもたらす交流創造
（人的交流・地域交流）

　まさかこんな世の中になるとは…世界中の人たちがこう思ったに違いない。

　新型コロナウイルス感染症（COVID-19）は、2019 年 12 月末に中国武漢市で「原因不明のウイルス性肺炎」として初めて発症事例が報告され、翌 2020 年 1 月 15 日に日本国内で最初の報告があった。その後、世界中に感染が広がり、日本国内でも緊急事態宣言が発出され、外出や店舗営業の自粛、学校休校、渡航制限など、過去に経験したことのない生活を送ることとなった。新型コロナによる外出自粛は、人々の生活スタイルを一変させることになった。多くの店舗が営業を自粛する一方で、学校休校に伴うオンライン授業や、テレワークなどのデジタルツールの活用が急速に普及したことも注目された。また、「オンライン飲み会」というものも生まれた。

　2020 年 4 月末からのゴールデンウィークは緊急事態宣言発出中で、県をまたぐ移動の自粛要請が出ていたため、旅行はもとより帰省もできず、空港や新幹線のホームは閑散として、これまでとは全く異なる風景であった。また 2019 年に日本人旅行者数が初めて 2,000 万人に達した海外旅行マーケットも需要がほぼ消滅してしまった。

　JTB 総合研究所が 2020 年 5 月 28 日に発表した、「新型コロナウイルス感染拡大による、暮らしや心の変化および旅行再開に向けての意識調査（2020）」によると、外出自粛で、生活の価値観について考え方が変化したと感じた 1 位

は「対面のコミュニケーションは大切だ（29.8 %）」で、2 位は「買い物はネットショッピングなどで済ますことが増えた（18.1 %）」となった。この考え方は若者ほど、リアルなコミュニケーションを大切と感じる割合が高いが、同時に会議やショッピングなどはオンラインで十分と考える割合も高い。これからは、デジタルを前提としたリアル体験価値向上が重要になる。コロナ禍では生活のデジタル化が大きく浸透した。一度利便性を体感した消費者が、元の生活に戻るとは考え難く、デジタル化は加速度的に進むと考えられる。あらゆるサービスがデジタルを前提としたものとなる一方、「デジタル（バーチャル）」の良さを知ったからこそ感じられる「アナログ（リアル）」の価値（人と会う、旅行をする）に気づく面もある。デジタルとアナログを切り分けて考えるのではなく、デジタルの中に、どのようにアナログを融合させていくかが、新しい魅力的な商品やサービスを生むために重要ではないだろうか（**図 4-1**）。

　これまでの旅行ビジネスは、出発地と到着地を交通機関で繋ぎ、宿泊や食事、観光（見学）箇所を組み込むことで、一つの「旅行商品」を作り販売するモデルだった。これからの旅行ビジネスは、地域の社会課題の解決、魅力発掘、観光振興、地域活性化、観光地経営の一端を担い、その地域に観光客を呼び込むことで、人流を創造し、交流を生み出し、地域活性化に貢献することが必要となってくる。

　JTB グループは、事業ドメインを「旅行業」ではなく、「交流創造事業」としている。これは、同社ならではのソリューション（商品・サービス・情報および仕組み）の提供により、地球を舞台にあらゆる交流を創造することで、お客様の感動・共感を呼び起こすことを目指している。

　人口減少、地域産業の衰退、健康寿命、環境問題…日本の地域は、さまざまな課題を抱えている。こうした課題の解決を目指して日本全国の各地域に正対し、さまざまな人流、商流、情報流を生み出し、交流を創造することによって地方創生に貢献する「地域交流」を推進している。地域にあるタカラ（資源）を掘り起こし、磨きをかけ、人が集まる元気な地域を日本全体のチカラ（活性化）に繋げる。人と人、人と場所、人とコトを繋ぎ、新たな価値の創出と、デジタルとヒューマンタッチ（デジタルとアナログの融合）で地域に新たなイノベーションを起こす。ここからは、地域のタカラを見つけ出し、磨き上げた具

JTB

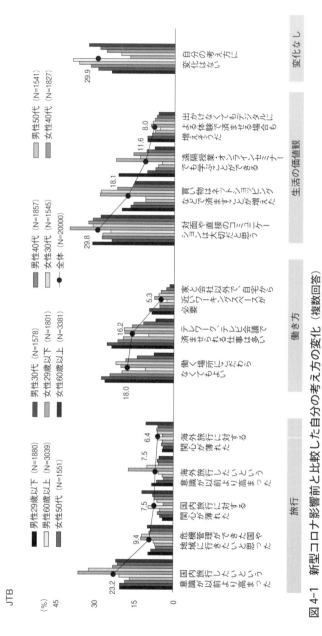

図4-1 新型コロナ影響前と比較した自分の考え方の変化（複数回答）

出典：JTB総合研究所（2020).「新型コロナウイルス感染拡大による、暮らしや心の変化および旅行再開に向けての意識調査（2020）」。

体的な事例を 2 件紹介したい。

　一つ目は、星空の魅力を磨き上げ、「日本一の星空ナイトツアー」で観光客の誘客に繋げた事例を紹介する。

　長野県下伊那郡阿智村。南信州の山間にあるこの小さな村は、環境省の全国星空継続観測で、2006 年「星が最も輝いて見える場所」の第 1 位に認定されたことがある。

　夕闇から漆黒の宵闇へと移り変わる午後 7 時過ぎ、スキー場のゴンドラに乗ったツアー参加者は標高 1,400 メートルの山頂に向かう。街明かりも届かない山頂、わずかに照らす照明がカウントダウンと共に一斉に消されると、浮び上がる満天の星空。参加者の歓声と溜息で、瞬間、山の静寂はかき消される。2012 年に始まったこのツアー、最初の年は 6 千人ほどの参加者であったが、2018 年は 13 万人に拡大した。これまでも阿智村には、温泉や豊かな自然といった魅力は多くあった。しかし、村の人たちにとって、星空はごく日常の当たり前の日常の光景。それが重要な観光資源に繋がるという発想にはなかなか行きつかなかった。

　このプログラムのきっかけは、2011 年春、当時 JTB 中部が主催した「魅力ある着地型旅行セミナー」に阿智村の関係者が参加し、相談を持ちかけてきたことから始まった。JTB の担当者が、阿智村の観光資源の洗い出しをしているとき「日本一の星空」という言葉に強く惹かれた。スキー場のスタッフが営業終了後、ひそかに星空を楽しんでいるという話を聞き、「そんなにキレイな星空なら一度は観てみたい」と思うはず。夜間にゴンドラを動かしたいという提案が出たときに「これは行けるな」と感じた。その後、役場や観光協会、旅館組合などに声をかけて協力体制を広げて、「村全体で『星の村』をやっていきませんか」という提案を行った。そして誘客促進協議会を立ち上げ、村長が会長になったことで計画はスムーズに運んだ。

　この事例は、地域にある「夜空の星」というものに着眼し、その魅力を磨き上げ、観光客の誘客に繋がった事例である。

　次の事例は、「人」そのものが地域の魅力だ、という考え方から生まれた事例である。コロナ禍で人流が止まっていた 2020 年にプログラム開発した「大阪 B&S プログラム」（B&S とはブラザーズ＆シスターズの略）について紹介した

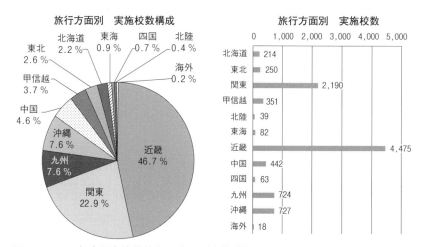

図 4-2　2019 年度国内修学旅行の方面別実施状況（実施校数）（公立中学校）
出典：全国修学旅行協会資料（国内修学旅行方面別実施状況）。

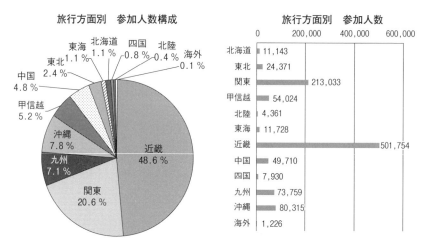

図 4-3　2019 年度国内修学旅行の方面別実施状況（参加人数）（公立中学校）
出典：全国修学旅行協会資料（国内修学旅行方面別実施状況）。

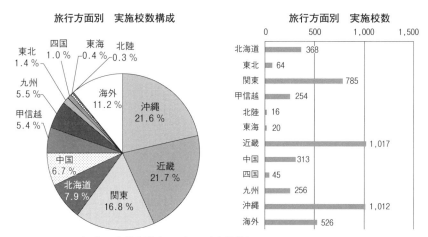

図 4-4　2019 年度国内修学旅行の方面別実施状況（実施校数）（公立高等学校）
　出典：全国修学旅行協会資料（国内修学旅行方面別実施状況）。

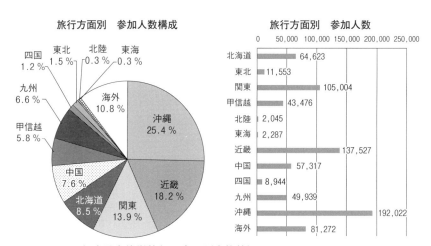

図 4-5　2019 年度国内修学旅行の方面別実施状況（参加人数）（公立高等学校）
　出典：全国修学旅行協会資料（国内修学旅行方面別実施状況）。

い。

　公益財団法人全国修学旅行研究協会が 2021 年 1 月に発表した修学旅行実施調査によると、2019 年度に修学旅行で近畿地方を訪問した公立中学校は 4,475校（50 万 1,754 人）、公立高校では 1,017 校（13 万 7,527 人）であった。合計すると 63 万 9,281 人に上る。これは関東方面へ訪問した人数 31 万 8,037 人を大きく上回る人数である（**図 4-2 ～図 4-5**）。

　そこでわれわれは、大阪の魅力発信と大阪での滞在型修学旅行をターゲットにこのプログラムを立ち上げた。公益財団法人大阪観光局監修のもと開発した「大阪 B&S プログラム」は、来阪する国内外の生徒に対し、大阪で学ぶ大学生や留学生がナビゲーター役となり、兄弟、姉妹（Brothers & Sisters）のように交流しながら大阪の街をめぐるプログラムである（**図 4-6**）。

　さまざまな場所をめぐり、大阪の歴史や地理・文化を紹介しながら、大阪で学生生活を送ることの楽しさや、学ぶ目的、また将来は何を目指しているのか、そのために頑張っていることは何か、等について語り合う。また留学生とは、留学先に日本を選んだ目的、日本での留学の魅力や、母国と日本（大阪）

図 4-6　「大阪 B&S プログラム」
出典：株式会社 JTB。

の文化や習慣の違い、外国人から見た大阪の魅力とは？等、幅広くコミュニケーションをとることで、修学旅行生の将来のキャリアビジョン形成のきっかけとなることが期待できる。さらに大阪でしかできない「大阪ならでは」のプログラムとして、吉本興業所属の若手芸人と一緒に街をめぐることができるプログラムも開発した。まち歩きを通して大阪の隠れた面白い話や大阪弁の話、また自身が芸人を目指したきっかけ、普段の「ネタ」づくりの方法、人を楽しませるために心がけていること、将来の夢（目標）などを語ってもらう。若手芸人といっても、元サラリーマンや学校の教師、アナウンサーや自衛官など、さまざまな経歴の人たちも多く、それだけ多くの価値観に出会うきっかけとなるのである。ちなみに、同プログラムのテーマは「街全体がテーマパーク、笑いと粉もんでお腹いっぱいの大阪にいらっしゃ～い！」である。まち歩きをしながら、是非「粉もん文化」も楽しんでもらいたいものである。

　以上、二つの事例について紹介してきたが、JTB グループは、各地域における新たな魅力的な原石を見つけ出し、そして磨き上げることで輝かせ、その地域における新たな価値を創造し、発信していくことで、人々が集まり、交流が生まれていくサイクルを循環させることを目指している。

第 3 節　旅行商品（旅行企画）の移り変わり

　旅行がビジネスとして成り立った背景については、第 1 節で述べてきたが、本節では旅行商品の移り変わりについて解説していく。企業はそれぞれのビジネスモデルにより、独自の商品・サービスを新たに開発する必要がある。時代と共に観光も大きく変化していくなか、カタチのない「旅行」という商品も時代とともに変化し、進歩していく。そのために必要なのは、旅行業における「イノベーション」である。

　ジャパン・ツーリスト・ビューロー（現、JTB）は外客誘致や外客の便宜を図るあっせん業務を目的に誕生し、国内外に案内所を開設し活動の範囲を拡大していた。創立から約 3 年後の 1915（大正 4）年、案内所の窓口で、外客に対し「インフォメーションするだけで切符のお世話をしないのでは、あっせんの完全を期しがたい」とのことから、切符の販売を開始。これが旅行商品（素材）

販売の始まりとなる。その後、第一次世界大戦勃発により外客数は伸び悩み、大戦後は世界的なインフレの影響で、ビューローの経営は苦境に追い込まれていた。一方で、日本人の旅行熱の急激な高まりがあり、1925（大正 14）年から一般邦人客への「クーポン式遊覧券」の販売を開始した。これは、乗車券、乗船券、自動車券、それに旅館券までが 1 冊にセットされて綴じ込まれており、発駅から着駅まで、切符を買う面倒なしに旅行ができる通し切符であった。かつてなかった便利なサービスとあって、発売以来、販売窓口は連日の盛況となった。そもそも社設立の趣旨は外客の誘致とあっせんであったが、これを転換し邦人客という新しい分野に進出したことは、社にとって現在の旅行業への業態変化を意味する、大きな出来事であった。

1928（昭和 3）年には、戦後の周遊券の前身ともいうべき地域別の遊覧券も発行している。1934（昭和 9）年には、北は樺太や北海道、南は台湾までを含む全国 230 ヵ所の遊覧券が売り出された。1935（昭和 10）年に、クーポン発売 10 周年を迎えた際、キャンペーンを兼ねて標語を懸賞募集し、「旅はクーポン」が当選となった。これを機に全国的に「クーポン」という名称が知れわたるようになった。しかし、日中戦争開始の 1937（昭和 12）年を境に、徐々に社会の様相は変わっていき、日本の敗色が感じられるようになった 1944（昭和 19）年 4 月からは、一般の旅行は禁止同様の状態となった。

1945（昭和 20）年 8 月 15 日、日本のポツダム宣言受諾により、長い戦争の幕は下りた。終戦とともに国外のすべての事務所を失った社であったが、観光事業こそ戦後の復興に大きな役割を果たすと考え、いち早く社内体制を整えた。戦後、社の最初の仕事は厚木飛行場に降り立った進駐軍のあっせんだったが、終戦後わずか 2 週間のことであった。

さて、戦後の観光行政の復活とともに、旅行業者数も増加していった。JTBと日本旅行の設立については第 1 節で述べているが、1947（昭和 22）年、近畿日本ツーリストの前身である近畿交通社が設立され、1948（昭和 23）年、阪急電鉄株式会社の代理店部として航空代理店としての業務を開始したのが、後の阪急交通社、そして東武トップツアーズ（2015（平成 27）年、合併）の前身である東武トラベルは、1949（昭和 24）年、全日本観光株式会社として設立、トップツアーズは 1956（昭和 31）年、東急観光株式会社として設立された。

1950（昭和 25）年当時、全国の旅行業者は 500 社を超えていたが、中には悪質業者の背徳行為も現れ始め、社会の非難を受けることもしばしばあった。そこで政府は、旅行の安全と快適を図り、接客向上と旅行斡旋業の健全な発展のため、1952（昭和 27）年 7 月、旅行あっ旋業法を公布し、10 月から施行した。これにより業者は登録を義務づけられ、監督を受けることになった。

　1955（昭和 30）年、戦前の旅行商品として広く親しまれていた「遊覧券」が「周遊券」として復活した。この周遊券は一般の旅行需要喚起に大いに貢献し、やがて 1960（昭和 35）年以降の高度経済成長とともに幕開けを告げる「大衆旅行時代」への牽引役となったのである。

　1962（昭和 37）年 9 月、日本交通公社（現、JTB）から個人旅行を商品化した「セット旅行」が発売された。セット旅行の誕生は、日本航空や国鉄（現、JR）と共同で進めていた「新婚セット旅行」を一本化することから始まった。また 1963（昭和 38）年には、新たに「家族・グループセット旅行」、「沖縄セット旅行」などが販売され、品揃えが充実されていった（**図 4-7**）。

　セット旅行誕生の背景には、「チケット・エージェント」から「トラベル・エージェント」への発展の具体策として、お客様のご要望に合わせた新しい商

図 4-7　「家族・グループセット旅行」
出典：株式会社 JTB。

品「企画」が求められていたことが挙げられる。このセット旅行商品は、旅行商品の原型で、その後の「パッケージ旅行」に繋がり、「旅行商品全盛時代」へのさきがけとなった。

　日本交通公社（現、JTB）では1971（昭和46）年、国内企画旅行商品「エース」が誕生し、近畿日本ツーリストも1972（昭和47）年に「メイト」の販売を開始、日本旅行は同年「赤い風船」の販売を開始している。

　一方で、海外旅行は、1964（昭和39）年4月、海外観光旅行の自由化が認められたのをきっかけに、需要が拡大していくこととなる。

　1963（昭和38）年に戦後初の海外主催旅行である「JTB 海外旅行シリーズ」が誕生し、1964（昭和39）年4月の自由化以降、「春旅シリーズ」、「夏旅シリーズ」、「秋旅シリーズ」、「正月シリーズ」とシーズンごとに企画され、同年に43本が催行された。その後、航空会社や他の旅行会社も動きを活発化させていった。航空会社による最初のパッケージツアーは1964（昭和39）年に発表されたスイス航空の「プッシュ・ボタン」である。内容はヨーロッパ7ヵ国11都市を19日間でめぐる海外個人旅行方式というものであった。また日本航空は1965（昭和40）年1月に「ジャルパック」を発表した。JTB では海外主催旅行を「ルック」に統一して1969（昭和44）年4月から販売開始したが、当時は日通（日通旅行）との共同企画、仕入れ、販売であった。その他、日本旅行は1971（昭和46）年に「マッハ」、近畿日本ツーリストは1972（昭和47）年に「ホリデイ」の販売を開始した。

　この時代、海外旅行需要の爆発的な伸びの背景には、ジャンボ機就航により、大量輸送が可能となり、「バルク運賃制度」という低廉な割引運賃の導入があった。バルク運賃制度とは、航空会社が40席以上を旅行会社に一括売りをすることを条件に、大幅割引を適応するものである。例えば、日欧の場合、エコノミークラスでの往復運賃は通常運賃から6割引となった。この制度は1969（昭和44）年11月に日米間に、次いで翌年1月に太平洋路線に適応された。東南アジア方面においても1971（昭和46）年にかけて各種団体運賃制度が導入され、低廉な価格での旅行が可能となった。

　公益財団法人日本交通公社の調査によれば、女性の高卒初任給とJTB の海外旅行価格を比較すると、1965（昭和40）年には1万6,000円対28万2,000円

と 18 倍であったものが、1973（昭和 48）年には、4 万 3,000 円対 14 万円となり、約 3 カ月分の給料で海外旅行に行けるようになった。こうした情勢のなか、海外旅行者層も変化する。この時期には 1965 年には手が届かなかった海外旅行が 1973 年には一般的に普及し、特に新婚旅行が急増した。こうした需要拡大に対応して、一般旅行業者も 1965（昭和 40）年の 62 社から 1973（昭和 48）年には 188 社へと増加し、各社の競争は激化の一途を辿っていく。

　再び国内旅行に目を向けると、1971（昭和 46）年に初の国内主催旅行として販売を開始した「エース」は、"交通公社が日本の旅を変えます"と銘打ち、はじめに「春のエース」として 110 コースをラインナップ。その商品内容のユニークさで、新聞や雑誌を賑わせ、国内旅行の一大ブームがここから始まり、旅行ニーズの多様化やお客様層の拡大に即応したオリジナルなものに進化させることによって、潜在需要を発掘することも狙いだった。

　こうして、海外旅行の「ルック」と国内旅行の「エース」は 2000 年ごろまでのパッケージ旅行全盛期を支えた。

　さて、現在はというと、FIT 化（個人旅行化）や旅の自由度の追求、ニーズの多様化、細分化などを受け、これまでのように大部分のお客様に満足いただける「定番商品」ではなく、多種多様な商品ラインナップが必要になってきた。さらに、インターネットなどの IT 技術の発展、進化に伴い、出発日、予約日、路線などによって価格が変動するダイナミックプライシングの時代が到来している。

　これまでの「旅行会社がパッケージした」旅行商品から、「旅行者がパッケージできる（組み立てることができる）」旅行商品へと、時代のニーズは変化している。そして、この次の変化にも対応する、旅行業はイノベーションが支える産業と言えるかもしれない。

第 4 節　移動する「手段」としての鉄道から、 移動を楽しむ「目的」としての鉄道へ

　これまでの鉄道は、移動するための交通手段の一つとして考えられてきた。しかし、現在、鉄道は単なる「移動手段」ではなく、鉄道に乗車することが「目的」とされ、それ自体が観光の対象となっている。列車内を装飾し、車窓

からの素晴らしい景観の眺めや、ランチ・ディナーの供食、そしてイベントの催行など、さまざまなサービスが列車内で提供されている。その意味で鉄道とは、乗客にとって快適で充実した時間や空間を体験するための「旅の目的」と考えることができる。

　近年、地方鉄道を中心に観光列車ブームが巻き起こっており、全国各地で魅力的な観光列車が運行されている。例を挙げると、大井川鐵道の「トーマス号」、肥薩おれんじ鉄道の「おれんじ食堂」、えちごトキめき鉄道の「えちごトキめきリゾート雪化粧」、近畿日本鉄道の「あをによし」、JR四国の「伊予灘ものがたり」、JR九州の「ななつ星in九州」など、さまざまな特徴や魅力、地域性を兼ね備えており、地域内へ本源的需要を創出させる重要な観光資源となっている。また、地域鉄道事業者にとって、観光列車の導入は赤字経営の改善に繋がる手段であるともいえる。

　本節では、観光からみた鉄道の役割を (1) 移動手段としての役割、(2) 演出者としての役割、(3) 観光資源としての役割という三つの観点から考えていきたい。

●移動手段としての役割

　第二次世界大戦中の旅客鉄道事情については、第2節で述べたとおりであるが、戦後復興と共に、旅客鉄道も復活してきた。1949（昭和24）年9月、特急「へいわ号」が、東京〜大阪間で運転を開始し、翌年元日より名称が「つばめ号」に変更された。所要時間は9時間だったが、新たに食堂車や展望車が連結され、「つばめ号」は国鉄（現、JR）を代表する列車として君臨した。その後、1950（昭和25）年には特急「はと号」が新設され、東海道本線の特急列車は2往復体制に増強された。そして東海道本線全線の電化に伴い、所要時間は、1956（昭和31）年には7時間30分、そして1960（昭和35）年には、6時間30分に短縮された。そんな「つばめ号」も1964（昭和39）年10月の東海道新幹線開業により、長きにわたる東海道本線での活躍を終えた。

　東京オリンピック開幕直前に開業した東海道新幹線は、日本の高度経済成長と同様、日本の観光に大きな影響を与えた。新幹線を中心とした高速鉄道は、大量輸送を可能にし、高速、定時運行、さらには快適性を提供することで、旅行形態を変化させ、観光地への旅客流動にも大きな影響を与えてきた。

　開業当時、東海道新幹線の東京～大阪の所要時間は 4 時間、翌 1965（昭和
40）年には 3 時間 10 分となり、営業距離も 1972（昭和 47）年には岡山、1975
（昭和 50）年には、博多まで延伸し、東京～博多間の 1,000 キロメートル以上
が、1 本の新幹線で繋がり、目的地への移動距離は伸び、移動時間は大幅に短
縮したことで、観光需要は大きく増加した。移動手段としての鉄道が、早く便
利になったことで、短期間でもさまざまな旅行を楽しむことができるように
なった。

●演出者としての役割

　鉄道は各地の観光地を宣伝することにより、観光ブームを演出する役割を
担っている。観光客にそこに行ってみたいという感情を湧き立たせ、楽しい旅
を演出し、移動手段としての受動的な役割から能動的な役割を果たすように
なった。旅に変化をもたせ演出する役割においては、リゾートトレイン、SL
列車、トロッコ列車や、「トワイライトエクスプレス」、「カシオペア」をはじ
めとする豪華寝台特急列車等は、乗車している移動時間に付加価値をつけ変化
をもたせた。また立山黒部アルペンルートのように、鉄道、バス、ケーブル
カー、ロープウェイ、トロリーバスの交通機関を利用しながら、そこに大自然
を組み合わせることで、旅の価値を最大限に高めてきた。

　さらには全国的な観光キャンペーンで成功を収めたのも、鉄道の演出者とし
ての役割が大きいといえる。

　1970（昭和 45）年 10 月、万博後の旅行需要を喚起するため、国鉄（現、JR）
がディスカバージャパン・キャンペーンを展開した。キャンペーンには、国鉄
の固いイメージからの脱却を図る目的もあった。このため、従来の画一的な宣
伝手法を排して、東京、名古屋、大阪などの大都市圏の若い女性を中心に、新
しい旅の創造を呼びかけた。新しいゆとりのある旅を提供したこのキャンペー
ンは、結果として、日本の文化や自然の美しさを日本人が再認識することにな
り、国内旅行の拡大に大きく貢献することになった。またキャンペーン期間中
にはミニ周遊券も発売され、一定地域内での気ままな旅を割安で楽しめるとい
う商品特性が評判となった。

　1972（昭和 47）年 3 月には、山陽新幹線岡山駅開業を機に「ひかりは西へ」
キャンペーンが始まったほか、「北へむかって」など各地域や季節ごとの販売

促進策が積極的に推進された。そして 1977 （昭和 52）年の「一枚のきっぷから」を経て、翌年 11 月の「いい日旅立ち」へと継承されていった。「いい日旅立ち」のメロディーが、未知の場所に対する憧れや期待、そして好奇心が旅行ムードを誘うこととなった。このような背景の中で、「美しい日本の私」というキャッチフレーズが生まれた。これは特に若い女性をターゲットにし、自分が旅のストーリーの主人公になることを描くものであった。さらに 1980 年代になると、海外旅行が急成長を始めたのを機に、1984 年からは「エキゾチック・ジャパン」キャンペーンをスタートして、鉄道主導型の観光キャンペーンともいえる旅へのブームを巻き起こした。

● **観光資源としての役割**

　最後は鉄道（列車）そのものが価値ある観光資源であり、旅の目的としての役割を担っているという事例である。

　鉄道そのものが観光資源になっているケースを例に挙げると、大井川鐵道のSL、JR 西日本の「SL やまぐち号」、JR 北海道の「SL 函館大沼号」や「SL 冬の湿原号」さらには、JR 東日本の「SL ばんえつ物語」や「SL 銀河」等が挙げられる。SL は、鉄道ファンだけでなく、一般の観光客にも根強い人気がある観光列車の代表的なジャンルである。これら SL は、沿線地域の貴重な観光資源と位置づけられ、地元の自治体や企業などから大きな期待が寄せられている。

　次に、クルーズトレインと呼ばれる豪華列車について触れておきたい。世界で最も豪華なクルーズトレインと聞いて真っ先に思い浮かぶのは、ヨーロッパの「オリエント急行」ではないだろうか。

　最近は、日本でもクルーズトレインと呼ばれる豪華列車が運行されている。2013 年 10 月、日本最初のクルーズトレインとして誕生した、JR 九州の豪華列車「ななつ星 in 九州」、2017 年 5 月に運行を開始した JR 東日本の豪華列車「TRAIN SUITE 四季島」、翌 6 月にデビューした JR 西日本の豪華列車「TWILIGHT EXPRESS 瑞風」は日本を代表する豪華クルーズトレインである。クルーズトレインは、それぞれの事業会社エリアの路線を周遊しながら、途中下車して貸切バスでの観光、その土地ならではの豪華な食事を堪能し、宿泊は列車内の豪華スイートルームだけではなく、有名な高級旅館で宿泊するという

周遊型の旅である。期間は 1 泊 2 日から 3 泊 4 日のコースが主である。

　これら豪華クルーズトレインの旅で共通することは、観光はもちろん、車内での食事サービスに至るまで、最上級のものが提供されているという点である。これまでの寝台列車とは一線を画し、内装や食事、サービスなどは最上級のものに。車内ではピアノの生演奏やひのき風呂、展望デッキなど、各社趣向を凝らしたさまざまなおもてなしが用意されている。

　例えば、「TRAIN SUITE 四季島」2022 年 7〜9 月、3 泊 4 日コースの内容を見てみると、初日上野駅を 11 時 10 分頃に出発し、車内で有名日本料理店の昼食。夕食はフレンチのフルコースディナー、そして食後のバータイム。翌朝目が覚めると、そこは北海道の函館。函館市内観光後、路面電車（函館市電貸切）に乗車し、そのあとは、支笏湖や登別エリアの高級旅館に宿泊。そして 3 日目は、一路青森県へ移動し、二つのコースに分かれて観光。そして最終日は鳴子温泉へ。温泉街の自由散策後、車内で最後の昼食を楽しみ、17 時 20 分頃、上野駅に到着するという行程である。まさに贅を極めた 4 日間のクルーズ旅である。さらにスーツケース等の荷物については、事前に自宅から車内客室までの宅配サービス。帰りも車内から自宅までの宅配サービスと、至れり尽くせりのサービスである。旅行代金は、3 泊 4 日で百万円前後とかなりの高額であるが、発売開始時には、かなりの高倍率になるという。

　以上のように、鉄道自体が観光資源となり、地域を活性化させ、地域の魅力を発信することができる存在であることが理解できた。今後、訪日インバウンド需要の回復と共に、海外からの富裕層も含め、すばらしい日本の「食」、「歴史」、「自然」、「文化」に触れることのできる「非日常体験」としてますます人気を博するのではないだろうか。

第 5 節　JTB が将来に向けて取り組む観光ビジネスとは

　2022 年 3 月に創業 110 周年を迎えた JTB、本節では、日本のツーリズムの発展とともに成長してきた同社の将来に向けた取り組みを説明していく。

　株式会社日本政策投資銀行と公益財団法人日本交通公社が共同で「DBJ・JTBF アジア・欧米豪訪日外国人旅行者の意向調査（第 3 回新型コロナ影響度特

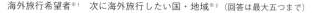

海外旅行希望者^{※1}　次に海外旅行したい国・地域^{※2}（回答は最大五つまで）

（第3回調査における割合で降順ソート・上位20位まで）

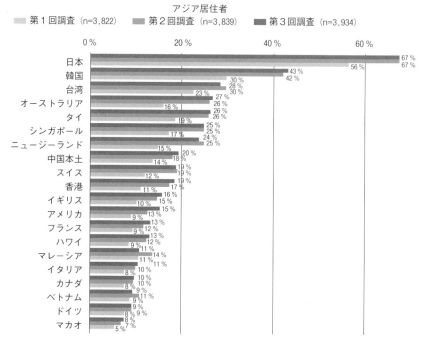

図4-8　外国人旅行者が次に海外旅行したい国・地域（1）

出典：株式会社日本政策投資銀行・公益財団法人日本交通公社（2022），「DBJ・JTBF ア
　　ジア・欧米豪 訪日外国人旅行者の意向調査（第3回新型コロナ影響度特別調査）」。

別調査）」（調査期間2021年10月5日〜19日）を実施した。それによると、次に
海外旅行したい国・地域の1位は「日本」で、アジア居住者、欧米豪居住者とも
もに第2回調査に引き続きトップであった（**図4-8**）。

　特にアジア居住者において、日本の人気は群を抜いており、2位の韓国とは
20ポイント以上の差が開いた。また観光のために日本を訪れたい理由として
は、「以前も旅行したことがあり、気に入ったから」、「行きたい観光地や観光
施設があるから」、「清潔だから」、「食事が美味しいから」、「治安が良いから」
が上位5項目を占めており、次の訪日旅行の予算は第2回調査同様、増加傾向
にある。次の海外旅行全般と比較しても、訪日旅行の予算増加傾向の割合は一
層高い（**図4-9**）。

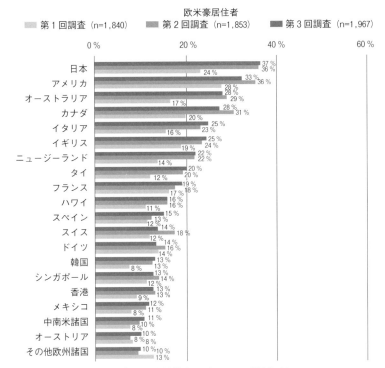

図 4-8　外国人旅行者が次に海外旅行したい国・地域（2）
出典：株式会社日本政策投資銀行・公益財団法人日本交通公社（2022），「DBJ・JTBF ア
ジア・欧米豪 訪日外国人旅行者の意向調査（第3回新型コロナ影響度特別調査）」。

　次に注目したいのが、コロナ禍での嗜好の変化である。訪日旅行時の「体験
したいこと」について、新型コロナ流行前（2019年度調査）と比較すると、欧
米豪で「アウトドアアクティビティ」の選択率が特に上昇している。コロナ前
も多くの外客が、北海道や信州にスキーで訪れたり、沖縄にダイビングで訪れ
たりしていた。今後、夏はマリンスポーツ、冬はウィンタースポーツのみなら
ず、ラフティングにカヌー、マウンテンバイクやジップライン、フィッシング
にハイキング、そして宿泊はグランピング等、これまで訪日旅行での定番とさ
れていた「自然や風景、歴史的建造物の見物」に加えて、このアウトドア志向
の高まりを受け、日本の美しい四季や自然を生かした野外レジャーの拡充が今
後ますます期待される。

訪日旅行希望者[※1]　新型コロナ収束後に観光のために日本を訪れたい理由
（項目毎に回答。回答は5段階の中から一つ選択）

（「非常にそう思う」または「そう思う」と回答した対象者の割合）

■ アジア居住者（n=2,651）　　■ 欧米豪居住者（n=721）
各項目における括弧内の値は全体（アジア居住者＋欧米豪居住者）

（回答者全体の割合で降順ソート、上位15項目）

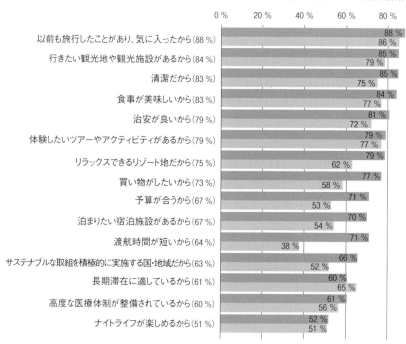

理由	アジア	欧米豪
以前も旅行したことがあり、気に入ったから（88％）	88％	86％
行きたい観光地や観光施設があるから（84％）	85％	79％
清潔だから（83％）	85％	75％
食事が美味しいから（83％）	84％	77％
治安が良いから（79％）	81％	72％
体験したいツアーやアクティビティがあるから（79％）	79％	77％
リラックスできるリゾート地だから（75％）	79％	62％
買い物がしたいから（73％）	77％	58％
予算が合うから（67％）	71％	53％
泊まりたい宿泊施設があるから（67％）	70％	54％
渡航時間が短いから（64％）	71％	38％
サステナブルな取組を積極的に実施する国・地域だから（63％）	66％	52％
長期滞在に適しているから（61％）	60％	65％
高度な医療体制が整備されているから（60％）	61％	56％
ナイトライフが楽しめるから（51％）	52％	51％

※1　「以前も旅行したことがあり、気に入ったから」は、訪日旅行希望者から訪日旅行未経験者を除き、
回答を得た。（■ アジア居住者（n=1,780）　　■ 欧米豪居住者（n=201））

図 4-9　コロナ収束後に観光のために日本を訪れたい理由
出典：株式会社日本政策投資銀行・公益財団法人日本交通公社（2022）、「DBJ・JTBF アジア・
欧米豪 訪日外国人旅行者の意向調査（第3回新型コロナ影響度特別調査）」。

　この嗜好の変化から考えると、以前はアウトドア体験が活発な国といえば、
カナダやオーストラリアといった国が思い浮かんだが、これからは日本がアド
ベンチャーツーリズム大国になるといっても過言ではないだろう。デービッ
ド・アトキンソン氏の著書「新・観光立国論」に、観光立国の四つの条件は
「気候」、「自然」、「文化」、「食事」であると書かれている。「文化」について

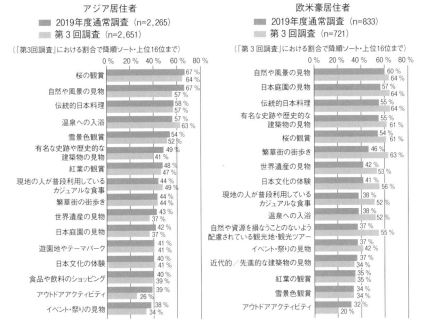

訪日旅行希望者　日本旅行で体験したいこと(回答はあてはまるものすべて)

アジア居住者
■ 2019年度通常調査 (n=2,265)
■ 第3回調査 (n=2,651)
(「第3回調査」における割合で降順ソート・上位16位まで)

	2019年度通常調査	第3回調査
桜の観賞	67%	64%
自然や風景の見物	67%	57%
伝統的日本料理	58%	57%
温泉への入浴	57%	63%
雪景色観賞	54%	52%
有名な史跡や歴史的な建築物の見物	49%	41%
紅葉の観賞	48%	47%
現地の人が普段利用しているカジュアルな食事	44%	49%
繁華街の街歩き	44%	44%
世界遺産の見物	43%	37%
日本庭園の見物	42%	37%
遊園地やテーマパーク	41%	41%
日本文化の体験	40%	41%
食品や飲料のショッピング	40%	39%
アウトドアアクティビティ	39%	26%
イベント・祭りの見物	38%	34%

欧米豪居住者
■ 2019年度通常調査 (n=833)
■ 第3回調査 (n=721)
(「第3回調査」における割合で降順ソート・上位16位まで)

	2019年度通常調査	第3回調査
自然や風景の見物	60%	64%
日本庭園の見物	57%	64%
伝統的日本料理	55%	64%
有名な史跡や歴史的な建築物の見物	55%	61%
桜の観賞	54%	61%
繁華街の街歩き	46%	63%
世界遺産の見物	42%	53%
日本文化の体験	41%	56%
現地の人が普段利用しているカジュアルな食事	38%	52%
温泉への入浴	38%	52%
自然や資源を損なうことのないよう配慮されている観光地・観光ツアー	37%	55%
イベント・祭りの見物	37%	42%
近代的／先進的な建築物の見物	37%	34%
紅葉の観賞	35%	35%
雪景色観賞	34%	34%
アウトドアアクティビティ	32%	20%

図4-10　日本旅行で体験したいこと

出典：株式会社日本政策投資銀行・公益財団法人日本交通公社 (2022)，「DBJ・JTBF アジア・欧米豪 訪日外国人旅行者の意向調査（第3回新型コロナ影響度特別調査）」。

は、歴史的遺物・建造物という過去の文化もあれば、現代の文化も含まれる。日本が四つすべての条件を満たす希有な国であるということは、いうまでもないことである。この四つの条件プラス「アドベンチャーツーリズム」要素が加われば、日本は他に類を見ない観光立国になるのではないだろうか（**図4-10**）。

　このような状況を踏まえ、日本国内におけるツーリズム産業のさらなる発展には、地域と一緒になって、その地域に国内外からの観光客を呼び込む取り組みと、新たな観光コンテンツ開発、誘客方法が必要となってくる。

　本章第2節でも記述したが、JTBは、人と人、人と場所、人とコトを繋ぎ、新たな価値を創出、デジタルとヒューマンタッチで地域に新たなイノベーションを起こすことを目指している。具体的な一例として、地域と旅行者、地域と企業、地域と他の地域を繋ぎ、人流創造で地域を活性化させる「エリアソ

リューション」の取り組みを紹介したい。

　　旅行・観光用語で「旅マエ、旅ナカ、旅アト」という言葉がある。
「旅マエ」とは、旅行者が旅行をする前に行う情報収集や予約すること。
「旅ナカ」とは、旅行先に訪れ、その地域での滞在期間中のこと。
「旅アト」とは、旅行後に、思い出や情報を誰かと共有したり、さまざま
な情報を発信することとされる。ここで注目したいのが、これらの行動に
はすべて、スマートフォンを中心としたデジタル機器が不可欠だというこ
とである。

　「旅ナカ」における「ツアー＆アクティビティ市場」と呼ばれる、旅行中に
参加するツアーや、さまざまな体験アクティビティに関する消費額は、航空
券、宿泊に続いて3番目に位置しており、2020年の世界市場規模は、159兆ド
ルだったものが、2027年には267兆ドルに成長すると予測される。この市場
への投資が積極的に行われていることを考えても、今後のツアー＆アクティビ
ティ市場への取り組みがますます重要になる。
　そして、これらの市場における消費の中心となるのは、ミレニアル世代
（1981〜1995年生まれ）、そして、その後に続くZ世代（1996〜2012年生まれ）と
呼ばれる、デジタルネイティブである。ミレニアル世代の最年長が41歳であ
ることを考えても、これからの購入手段はオンライン中心となることは間違い
ない。現に宿泊予約は、オンライン利用が7割近くを占めており、デジタルへ
の対応がさらに必要となってくる。さらにこの世代の価値観として、個人の価
値観や思考を旅先にも求める傾向があり、「モノ」よりも「体験」を重視する
傾向や、持続可能性への関心も高いといわれている。これらの購買手段や価値
観の変化に対応するためには、受け入れ側（観光地）もデジタルへの対応に加
え、新たな価値観に応じた対応が必要となるが、地域のデジタル人材の不足や
二次交通の充実が課題となっている。
　このような旅ナカのツアー＆アクティビティ市場の拡大と地域課題の解決に
向けて、JTBでは2021年2月、Tripadvisor LLC（トリップアドバイザー社）の
Bókun（ボークン）事業部と提携して、デジタルソリューション事業「JTB

BÓKUN」を開始した。世界中の体験アクティビティ事業者に B to B プラットフォームを提供している Bókun システムの日本国内におけるライセンスを取得したことで、旅ナカのツアーやアクティビティ商品の在庫・予約を一元管理することが可能となり、自治体・観光協会、観光事業・宿泊事業者向けのシステムとして提供していく。

　JTB BÓKUN は約 40 社以上の海外 OTA（オンライン・トラベル・エージェント）とも接続しており、利用者は国内のみならず、海外からも旅マエ、旅ナカを問わず、商品を直前まで予約購入することが可能になる。このシステムの導入拡大を図ることで、地域内での商品流通や販路拡大による売上拡大とコスト削減、さらには海外からの外客誘致に繋がることが期待できる。

　さらに、国内観光施設の DX（デジタルトランスフォーメーション）実現を支援する合弁会社（グッドフェローズ JTB）も設立し、電子チケットの流通プラットフォーム「チケット HUB（ハブ）」を構築し、サービスを展開している。

　さらにこれらの JTB BÓKUN やチケット HUB を統合したシステム「Tourism Platform Gateway（ツーリズムプラットフォームゲートウェイ）」を構築することで、地域全体で観光チケットのデジタル化を実現、販売機会拡大と利用者の利便性向上を実現するサービスを提供している。

　これまでの JTB は、どちらかといえば、出発地から旅行先・現地到着後の交通、また宿泊手配（予約）をするという発地側の立場に立った商品を販売することがメインであった。しかしこれからは、着地側の立場に立ち、地域の魅力溢れるコンテンツを自治体や観光事業者と一緒になって考え、開発し、それらの商品を広く流通させるために、デジタルをフル活用して国内外に発信することで誘客、販売に繋げることも重要と考えている。

　交流創造事業を掲げる JTB は、エリアソリューションにおいて、地域目線の「誘客」、継続的な「交流」を生む仕組みづくりに取り組み、将来にわたり、地域の活性化と地域の発展に貢献することを目指している。

【参考文献】

江口誠（2019），「イギリスにおける徒歩文化（1）：グランド・ツアーとピクチェアレスク」，『佐賀大学全学教育機構紀要』，第 7 巻，31-46 頁。

大橋昭一（2011），「ツーリズム史に関する若干問題の考察：ツーリズム進展のとらえ方をめ
　　ぐって」，『關西大學商學論集』，第 55 巻，第 6 号，41-60 頁。

株式会社日本政策投資銀行・公益財団法人日本交通公社（共同制作）（2022），『DBJ・JTBF
　　アジア・欧米豪 訪日外国人の意向調査（第 3 回新型コロナ影響度特別調査）』，調査レ
　　ポート（2022 年 2 月 28 日）。

グッドフェローズ JTB ホームページ
　　https://gfjtb.co.jp（アクセス日時：2022 年 8 月 15 日）

KNT-CT ホールディングス株式会社／企業情報／沿革
　　https://www.kntcthd.co.jp/company/history.html（アクセス日時：2022 年 7 月 13 日）

小林裕和（2010），「旅行業における商品イノベーションを引き起こす旅行商品の特性につい
　　て」，『国際広報メディア・観光学ジャーナル』，第 10 巻，61-72 頁。

小林麻衣子（2010），「英国人のグランド・ツアー：その起源と歴史的発展」，『慶應義塾大学
　　学術情報リポジトリ』，Booklet 18 号，36-50 頁。

JR 東日本ニュース（2021.11.4）東日本旅客鉄道株式会社
　　トレたび　https://www.toretabi/railwey_info/entry-5657.html
　　（アクセス日時：2022 年 7 月 22 日）
　　乗りものニュース　https://trafficnews.jp/special/cruise-train
　　（アクセス日時：2022 年 7 月 22 日）

JR 東日本ホームページ　https://www.jreast.co.jp/shiki-shima/2022course34.html
　　（アクセス日時：2022 年 7 月 28 日）

JTB 総合研究所（2020.5.28），「新型コロナウイルス感染拡大による、暮らしや心の変化およ
　　び旅行再開に向けての意識調査（2020）」。

───（2021.3.30），「コロナ禍におけるこれからの日本人の海外旅行意識調査（2021 年 2 月実
　　施）」。

───（2022.4.19），「新型コロナウイルス感染拡大による、暮らしや心の変化と旅行に関する
　　意識調査（2022 年 4 月）」～オミクロン株の猛威が人々の意識に与えた影響とこれから
　　の旅行～。

JTB の地域交流事業の取組み事例集
　　https://www.jtbbwt.com/government/documents/whitepaper/detail/id=1932
　　（アクセス日時：2022 年 5 月 12 日）

JTB 100 周年事業推進委員会編纂（2012），『JTB グループ 100 年史：1912-2012』，ジェイ
　　ティービー。

JTB＋BÓKUN ホームページ　https://www.jtbbokun.jp
　　（アクセス日時：2022 年 8 月 15 日）

旬刊旅行新聞ホームページ（株式会社旅行新聞社）　https://www.ryoko-net.co.jp
　　（アクセス日時：2022 年 8 月 15 日）

立松信孝（2005），「観光を支える社会システムとしての鉄道産業：観光からみた役割と今後
　　の展望」，『鈴鹿国際大学紀要』，第 12 巻，45-69 頁。

張茜・麻生憲一（2020），「地方鉄道における観光列車の現状と課題に関する一考察」，『日本観光学会誌』，第 61 号，13-22 頁。

デービッド・アトキンソン（2015），『新・観光立国論』，東洋経済新聞社。

東武トップツアーズ / 会社情報 / 沿革　https://www.tobutoptours.co.jp/company/history/（アクセス日時：2022 年 7 月 13 日）

日本交通公社編（1982），『日本交通公社七十年史』。

日本大百科全書（ニッポニカ）　URL:https://kotobank.jp/word/ 旅行 -659725（アクセス日時：2022 年 4 月 20 日）

日本旅行 2012 新卒採用情報サイト　https://www.nta.co.jp/recruit/company/history.html（アクセス日時：2022 年 4 月 20 日）

阪急交通社 / 会社情報 / 沿革　https://www.hankyu-travel.co.jp/outline/outline.php（アクセス日時：2022 年 7 月 13 日）

PRESIDENT Online「ツーリズム産業の新しい可能性」　https://president.jp/articles/-/10696（アクセス日時：2022 年 6 月 2 日）

堀内重人（2016），『観光列車が旅を変えた：地域を拓く鉄道チャレンジの軌跡』，交通新聞社新書。

第 5 章
観光とテクノロジー

POINT

- ・本章でいう「テクノロジー」は広義の用語で、観光関連分野の企業が提供する消費者の旅行等の体験の改善や、従業員の支援などに使われる IT や e コマースを支える技術を指している。
- ・企業等がこれらのテクノロジーを導入する背景には、旅行および関連するサービスプロセスの省力化、時間の短縮、コストの削減に加え、消費者の体験を向上させる目的があることを理解する。
- ・最近は人工知能（AI）、ビッグデータ、VR（仮想現実）、AR（拡張現実）、ロボット等の研究開発が進展し、観光関連産業や観光地で活用されている。
- ・テクノロジーは急速に進化しており、さまざまな産業に影響を及ぼしている。空飛ぶ車、ハイパーループ[1]、宇宙旅行など、かつてはサイエンスフィクションと見なされていたが、今や現実のものになっている。

第 1 節　サービス化の波

　わが国の人口構造の特性として少子高齢化が指摘されて久しいが、産業構造は、どのように変化してきたのだろうか。

　第 1 次産業（農林漁業）に従事する人の割合は 1955 年に 41.2 ％をしめていたが、2020 年には 3.2 ％と激減した（**図 5-1**）。第 2 次産業（鉱業、建設業、製造業）は 1975 年に 34.2 ％と最大になり、以後は減少に転じ 2020 年は 23.4 ％となった。第 3 次産業（サービス業、卸売・小売業など）は 1955 年に 35.5 ％

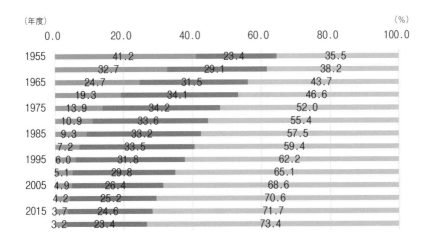

図 5-1　産業別就業者数の推移（主要産業大分類）1960 年〜 2020 年

出典：総務省「労働力調査」。3 年以降は「政府統計の総合窓口（e-Stat）」の「労働力調査」第12・13 回改定。日本標準産業分類に基づく産業別長期時系列表の「時系列接続用数値」から作成。

だったが 2020 年には大幅に増加し 73.4 ％となった。

　この影響は、産業の GDP に占める割合にも表われている。内閣府「国民経済計算」（2020）によると第 1 次産業が GDP に占める割合は、1970 年の 6.1 ％が、2020 年には 1.0 ％まで大きく低下した。第 2 次産業は、同年の 44.5 ％から 2020 年には 19.8 ％となった。一方、第 3 次産業は、同年の 48.3 ％から 2020 年では 78.6 ％と大幅に上昇した。

　では、国の経済に大きく影響するとされる消費者の支出についてはどうだろうか。先進国では、消費者の支出総額が経済全体の 50 ％を超えるとされる。また、米国のように消費支出が経済の 7 割近いウェイトを占めている国もある（消費者庁 2020）。わが国の場合、2019 年は約 297.7 兆円と経済全体（名目国内総生産：GDP 約 554 兆円）の約 50 ％以上、コロナ禍ではあったが 2020 年も約 280.5 兆円で経済全体（539.1 兆円）の約 50 ％以上であった。一世帯当たりの外食等の「サービスへの支出」が占める割合は 2019 年 42.4 ％、食料や光熱・水道等の「財（商品）への支出」は 57.6 ％、2020 年はやや減少し「サービスへ

の支出」38.7 %、「財（商品）への支出」は 61.3 ％だった（総務省統計局 2019；2020）。

　以上のように、就業、産業、消費支出の推移から経済活動におけるサービスの占める割合が増加している。このような現象を「**経済のサービス化**」と呼ぶが、この傾向は、先進国および開発途上国を含めた経済社会に共通した現象であり、社会の高度化・多様化を背景とするサービス業の躍進によって経済におけるサービスの割合が拡大してきた（澤谷 2013, p. 809）ことが背景にある。

第 2 節　旅行業と ICT

1.　予約システムから流通システムへ

　経済のサービス化に寄与したのがコンピュータや、インターネットの普及であろう。80 年代後半、Poon（1988, p. 533）が、国際観光と増加する IT のアプリケーションとの相性の良さを指摘したように、観光はこの半世紀以上にわたりコンピュータ機能の高度化や情報通信技術（インフォメーション・テクノロジー：以下、IT）の進展と深く関わってきた。

　その例としては 1970 年代に確立されたコンピュータ予約システム（CRS：Computer Reservation System）がある。

　CRS とは、航空会社のスケジュール、空席状況、運賃、運賃規則に関する情報を含む、コンピュータ化されたシステムによって提供されるサービスを意味し、これを通じて予約を行ったり、航空券を発行したりできるシステムのことである（ICAO 定義 2022）。当時、航空券の予約は、空港やチケットオフィスで直接予約を受けるか、電話でカードに予約内容を記入していた。これはエラーが発生しやすく非効率的であった。そのため業務の電子化が発端となり、1964 年のアメリカン航空における「Sabre」（以下、セイバー）の稼働となった。70 年代に入るとこのシステムは旅行会社に設置され運用が始まった。

　80 年代後半に登場したのが GDS（Global Distribution System）である。GDS は、CRS から発展した世界中の航空会社、ホテル、レンタカーなどの予約・発券ができるコンピュータシステムのことを指す。セイバー（米国系）、アマデウ

ス（欧州系）などが知られ、旅行会社で空席状況の照会、航空券の発券、食事や特別なリクエスト等が GDS を介して行われた。GDS を提供する会社は、旅行会社へのシステム提供利用料と、航空会社からは予約手数料を得る独立したビジネスモデルを確立した。

　90 年代のインターネットの普及は、企業にこれまでにない変化をもたらした。これらのシステムで経営上重要な位置づけとして行われたのが、イールド・マネジメントとフリクエント・フライヤー・プログラム（FFP）である。

　イールド・マネジメントは顧客によって商品・サービスの価格と割当量を変化させることで、収益を最大化しようとするマネジメント手法である。アメリカン航空の CEO Crandall 氏（当時）が、コンピュータによる乗客の需要を予測・分析し、運賃を設定する仕組みをそう呼んだ（Cross 1997, p. 113）。その後、マリオットなどのホテルにも取り入れられた。

　近年では、この「イールド・マネジメント」は、市場の顧客セグメントに適した運賃を適切なタイミングで設定する「プライシング」を合わせて「レベニュー・マネジメント」（高橋ら 2016, p. 137）と呼ばれている。

　フリクエント・フライヤー・プログラム（FFP）は、いわゆるマイレージサービスのことで顧客の満足度を上げ、その企業へのロイヤルティ（忠誠心）を高め、次の予約を獲得しようとするもので、エアラインだけでなく大手ホテルチェーン等にも拡大した。

　現在、GDS は世界中の旅行会社業務システムや、膨大な情報データベースを活用した航空会社へのマーケティングデータの提供、オンライントラベル・エージェントとの提携など全世界的な旅行流通システムとして活用されている。

2. 消費者行動の変化

ICTs [2] の発展、特にインターネットは、知識が豊富で、お金と時間に対して並外れた価値を求める「新しい」旅行者を生み出し（Buhalis and Law 2008, p. 611）、グローバルな規模でフリクエント・トラベラー（航空機を頻繁に利用する顧客）が誕生した。こうした団体行動をとらず、知識が豊富で、お金や時間に価値を求め、自分の好みを追及することに興味がある人達は「**ニューツーリス**

ト」（Poon 1993, p. 90）と呼ばれた。

　旅行は、体験しなければその品質を知ることができないサービス製品で、消費者は購入前にリスクを感じるとされる。しかし、インターネットの登場で事前の情報収集が容易になり商品比較、検討がしやすくなった。また、消費者が直接航空会社やホテルなどの予約ができるようになったことの意味は大きい。

3.　旅行業、宿泊業における変革の波

　インターネットの進展により登場したのが、オンライン・トラベル・エージェント（以下、OTA）である。このビジネスモデルの特徴は、店舗を持たない旅行会社であり、消費者がいつでもどこでも旅行の予約がワンストップでできることを強みとする。その意味では、国内の旅行会社にとって大きな脅威となった。

　わが国の OTA では、楽天トラベル、じゃらん net、るるぶトラベルなどが挙げられる。楽天トラベルの強みは、ショッピングや証券といったシナジー効果を特徴とする。じゃらん net は、リクルートが旅行雑誌「じゃらん」のオンラインサイトとして立ち上げた。2022 年同社は、楽天トラベルに次ぐ規模に成長している。るるぶトラベルは、旅行会社大手の JTB が立ち上げた OTA で大手旅行会社という安心感が強みとなっている。

　海外勢でこの部門では、エクスペディアとプライスライン（後のブッキングドットコム）が挙げられる。彼らは、成長と買収により規模を拡大しながら事業強化を図っている。エクスペディアは、買収によって北米での優位性を強化した。一方、プライスラインは、子会社である Booking.com の継続的な成功により、世界中で目覚ましい成長を記録した。しかし、この分野においては、テクノロジー企業や中国勢など新興企業によって挑戦されている。

　情報通信技術の進展に伴う外部環境の変化は、国内の宿泊施設にも影響を及ぼした。**図 5-2** は、2000 年以降のホテル、旅館の施設数の推移を表している。年々、旅館は減少しており、2000 年の 64,831 軒から、2010 年には 46,906 軒（同▲ 27.6 ％）、2017 年 38,622 軒（同▲ 17.7 ％）となった。一方、ホテル数は2000 年に 8,220 軒だったが、2017 年に 10,402 軒（＋108 ％）と旅館の減少をホテルが補っている状況となっている。この原因としては、事業環境の急激な変

施設数（軒）

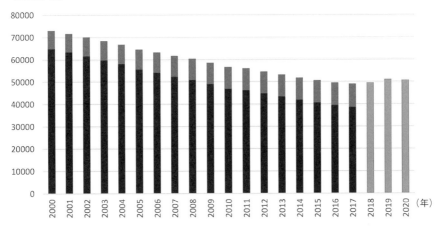

■旅館営業 施設数　　■ホテル営業 施設数　　■ホテル・旅館 施設数

図 5-2　ホテル・旅館施設数推移

注：旅館業法の改正（2018 年 6 月 15 日施行）により「ホテル営業」、「旅館営業」の営業種別が統合し「旅館・ホテル営業」となっている。

出典：厚生労働省「衛生行政報告例」。

化、後継者不足、施設の改修投資困難などに加え、コロナ禍による集客減等が拍車かけたとみられる。なお、2018 年以降は、ホテルと旅館の施設数は合計が表示されるようになっている。

　世界の旅行市場ではオンライン予約が拡大している（**図 5-3**）。インターネットの浸透は 1995 年に世界の人口の 0.4 ％（1,600 万人の利用者）だったが、2011年には 30 ％（20 億人）、2022 年には 50 億人（64.4 ％）と成長し、そのうち 46.5億人（60 ％）がソーシャルメディア（以下、SNS）の利用者とされている。トリップアドバイザー（Trip Advisor）のような第 3 極のウェブサイトは消費者の声を届けることに道を開いた。SNS は、リアルタイムの写真やビデオを頻繁に使い、個々の消費者が意見を述べ、推薦する力をより拡大した。

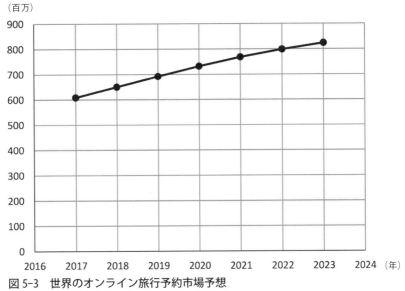

図 5-3　世界のオンライン旅行予約市場予想

出典：Statista (2022), Number of users in the Online Travel Booking market worldwide* from
2017 to 2023.
https://www.statista.com/forecasts/891342/number-of-users-in-the-online-travel-booking-
market-worldwide

第 3 節　新たなプレーヤーの出現

「イノベーション」は、19 世紀後半から 20 世紀前半にかけて活躍した経済
学者シューペンターが唱えた理論として知られ、新しい技術やアイデアの活用
によって「企業に効果性と効率性の向上をもたらすような革新のこと」（近藤
2015, p. 59）を指す。まさにデジタル化の波は、従来のビジネスモデルを破壊
するイノベーションをもたらしたといえるだろう。観光分野に出現したそれら
企業は、「市場に与える影響力の大きさによって三つの特性に分類される」
（Damnjanović ら 2020, p. 235）。

1. **アグリゲーター**：創造的破壊者。最新のデジタル技術を活用し、これ
　　までの方法・商品・サービスをよりよく、効率化する人または企業を指

す。彼らは、バリューチェーン[3]における変化のレベルが高く、市場のシェアも大きい。その企業の例としては、Airbnb（**表**5-1）、HomeAwayが挙げられる。前者は、観光地の居住者（ホスト）が、旅行者（ゲスト）に自宅などを有料で提供するという、経験と経済的便益を組み合わせたビジネスモデルを構築した。後者は、オンラインでバケーションレンタル宿泊施設、アパート、城、コンドミニアム（分譲マンション）、エステート（不動産）、ホテル、住宅、スタジオ、タウンハウス、ヴィラ（別荘）を提供している。

2. **イノベーター**：革新者。これまでにない新しい技術やアイデアの活用によるビジネスモデルを確立し、既存の企業のシェアを脅かす存在に成長した企業を指す。例として、オンライン旅行会社 Booking.com と、Expedia（**表**5-1）がある。

3. **情報収集サイト**：変化のレベルが低く、バリューチェーンのシェアが低いメタ検索サイト（複数の検索エンジンから一つの検索結果を得るサイト）。例としてトリップアドバイザー（**表**5-1）、スカイスキャナー（Skyscanner）がある。

　以上のサイトでは、多種多様な旅行商品が入手可能性であり、価格も確認しながら、すべてを1ヵ所に集約して提供している。これにより、消費者は、最良の価格を見つけることができるようになり、サービスの品質も向上したとされている。

表 5-1　デジタル技術によって躍進した企業

エアビーアンドビー Airbnb	2008 年に開始した宿泊予約サイト。同社では予約した部屋料金からサービス料をゲストに請求することで収益を上げるビジネスモデル。一方、部屋を提供したホストからも手数料も得るので、双方から収益を得ることができる。
ブッキングドットコム Booking.com	同社は、1997 年創業、2010 年 Expedia を抜いてオンラインホテル予約で世界一となる。2015 年 Forbs（有力誌）で世界トップ 25 の革新的な企業に選ばれ、翌年トップとなる。2018 年、priceline.com、KAYAK、agoda.com、Rentalcars.com、OpenTable の六つの主要ブランドを管理する Booking Holings の傘下になる。同社の収益は、主に旅行予約手数料と旅行保険料による。
エクスペディア Expedia	Expedia は、1996 年 Microsoft のオンライン旅行代理店『Expedia.com』として設立。12 年ホテル比較サイトである Trivago の過半数の株式を取得。15 年 OTA の Travelocity、バケーションレンタル会社 HomeAway を買収。18 年 Expedia Group になる。
トリップアドバイザー Tripadviser®	旅行体験を求める人と、宿泊施設や体験を提供する企業（世界中の旅行パートナー）の供給に対応するプラットフォーム。同社はパートナーから手数料を徴収する。ホテル以外の収益には、体験、レストラン、レンタルが含まれる。

出典：Cuofano, Gennaro (2021), Online Travel Agencies (OTAs) And Their Business Models を参考に筆者作成。

COFFEE BREAK

これまで人々の経済活動は、さまざまなテクノロジーに支えられてきた。今後、発展する第四次産業革命は以下のように予測されている。

第一次産業革命：18世紀末以降の水力や蒸気機関による工業化
第二次産業革命：20世紀初頭の分業に基づく電力による大量生産
第三次産業革命：1970年代初頭からの電子工学や情報技術を用いた情報通信革命
第四次産業革命のコア技術は、ビッグデータ、IoT、AI（人口知能）、ロボット等の活用が期待される。新たなサービスとしては、健康管理、保守点検、車や住宅のシェアリング、AIによる自動運転、資産運用、金融サービスなどが挙げられている。

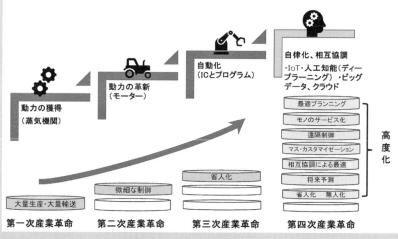

図　テクノロジーによる産業構造の変化と予想

出典：経済産業省新産業構造部会 第一回事務局資料（平成27年9月17日）4, p. 10の図を筆者加工。

第 4 節　スムーズな移動と体験価値

Sigala（2020）によるとテクノロジーは、新型コロナウイルス（以下、COVID-19）と戦い、観光と経済を再開するための解決策の中核とされる。その例としては、移動追跡アプリ、ロボット化された AI によるタッチレスサービスの提供、体温の検出や測定、公共スペースの消毒と滅菌、デジタルヘルスパスポートと ID 管理、社会的距離と混雑をコントロールする技術、ビックデータなどに活用されている。一方、これまで観光関連分野では、人的ホスピタリティが重要視されてきたが、スマートフォンでさまざまな手続きが可能になるにつれ、これまでのホスピタリティの形や考え方は変わるかもしれない。そのような市場の変化を予想しながら「新しい観光」を考えてみよう。

まず、ここで使われる用語の意味を提示する。

VR（Virtual Reality：仮想現実）

コンピュータ上に CG 等で人工的な環境を作り出し、あたかもそこにいるかのような感覚を体験できる技術

AR（Augmented Reality：拡張現実）

現実の風景にコンピュータで生成した情報を重ね合わせることで、現実世界を拡張しようという技術

MR（Mixed Reality：複合現実）

CG 等で作られた人工的な仮想空間と現実空間を融合させ、両者がリアルタイムで影響し合う新たな空間を構築する技術

XR（Cross Reality）

VR（仮想現実）や AR（拡張現実）、MR（複合現実）といった現実と仮想空間の融合体験を可能にする技術の総称

VR 元年

2016 年は、さまざまなメディアで「VR 元年」と表現された。VR の技術研究自体は 1960 年代から存在する。2016 年は「一般の消費者向けの VR ヘッドセットが、各社から一斉に発売され、市場に出回り始めた年」という意味で元年と呼ばれた。

出典：国土交通省（2019）,「最先端 ICT（VR/AR 等）を活用した観光コンテンツ活用に向けたナレッジ集」, p.3 より引用および加筆。

時間の経過

旅マエ	旅ナカ	旅アト

消費者行動と必要なサービス機能

・旅行先情報収集、旅行先選定、航空・宿泊予約等 ・旅行検索サイト、OTA、SNS、口コミサイト、航空会社・ホテルサイト、DMO ・旅の意欲が喚起	・体験・移動・言語・決済サービス・宿泊 ・交通機関：MaaS、キャッシュレスサービス ・空港や主要駅等で観光地の映像を提供し、地方へ誘導	・地域の特産品再購入、思い出・記憶の記録 ・SNSへの写真や感想投稿、旅行先のECサイト、VRコンテンツの閲覧などで再訪意欲が喚起 ・周囲と共有することで他者に推奨

図5-4 旅の経験の経過イメージ
出典：筆者作成。

では、「海外旅行に行く」ことをイメージしてみよう。旅の経験は、大きく分けて旅マエ（旅前）、旅ナカ（旅中）、旅アト（旅後）の段階があるとされる（**図5-4**）ことから、ここでは、各段階におけるテクノロジーを活用した事例を紹介する。

1．旅マエ：準備のために

観光関連分野でテクノロジーが重要視される理由として、旅行会社やホテルが販売する商品のイメージや物理的環境（ホテルの部屋など）を拡張現実（AR）を使ってわかりやすくしたり、周辺地域を探索する体験を強化したりできることが挙げられる。コロナ禍においては、バーチャル（VR）ツアーや留学が、新たな商品として登場した。ARとVRは似ているように聞こえるが、ARではユーザーが実際の環境と対話できるのに対し、VRはコンピュータによって作成された仮想環境に依存しているという点で異なっている（Liang and Elliot 2021, p. 16）。

旅マエでは、バーチャルツアーを利用すると、特定の都市やランドマーク、国立公園、さらには目的地のアクティビティ、ホテルやレストランまで、あら

ゆるものが体験できる。その結果、旅行の購入につながる可能性がある。今後も一定の需要が見込めるかもしれない。その他、スマートスピーカー、AI アシスタントの音声検索によるフライトや旅先の状況確認なども情報収集に役立っている。旅行者は自宅にいながら準備を整えられるだろう。

2.　旅ナカ：旅行者のストレス軽減

空港におけるスムーズな搭乗

　旅ナカでの行動は、移動・宿泊・体験活動・食事・買物などに分けられる。まず、移動に関して、国際航空運送協会（以下、IATA）[4]（2015）では、空港到着前から搭乗手続き、トランジット、降機などのあらゆるプロセスをデジタル化するとともに、旅客が立ち止まることのないウォークスルー化、ストレスを感じさせないシームレス化を求め、世界中の空港における Fast Travel プログラム（**図 5-5**）を推奨している。これは、航空機に搭乗する前に乗客が行う六つの領域でセルフサービスの選択肢を提供するものである。

　そのため空港や航空会社では、顧客体験の向上と待ち時間の短縮という課題に取り組んできており、搭乗までをスムーズに済ませられるようセルフサービスと新しいデジタルシステムの採用に努めている。

　チェックインから搭乗まで（**図 5-6**）の自動化機器を顔認証システムの一元化（One ID 化）では、顔写真を登録した以降の手続きではパスポートや搭乗券の提示が不要となり、いわゆる「顔パス」で通過可能となる（国土交通省航空局 2021）。空港のチェックインカウンターを航空会社で共用化するシステムや、

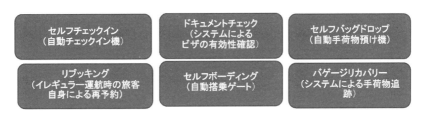

図 5-5　IATA が提唱する Fast Travel の概要

出典：宮本秀晴（2022）、「国際空港のイノベーション～「セルフサービス」から「顔認証」へ～」、『航空と文化』、No. 124。

図 5-6　空港における搭乗までのイメージ

出典：国土交通省航空局（2021）、「FAST TRAVEL の推進に係る取組状況と今後の方針」より筆者加工。

手荷物検査を預けた後に実施するシステム（インラインスクリーニングシステム）にする等、地方空港における旅客動線を合理化する。

滞在中の経験価値向上と観光資源の活用

●ホテル到着前から滞在中の経験

　世界のトップクラスのホテルチェーン M 社では、2022 年現在、会員がアプリまたはホームページで予約すると、部屋の準備完了通知を受け取り、到着前にチェックインすることができる。そのためフロント等で並ぶこと無しに部屋に直行できる。部屋の鍵は、スマートフォンを使う。到着する 24 時間前までにホテルとチャットで、質問することも可能である。

　一般的に、ホテル滞在中のゲストからは、館内案内、ルームサービス、レストラン予約、周辺の観光情報、タクシー予約などさまざまな問合せが寄せられる。これまでホテルではフロントスタッフやコンシェルジュなどが対応にあたってきたが、インバウンドの場合、客室の TV のリモコンや数あるスイッチは操作がわかりにくいうえ、周辺地域のレストランや体験活動などの情報はスタッフに問い合わせる必要があった。一方、新しい日常においては、安心・安全の環境に加え、人手不足や増加が見込まれるインバウンドに対する多言語対応などの課題が予想された。そこで、国内 TradFit 社が開発した音声、AI、IoT 技術などを活用したサービスでは、ホテルとゲスト双方の課題解決に対応するとしている。例えば、客室にタブレット型の多言語対応の画像付き AI スピーカーを設置することで、自国の言語による情報検索、TV や客室内にあるスイッチ操作、周辺の案内などを一気に解決してくれるという。ルームサービスの場合、注文が入るとロボットが部屋まで運ぶことも可能で、スタッフは、他の仕事に尽力できる。宿泊施設にとっては、多言語対応、非接触、スタッフの負担軽減に加えて、リモート操作による省力化、データの蓄積からマーケティ

**図 5-7　客室に設置の AI スピーカーのイ
　　　　　メージ**
出所：筆者作成。

ングへの活用、エネルギーマネジメントなど、テクノロジーによって企業の課
題解決が図れるようだ。さらに今後ゲストの目に触れないところでの活躍もあ
る。清掃した後の客室をチェックする仕事だ。一般に客室清掃後のチェックは
ベテランスタッフの担当であるが、ここでも人手不足といわれている。この結
果、すでにかなりのホテルで導入が進んでいる。これまで人的ホスピタリティ
を重視してきたホテル業界に転機が訪れている（**図 5-7**）。

●**観光地における "滞在の価値向上"**

　イタリア、トスカーナ州フィレンツェ歴史地区は、1982 年にユネスコの世
界遺産に登録された。イタリア政府観光局によると、15〜16 世紀に経済的に
も文化面でも繁栄を誇ったルネッサンスのシンボルともいえる街である。13
世紀のサンタ・マリア・デル・フィオーレ大聖堂（**写真 5-1**）やサンタ・クロー
チェ教会、ウッフィツィ美術館、ピッティ宮殿、またジオット、ブルネッレス
キ、ボッティチェッリ、ミケランジェロといった大芸術家による名作の数々
が、600 年の時を経て現存している。フィレンツェを訪れた訪問客は 2000 年
に 690 万人だったが、「2018 年には 1,070 万人（Henley 2020）」と大幅に増えた
（**図 5-8**）。

　多くの有名な世界遺産地域と同じく、フィレンツェは観光公害による激しい
課題に直面し続けた（Henley 2020）ことから観光客の分散化とあまり訪問され
ない場所への誘導を目的とした市の計画に基づいて、2019 年に AR アプリ
「Hidden Florence」が開発された。スマートフォンを地図に向けることで、地

**写真 5-1　フィレンツェ歴史地区にあるサンタ・マリア・
デル・フィオーレ大聖堂**
出典：フリー素材より。

図 5-8　フィレンツェ歴史地区
出典：地図・路線図職工所。

元の名所に関する追加情報を見ることができ、16 世紀の最新の地図と詳細な
地図を切り替えながらフィレンツェをナビゲートしてくれる。なお、「Hidden
Florence 3D」は、ウィーンの文化遺産と新技術に関する会議（2019 年 11 月）
でアプリ賞を受賞した。

3.　旅アト：記憶を呼び戻す

　旅行を終えた旅行者の行動は、SNS 等を通じた情報発信と越境 EC による商
品購買に大別できると考えられる。旅ナカや旅アトで旅行者が SNS への投稿
を活用できるようホームページに設置し、次の旅行者を呼び込むことや旅行先

表 5-2　旅行者の情報発信や地元産品等が購入できる手段

用途	手段
情報発信・収集	トリップアドバイザー、WeChat、インスタグラム、ツイッター、ライン、フェイスブック、Ctrip、Tik Tok など
EC サイト（ショッピング）	楽天、Amazon ジャパン、Yahoo ショッピング、ヨドバシカメラ、ZOZO、ユニクロ、Amazon、ebay、Shopee、Lazada、Tmall、JD.com など

出典：筆者作成。

の産品を購入できる仕掛けも必要である。

　観光庁（2021）によると、まだ実験段階ではあるが、一部の企業はすでにVR を利用して地元の観光を促進し、消費を喚起している。例えば、地元の商品を販売したり、地元の食事を楽しんだり、仮想空間で地元の人々とコミュニケーションをする、といったことである。このように旅行後も観光地とつながることで再訪にむすびつけることが可能になると期待される。

4.　これからの観光とテクノロジー

　これまで述べたようにあらゆるテクノロジーが産業に大きな影響を及ぼしてきた。世界の観光市場は、2030 年までに、その数は 18 億人に達すると予想されている（UNWTO 2015）。この成長を促進する要因の一つは、デジタルトランスフォーメーション[5] の導入である。新しいテクノロジーは、組織や企業、観光地と旅行者の関係を構築するための環境を向上させ、人々がより効率的に情報にアクセスし、より簡単に取引を行い、企業や供給者などと緊密に電子的にやり取りできるようにする。今後、旅行に伴う移動手段や宿泊施設や、アトラクションの利用、土産物の購入などのプロセスは、モバイル機器に移行し、よりスムーズに行われるであろう。旅行者は、旅マエ、旅ナカ、旅アトの経験を通して、旅行者間の体験談や旅行会社、航空会社、OTA、観光地、民泊、レンタカー等、関連するサービスの評価は、ネットワークを通じて共有され、進化していくであろう。さまざまなサイトにおいて、旅のサポートが行われ、旅行者の経験価値がより豊かになると予想される。新しいテクノロジーは、日進月歩で開発されており、更なるイノベーションが生起されるだろう。そのことに

よって社会の利便性が向上し、人々の幸福に直結することを望みたい。

●注 ————————————

1　チューブと呼ぶ減圧したトンネルの中を通常の地下鉄よりも小さい専用車両が時速1000 km 以上のスピードで走るもの（日経サイエンス 2019 年 3 月号より引用）。

2　ICTs ＝ information and communication technology：情報通信技術。

3　消費者に販売される製品またはサービスの生産に関与する一連の段階で、各段階が製品またはサービスに付加価値を与える（Cambridge Dictionary より筆者翻訳・引用）。

4　IATA：定期国際線を運航する航空会社が加盟する団体。航空運賃の運用ルールや航空会社間の連帯運送の協定、航空運送の安全・能率的な活動等の業務を担う。

5　企業が外部エコシステム（顧客、市場）の劇的な変化に対応しつつ、内部エコシステム（組織、文化、従業員）の変革を牽引しながら、第 3 のプラットフォーム（クラウド、モビリティ、ビッグデータ / アナリティクス、ソーシャル技術）を利用して、新しい製品やサービス、新しいビジネスモデルを通して、ネットとリアルの両面での顧客エクスペリエンスの変革を図ることで価値を創出し、競争上の優位性を確立すること（引用元：「世界最先端デジタル国家創造宣言・官民データ活用推進基本計画」）。

【参考文献】

Augmented City, Viale Volga snc, Impact Hub, pad 129 ホームページ
　https://www.augmented.city/technology-applications-1 （2022 年 6 月 16 日閲覧）

Booking.com　https://www.bookingholdings.com/ （2022 年 6 月 13 日閲覧）

Buhalis, Dimitrios and Rob Law (2008), "Progress in information technology and tourism management: 20 years on and 10 years after the Internet－The state of eTourism research," *Tourism management*, 29 (4), pp. 609-623.

—— and Leung, R. (2018), "Smart hospitality–interconnectivity and interoperability towards an ecosystem," *International Journal of Hospitality Management*, Vol. 71, pp. 41-50.

Cross, R. G. (1997), *Revenue Management*, Broadway Books, NY.

Cuofano, Gennaro (2021), Online Travel Agencies (OTAs) And Their Business Models.

Damnjanović, Vesna, Dina Lončarić, and Jasmina Dlačić (2020), "Teaching Case Study, Digital Marketing Strategy of Accor Hotels: Shaping the Future of Hospitality", *Tourism and Hospitality Management*, 26 (1), pp. 233-244.

Expediagroup.com　Expediagroup.com/who-we-are/our-story/default.aspx#module-tabs_item—7 （2022 年 6 月 11 日閲覧）

Firenze Patrimonio Mondiale (2016), The management plans of the Historic Centre of Florence. UNESCO World Heritage. Online document. http://www.firenzepatrimoniomondiale.it/wp-content/

uploads/2015/12/Piano-gestione-en-web.pdf [Crossref], [Google Scholar]

Frugal Travel Products (2022), How To Do Hilton Online Check In & Choose Your Room in the Hilton Honors App

https://www.thefrugalsouth.com/how-to-check-in-select-your-room-in-the-hilton-honors-app/（2022 年 6 月 26 日閲覧）

Gelter, Hans (2017), "Digital tourism –An analysis of digital trends in tourism and customer digital mobile behaviour for the Visit Arctic Europe project," *Visit Arctic Europe*, pp. 1-132.

Han, D., tom Dieck, M. C., and Jung, T. (2018), "User experience model for augmented reality applications in urban heritage tourism," *Journal of Heritage Tourism*, 13 (1), pp. 46-61.

Henley, J. (2020), *Overtourism in Europe's historic cities sparks backlash*, The Guardian, Online document.

https://www.theguardian.com/world/2020/jan/25/overtourism-in-europe-historic-cities-sparks-backlash [Google Scholar]

Hospitalitynet (2021), *How digital transformation is facilitating servitization in the hospitality industry,* Press Release, Oct. 19, 2021.

https://www.hospitalitynet.org/（2022 年 6 月 23 日閲覧）

IATA (2015), Fast Travel Program

https://airlines.iata.org/topic/iata-fast-travel-program（2022 年 7 月 14 日閲覧）

ICAO 定義（2022），https://www.icao.int/sustainability/Pages/eap_ep_ts_gats.aspx

Liang, L. Jingen and Statia Elliot (2021), "A systematic review of augmented reality tourism research: What is now and what is next?," *Tourism and Hospitality Research,* 21 (1), pp. 15-30.

Nevola, Fabrizio, Tim Coles, and Cristina Mosconi (2022), "Hidden Florence revealed? Critical insights from the operation of an augmented reality app in a World Heritage City," *Journal of Heritage Tourism*, online. https://www.tandfonline.com/doi/full/10.1080/1743873X.2022.2036165（2022 年 6 月 16 日閲覧）

O'Connor, Peter and Jamie Murphy (2004), "Research on information technology in the hospitality industry," *International Journal of Hospitality Management*, 23 (5), pp. 473-484.

OECD (1995), *Literacy, Economy and Society: Results of the First International Adult Literacy Survey*, Paris: OECD.

Poon, Auliana (1988), "Tourism and Information Technologies," *Annals of Tourism Research*, 15 (4), pp. 531-549.

—— (1993), *Tourism, technology and competitive strategies*, CAB International.

Popp, Monika (2012), "Positive and Negative Urban Tourist Crowding: Florence, Italy," *An International Journal of Tourism Space, Place and Environment*, 14 (1), pp. 50-72.

Sigala, Marianna (2020), "Tourism and COVID-19: Impacts and implications for advancing and resetting industry and research," *Journal of business research*, 117, pp. 312-321.

Statista (2022), Number of users in the Online Travel Booking market worldwide* from 2017 to 2023.

The World Bank（2022）Population, Total. https://data.worldbank.org/indicator/SP.POP.TOTL

（2022 年 6 月 25 日閲覧）

UNWTO (2015), UNWTO Tourism Highlights, 2015 Edition, 日本語版。

    https://unwto-ap.org/wp-content/uploads/2019/01/Tourism-HL-2015.pdf

WTM Global Trends Report

    https://hub.wtm.com/category/blog/trends/（2022 年 5 月 28 日閲覧）

WTO (1999), *Marketing Tourism Destinations Online: Strategies for the Information Age*, Madrid: WTO Business Council.

イタリア政府観光局（2022），https://visitaly.jp/unesco/centro-storico-di-firenze/

    （2022 年 6 月 18 日閲覧）

金子麻衣（2020），「韓国・中国の ICT を活用した COVID-19 対策〜 AI for Good Global Summit より〜スマート IoT 推進フォーラム」，一般社団法人情報通信技術委員会。

    https://smartiot-forum.jp/iot-val-team/iot-case/aiforgood（2022 年 5 月 20 日閲覧）

観光庁（2021a），「観光を取り巻く現状及び課題等について」。

    https://www.mlit.go.jp/kankocho/iinkai/content/001461732.pdf（2022 年 6 月 25 日閲覧）

——（2021b），Report of Survey

    https://www.mlit.go.jp/kankocho/content/001407588.pdf（2022 年 11 月 8 日閲覧）

国枝よしみ（2013），「地域保全と観光マーケティング：日本および海外における地域連携の一考察」，関西学院大学リポジトリ。

厚生労働省（2018），『衛生行政報告例』。

国土交通省（2019），「最先端 ICT（VR/AR 等）を活用した観光コンテンツ活用に向けたナレッジ集」。

国土交通省航空局（2021），「FAST TRAVEL の推進に係る取組状況と今後の方針」。

近藤隆雄（2015），『サービス・イノベーションの理論と方法』，生産性出版。

高橋一夫・柏木千春編著（2016），『1 からの観光事業論』碩学舎。

内閣府（2016），『日本経済 2016−2017』新たな産業変化への対応。

    https://www5.cao.go.jp/keizai3/2016/0117nk/index.html（2022 年 6 月 24 日閲覧）

——（2020），1998 年度国民経済計算（1990 基準・68SNA）

    https://www.esri.cao.go.jp/jp/sna/data/data_list/kakuhou/files/h10/12annual_report_j.html

    （2022 年 6 月 24 日閲覧）

消費者庁（2020），令和 2 年版消費者白書。

——（2022），政策：家計消費、物価の動向　https://www.caa.go.jp/policies/policy/consumer_research/white_paper/2020/white_paper_121.html（2022 年 8 月 1 日閲覧）

澤谷由里子（2013），「サービスデザイン研究と教育」，『年次学術大会講演要旨集』（研究・技術計画学会），第 28 巻, 809-811 頁。

総務省統計局（2019）および（2020）家計調査

    https://www.stat.go.jp/data/kakei/index.html（2022 年 8 月 1 日閲覧）

宮本秀晴（2022），「国際空港のイノベーション〜「セルフサービス」から「顔認証」へ〜」，『航空と文化』，No. 124。

http://www.aero.or.jp/web-koku-to-bunka/2022-05-02/2022-05-02.htm
（2022 年 8 月 25 日閲覧）

第6章
航空ビジネス

POINT

- 本章では、定期航空運送事業を行う航空会社のビジネスについて ANA の事例なども含め、学習する。
- 航空運送事業は、その商品が通常の工業製品等とは異なるため、他の産業とは異なるさまざまな特性を持っている。
- 航空会社にはさまざまな組織や職種があり、それぞれが連携して、1便1便の飛行機を飛ばしている。
- 航空会社の経営ではコストマネジメントにより費用を削減し、レベニューマネジメントやネットワーク戦略により収入の最大化を図り、収益を確保する。
- 新型コロナウイルス感染症により、全世界で人流が激減したため、世界中の航空会社が厳しい状況となった。この厳しい経営状況について、ANA の事例で分析する。
- ポストコロナでは、旅客ニーズも大きく変化する。未来社会では、メタバースや空飛ぶクルマなど新たな技術革新が生まれる。また、環境問題ではカーボンニュートラルへの取り組みも求められる。航空会社はこの変化に的確に対応せねばならない。

　航空の歴史は、1903 年ライト兄弟の世界初の有人動力飛行から始まる。その後、航空機は、高速化、大型化、効率化や、安全性・快適性の向上など技術革新による進化を重ね、この航空機の発達とともに航空産業は発展した。

　航空産業を広く眺めてみると、航空運送事業とは、需要に応じ飛行機を使用して有償で旅客または貨物を運送する事業であるが、この事業を行う航空会社

には、飛行区間と発着の曜日・時刻を定めた時刻表に沿って航空機を運航する定期航空運送事業と、運航日時が固定されない、チャーター便、遊覧飛行などを運航する不定期航空運送事業がある。また、利用者のニーズ（薬剤散布、写真撮影、報道取材など）で航空機を飛ばす使用事業がある。また、空港には、空港事務所、管制、検疫、保安検査、消防、警察、気象、ターミナルビルなどの関連事業があり、さまざまな人々が関わって、毎日航空機を飛ばしている。

第1節　航空運送事業の特性

1. 航空会社の基本品質

　経営資源の移動なくして経済は成り立たない。この移動の手段が交通であり、航空会社はその交通手段を提供する会社である。では、顧客は航空会社に何を求めているのか。なぜ飛行機を利用するのか。その答えが、航空会社の提供する次の五つの基本品質である。①安全性（事故もなく、常に安全であること）、②定時性（より速く、より時間に正確であること）、③快適性（顧客にとって快適なサービスを提供すること）、④利便性（交通手段として利用しやすいこと）、⑤効率性（コストのかかる手段であるが、効率的に運営されていること）。航空会社として顧客に選ばれるためには、単に目的地に着けば良いというものではなく、この基本品質をいかに高めていくかが重要な要素となる。

2. 航空商品の特性

　航空会社の商品は、航空機を使用して旅客・貨物を目的地まで輸送する「サービス」であるため、通常の工業製品等の商品とは異なる次の四つの特性を持っている。①無形性（Intangibility）、手に触れることはできず、事前に試すこともできない、顧客には物品は残らず、体験・印象が記憶として残る。②変動性（Variability）、運送そのもののサービスは常に一定の品質ではないが、一方で同質的であり、模倣可能であることから、差別化しにくい。③消滅性（Perishability）、在庫の形で保管することができない、一般商品では売れ残ればバーゲンも可能だが、離陸までに売り切らねばならない。④同時性（Simultaneity）、提供したと同時に消費され、かつ、小さく分割することもできない。

3. 航空産業の特徴

　このような特性を持った商品を提供する航空産業の第一の特徴は、「在庫が不可能な商品」を扱う産業である。これは移動自体が商品であり、空席は離陸したら再利用が不可能なため、再販はできない。第二は、差別化しにくい産業である。運送そのもののサービスは同質的であり、差別化するには、運賃・座席・機内サービス・運送サービス等により付加価値を高める必要がある。第三は、装置産業で固定費が非常に高い硬直的な産業である。高額な飛行機、パイロット訓練用フライト・シミュレーター、格納庫、空港の作業用特殊車両、コンピューター・システムなど、大規模な投資が必要となる。第四は、需要変動が大きい産業である。時間波動、曜日波動、月波動など時期、時間帯により需要が変動するため、航空会社としては需要を喚起するための運賃施策を工夫して需要の谷の部分を埋めることが必要である。第五は、労働集約型の産業である。飛行機を飛ばすにはさまざまな専門職、スキルの人が必要であり、職種によっては国土交通大臣発行のライセンスを得なければ業務に従事できない。第六は、「外的要因」に左右されやすい産業である。国と国との制約、空港インフラによる制約、テロ、治安のリスク、政治、経済、自然災害、パンデミックによる影響、原油価格など、自ら制御できない要因により、航空需要は大きく影響を受ける。第七は、公共性の高い産業である。航空輸送は国民の足であり、日々の経済活動を進めるうえでも必要不可欠な産業である。

　このような特徴を持つ航空産業は、航空機そのものや、航空機を飛ばすためのシステムなどさまざまな技術革新とともに進化している。各航空会社も DX を活用したストレスフリーなサービスなどお客様に快適なサービスを提供しているが、今後も新たな技術革新により更に進化していくであろう。

第2節　航空会社の組織と仕事 (図6-1)

　航空会社の組織と仕事は、多くの業務から成り立ち、それぞれの業務が役割分担され、その専門性は高い。本節では、航空会社の各部門について学習す

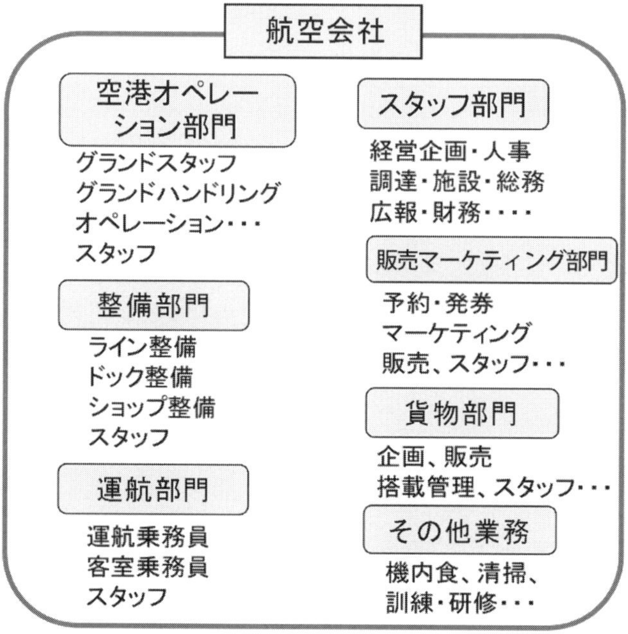

図 6-1　航空会社の組織
出典：筆者作成。

る。

1. 空港オペレーション部門

　航空機の運航に関わる部門であり、さまざまな職掌が集まってチームを構成する。各職種のさまざまな業務の連携で成り立っており、安全・定時・快適かつ顧客のニーズを適切に反映させた業務を行う航空会社のコア部門である。経験を積んだプロフェショナルが果たす役割が大きい。

●グランドスタッフ業務

　空港で直接お客様と接する顧客接点業務（発券、チェックイン、搭乗案内、手荷物受託など）を行う。確かな知識とホスピタリティでお客様の空の旅をサポートする。

●グランドハンドリング業務

　航空機の出発、到着に際し、地上における航空機の内外で業務を行う。航空

機の誘導・牽引、手荷物貨物の搭降載、燃料搭載、機内物品の搭載、客室清掃など作業は多岐にわたっており、安全を基盤として、定時性の確保と快適な旅をサポートする。

●オペレーションスタッフ業務

　ダイヤを安定させるため全オペレーションを統括管理するオペレーションコントロール機能、飛行実施計画（Flight Plan)[1] の作成・承認と飛行の監視を行う運航管理機能、各空港における地上作業の進捗管理を行うステーションコントロール機能を行う。運航管理機能を担う運航管理者（ディスパッチャー）には国家資格取得が必要である。

2.　整備部門

　航空機の整備には、ライン整備、ドック整備、ショップ整備があるが、整備作業を行うには、一等航空整備士などの国家資格取得が必要である。整備部門として、安全性の確保、定時性の維持、快適性の維持、経済性の尊重という役割を担う。

●ライン整備

　到着した飛行機を 1 時間程度から一晩という短い時間で万全な状態にする整備作業である。飛行前点検と飛行間点検を行う。

●ドック整備

　一定期間、格納庫に飛行機を入れて、定められた整備項目を飛行時間に応じた整備間隔ごとに詳細に行う整備作業である。定期的な品質の確認を行い、不具合などの処理を行う。

●ショップ整備

　飛行機から取卸された装備品やエンジンを部品単位まで、分解・検査し、修理・交換などを行う整備作業である。

●整備スタッフ

　飛行機技術の中核機能、整備計画の立案・実行のコントロールセンター機能、整備用部品の調達から管理まで行う支援センター機能、整備品質管理・向上を統括する機能、運航乗務員とともに運航品質を高める専門エンジニアなどを担い、現業の整備職場をバックアップする。

3. 運航部門

●運航乗務員（Pilot）

運航乗務員は、安全運航・定時運航、快適なフライトを実施し、1便1便のフライトをマネージメントする。操縦士資格は国家資格取得が必要であり、その資格は機種で限定されている。年1回の定期技能審査と航空身体検査に合格しないと乗務できない。機長になるまでには10年近くの経験が必要となる。

●客室乗務員（Cabin Attendant）

客室乗務員は、機内、お客様の保安・安全を守る保安業務、プロの接遇者として高品質なサービスと快適な機内空間を提供するサービス業務、お客様と一番長く接し、リピーターの獲得や機内販売などを行うセールス業務を担当する。年1回の定期緊急訓練に合格しないと乗務できない。

4. 貨物部門

旅客機の床下貨物室スペース（ベリー）と貨物専用機（フレーター）を効率的に組み合わせて貨物および郵便物の空港間の輸送を行い、その輸送企画、貨物スペースの卸売販売、飛行機への搭載管理、貨物の積付け、解体を行う。

5. 販売マーケティング部門

●予約部門（コンタクトセンター）

従来、航空券は電話で予約し、対面での購入が主であったが、インターネットの発達とともに、利用者自身での予約・決済が主流となった。予約部門は、顧客とのファーストコンタクトの場として、座席予約・案内業務・マイレージなどの問い合わせを通じ、総合コンタクトセンターとして、マーケティングの最前線としての役割を担う。

●販売部門

航空会社で生産される座席を旅行会社、企業、お客様に販売する。また、航空会社のネットワークを活用した旅行商品の企画販売を行う。

第 3 節　航空会社の経営

　会社とは、ヒト・モノ・カネを一つの管理下において付加価値を得ようとする組織であり、経営とは、事業目的である付加価値を高めるため、経営資源であるヒト・モノ・カネ・情報を継続的・計画的に管理する。本章では、航空会社の経営の中で、その収支構造とネットワーク戦略を学習する。

1.　航空会社の費用（図 6-2）

●固定費

　事業のボリュームの変動（運航便数の増減など）があっても、あまり費用の規模が変わらない性格の費用であり、航空機関連費用、航空機整備の格納庫費用、システム費用、人件費などである。

●変動費

　事業のボリュームの変動に応じて、費用の規模が増減する性格の費用であり、燃料費、着陸料、機内サービス費（機内食、飲料等）、販売手数料などである。

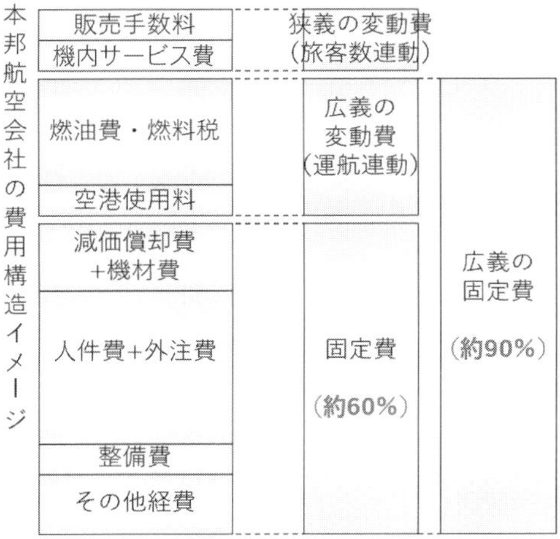

図 6-2　航空会社の費用構造
出典：筆者作成。

●費用構造の特徴

　航空会社は大規模な投資を要する装置産業であるため、固定費の比率（60％）が他産業（20〜30％程度）に比して高い。燃油費、着陸料などの変動費については、ダイヤが決まった後は搭乗旅客数が少なかったとしても運航しなければならないため、運航連動の変動費ではあるが、実質的に固定費化することになる。そのため、広義でみると航空会社の固定比率は 90％となる。

●コストマネジメント（費用管理）

　収支改善のためには費用削減が不可欠である。例えば、航空会社の費用の約20％と最大支出費用である燃料費削減についてはさまざまな工夫がされている。より高い高度を飛ぶことで空気抵抗を減らすことや地上走行の距離や時間を短縮することで燃料消費を削減できる。また、国内線では予約の状況を踏まえて機材を小型化することで削減できる。更に、お客様や貨物などは削減できないが、機内に搭載する物品を減らしたり、使用する食器を軽量化することなどでも削減できる。一方、生産性を向上することでも費用は削減できる。飛行機は地上にいる場合は収入は産まず、まさにコストの塊となるため、最も効果が大きいのが機材稼働の向上である。早朝深夜時間帯も運航することで 1 日当たりの飛行機の稼働時間を延長できる。また、労働集約型の産業であるため、システムを活用することで人員削減し、人的な稼働アップすることができる。

2. 航空会社の収入

●レベニューマネジメント（収入管理）

　航空会社の主な収入は毎日運航する航空便から得られる旅客収入と貨物収入の総和である。1 便当たりの旅客収入は単価（運賃）×旅客数であるが、これを最大化するためには、より高く売る（単価を上げる）、より多く売る（旅客数を増やす）ことが重要である。航空商品は在庫が効かず再販できないため、飛行機の出発前までに最大化を図らねばならない。レベニューマネジメントは収入最大化のための戦術であり、膨大な過去データを活用して「需要を的確に予測」し、運賃戦略（プライシング）と座席管理（イールドマネジメント）とのベストミックスを行うことで、便単位の収入最大化を実現する手法であり、航空会社の生命線である。

●**運賃戦略（プライシング）**

　座席をより高く売るためには、需要・供給、旅客に応じて適切な運賃を設定する必要がある。航空旅客を利用目的別にみると、ビジネス旅客、観光旅客、友人・親族訪問旅客（VFR 旅客：Visiting Friends and Relative）[2] の三つに分類される。この利用目的により予約発生時期、予約変更の可能性には違いがあり、また、「いくら高く払っても乗りたい」、「もう少し安ければ乗りたい」など顧客ごとのニーズもさまざまである。この顧客ニーズに対応して価格をカスタマイズし、他社との競合環境にも対応して多様な運賃を設定することが運賃戦略の基本である。具体的な運賃例としては、購入時期の違いによる事前購入型運賃設定、ファーストクラスやビジネスクラスなど商品・サービスの提供による運賃設定、お盆・正月などの季節変動、曜日変動、1 日の時間帯に応じた運賃設定、子供・学生・高齢者など搭乗者の特性に応じた運賃設定、包括旅行商品に適用される包括旅行運賃設定など多岐にわたっている。

●**座席管理（イールドマネジメント）（図6-3）**

　多様な運賃設定と併せて、需要によりそれぞれの運賃で販売する座席数をコントロールし、旅客数を増やし、搭乗率を上げることが必要である。過去データに基づき需要予測を行い、適切なタイミングで運賃設定を行い、空席を最小化し、収入の最大化することが座席管理の基本である。座席管理において、低

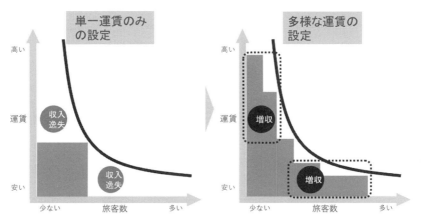

図6-3　イールドマネジメント
　出典：ANA 総合研究所（2017），『航空産業入門』，東洋経済新報社，p. 150 より加筆修正。

単価旅客を早めに取り過ぎて遅いタイミングで発生する高単価旅客を取りこぼすケース（スピル）や反対に高単価旅客を期待し過ぎて低単価旅客を取り逃がし、空席が出てしまうケース（スタイフル）などコントロールを失敗する場合もある。失敗を回避し、収入の最大化を図るためには、利用目的ごとに異なる予約発生のタイミングに対して、バランスよく旅客数を摘み取らねばならない。実際の需要予測では、過去のデータに加え、実予約状況（予約カーブ）を随時チェックし、予測の見直しを繰り返すことを通じて、当該便の満席を目指す。加えて、搭乗日までの解約を見越し、事前に座席以上販売する手法（オーバーブッキング）も行う。

3. 航空会社のネットワーク戦略

航空会社にとって、お客様に選んで頂き、収益を最大化するためには、お客様にとって利便性が高く、かつ、航空会社にとっても効率性の高い航空ネットワークを構築することが最も重要である。航空ネットワークとは、路線便数計画（どの地点・区間・何便飛ばすか）、運航ダイヤ（どの大きさの飛行機を何時に飛ばすか）であり、航空会社の根幹である。

●航空ネットワーク策定上の制約

国内線も国際線も単純に飛ばしたい地点にいつでも飛ばせるわけではない。航空ネットワークを策定するには、外的要因と内的要因という制約をクリアして初めて運航が可能となる。外的要因としては、航空権益の確保が最も重要である。国際線では国と国との二国間協定がない限り運航できない。また、混雑空港では発着枠・発着時間値を獲得しなければならない。更に、飛行機を運航する重要な施設である空港にもさまざまな制約があり、空港の運用時間、駐機場、滑走路の本数・長さなどの制限で便数が限られることもある。一方、航空会社の内部にも制約（内的要因）はたくさんある。人的リソースとして、運航乗務員・客室乗務員が必ず必要で、整備士も含め、運航する飛行機に対応した資格者の配置が不可欠である。また、各空港には旅客係員やグランドハンドリングのスタッフも配置しなければならない。この人的リソースが会社全体のネットワーク・生産量を決定するうえで大きな要素となる。

図6-4　ネットワーク策定のプロセス

出典：筆者作成。

●**航空ネットワーク策定のプロセス（図6-4）**

　ネットワークの策定プロセスは、段階に応じて、路線便数計画（ネットワークプランニング）と運航ダイヤ（スケジューリング）に分かれる。まず、航空会社はスケジュール期間の1.5年前までに、中長期的な観点での収益目標・事業戦略・機材計画・乗員計画・施設計画などを取りまとめる。この中長期計画に基づき、半年前までに戦略実現のためのスケジュール原案を策定する。その後、発着枠の調整を経て、ダイヤの接続性や機材割付の最適化など詳細かつ現実的な調整を経て運航ダイヤを確定し、発売を開始する。発売開始後も運航直前まで各便の予約状況を細かく分析し、ダイヤの収益性を高めるため、飛行機の大きさなどを調整し、機材割付の最適化を図る。

●**航空ネットワークの種類**

　航空機は目的地と原則直線で結ばれるので、いろいろなネットワークの組み方がある。線路や道路に縛られる鉄道やバスとは異なる。**図6-5**はライン型といわれる方式でバスなどがとる方式である。単一機材で行けるが、例えば3番目の地点に行きたいお客様にとっては利便性が低い。**図6-6**のグリッド型はお客様への利便性は高いが、運航するには多くの生産財（航空機・人）が必要で生産効率も低く、コストも高い。最後に**図6-7**のハブ＆スポーク型が多くの航空会社でとられている方式である。ハブと呼ばれる主要空港とその他の空港

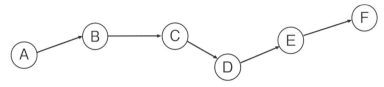

図 6-5　ライン型

出典：ANA 総合研究所（2017），『航空産業入門』，東洋経済
　　　新報社，p. 141 より加筆修正。

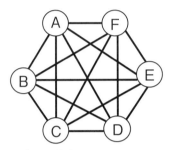

図 6-6　グリッド型

出典：ANA 総合研究所（2017），『航空産業入門』，
　　　東洋経済新報社，p. 141 より加筆修正。

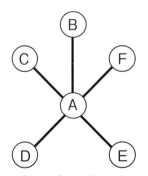

図 6-7　ハブ＆スポーク型

出典：ANA 総合研究所（2017），『航空産業入門』，
　　　東洋経済新報社，p. 141 より加筆修正。

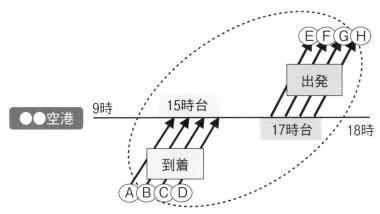

図 6-8　バンク構造

出典：ANA 総合研究所（2017），『航空産業入門』，東洋経済新報社，p. 141 より加筆修正。

（スポーク空港と呼ばれる）それぞれと結んだ形となる。少ない便数で効率的に
お客様が移動でき、企業にもメリットは大きい。機材はハブ空港とスポーク空
港間で折り返し運航され、特定の時間帯に各地からの到着便を集中させ、その
直後の時間帯に各地への出発便を集中させることで、お客様にとっても乗り継
ぎ利便性が高くなる。この到着便と出発便が集中する時間帯をバンク（**図 6-8**）
と呼ぶ。このバンク構造はハブ＆スポーク型のネットワークを構築するうえ
で、最も重要である。

第4節　コロナの影響

　2019 年 12 月に中国武漢から感染が広まったとされる、新型コロナウイルス
は瞬く間に拡散した。2020 年 3 月には新型コロナウイルス感染症（COVID-19）
パンデミックが宣言され、全世界でさまざまな大きな影響を及ぼしている。感
染が拡大するにつれ、世界各国で水際対策として入国制限措置がとられ、多く
の航空会社が深刻な打撃を受けた。世界の航空会社はこれまでも幾多のイベン
トリスクを経験した。2001 年の米国同時多発テロの際には、旅客は最大約
65 ％減少し、回復するまで約 1 年を要した。また、2002 年の新型肺炎（SARS）
の際にも、旅客は最大約 75 ％減少し、回復するまで約 1 年を要した。しかし、

今回の新型コロナウイルスは世界の航空業界がかつて経験したことのない状況となっている。

1. コロナ禍での航空輸送

わが国の国内航空輸送は 2008 年リーマンショック、2010 年 JAL 破綻、2011年東日本大震災による減少はあったものの、ほぼ右肩上がりで増加し、2017〜2019 年には年間 1 億人を突破していたが、コロナの影響で 2020 年には 3,377万人となり、前年の 3 分の 1 と大幅に減少した。第一回目の緊急事態宣言の2020 年 4〜5 月には前年比一桁台にまで急落した。その後も 2021 年後半には約 7 割にまで回復し、年末年始には 8 割まで戻ったが、年明けのオミクロン拡大により、また影響も出ている。国際線航空輸送についても、2001 年米国同時多発テロ、2003 年 SARS、2008 年リーマンショックなど一時的な落ち込みはあったものの、ほぼ右肩上がりで増加し、その後の LCC の新規参入もあり、2018 年には 1 億人を突破した。しかし、コロナの影響で国境を跨ぐ人流は全くなくなり、2020 年は前年比 98％減の 190 万人となり、国際線需要はほぼ蒸発してしまった。世界全体の航空輸送についても、これまでさまざまなイベントリスクはあったものの、国内国際とも右肩上がりで増加し、2019 年には世界全体で 45 億人が航空を利用したが、コロナにより 2020 年には 60％減の 18億人となってしまった。その結果、世界の航空会社の収入は 42 兆 3,150 億円が失われた。今後の世界の航空需要の見通しについて、国際運送協会（International Air Transport Association：IATA）[3] によれば、2021 年秋の今後の見通しでは、国内旅客は 2022 年には本格的に回復する見通しとなっている。一方、国際旅客については、2021 年 4 月では、2023 年には 2019 年レベルに回復すると予想していたが、秋の予想では 2026 年となっており、厳しい状況となっている（**図6-9**）。

2. 航空業界に与える影響（**図 6-10**、**図 6-11**）

2020 年の世界の航空会社の売上高をみると国際線比率の高いアセアンでは、特にタイ国際航空やシンガポール航空では 75％減となっている。欧米では国内線比率も高いため、65％減、国内線の多い中国では 50％減にとどまってい

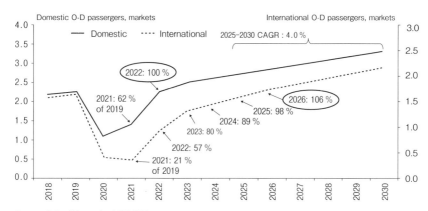

Source: Onfond Economics/IATA DOS

図 6-9　航空需要の見通し

出典：IATA レポート 2021. 11「Air Passenger Forecasts」

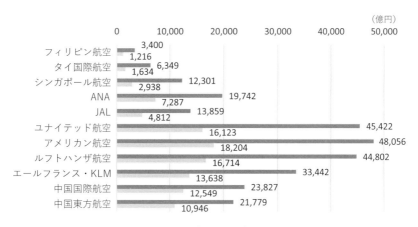

図 6-10　コロナの影響（売上高）

出典：各社 IR レポートより筆者作成。

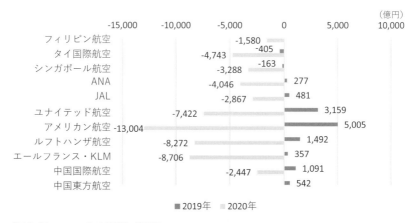

図 6-11　コロナの影響（損益）
出典：各社 IR レポートより筆者作成。

る。これを受け各社の最終損益をみると大幅赤字となり、負債が増加して多くの会社が債務超過の状況となっている。フィリピン航空、マレーシア航空、タイ国際航空は破綻法の適用をうける事態となっているが、各国とも国家政策としてさまざまな支援策で航空会社を支えている。

3. わが国における航空支援策

　世界各国では、航空会社の破綻回避に向けて、給与支援・出資・融資・公租公課の減免などさまざまな支援策が実施されている。わが国においても、コロナ禍での本邦航空会社の厳しい経営状況を受け、国内外の交流や国民生活・経済活動を支える航空ネットワークを維持するとともに、航空・空港関連企業の経営基盤を図るため、企業によるコスト削減などの収支改善の取り組みを前提としつつ、金融機関の取り組みも併せて、国と関係者が連携して強力に支援することとした。空港使用料や航空機燃料税などの公租公課の減免、資金需要対応としては、着陸料や税金の支払い猶予、危機対応融資などによる資金繰り支援、雇用維持対策としては、雇用調整助成金の付与、航空輸送の安定的かつ円滑な回復を図るための緊急措置として、混雑空港利用ルールの弾力的運用など、航空法なども一部改正して、積極的に支援を実行した。

4. コロナ禍の航空会社（ANA の事例）（表 6-1）

コロナ禍での航空会社の厳しい経営状況を ANA の事例で分析する。

ANA の 2000 年度の決算は、コロナにより人の移動が激減したことから旅客需要が大幅に低迷した。国際線については、各国の出入国規制により前年比95 ％減、国内線についても 70 ％減となった。海上輸送の混乱などで唯一国際貨物が堅調で下支えしたものの、売上高は前年比 63.1 ％減の 7,286 億円と大幅に減少した。運航規模の抑制による変動費の削減に加え、人件費などの固定費も削減し、5,900 億円のコスト削減を実行したが、営業利益は 4,647 億円の大赤字となり、創業以来最悪の結果となった。この厳しい状況において、ANAは事業継続を図るため、まず手元資金の確保を実行した。多くの世界の航空会社では国の資金投入が行われていたが、ANA では借入金の実施（5,350 億円）、劣後ローン（10 月 4,000 億円）、公募増資（12 月 3,000 億円）など、自助努力で資金を確保した。次に、コロナ収束の目途が不透明な中で、需要回復も全く読めないため、事業構造改革も実行した。第一は、固定費削減のためのリソース

表 6-1　ANA の業績推移

（億円）	2019 実績	2020 実績	19 年比（%）	2021 実績	19 年比（%）	2022 見通し	19 年比（%）
売上高	19,742	7,286	36.9	10,203	51.7	16,600	84.1
国内旅客	6,799	2,031	29.9	2,798	41.2	5,960	87.7
国際旅客	6,139	447	7.3	701	11.4	3,020	49.2
貨物	1,361	1,868	137.3	3,617	265.8	3,400	249.8
（内国際貨物）	1,026	1,605	156.4	3,287	320.4		0.0
LCC	819	220	26.9	378	46.2	1,090	133.1
営業利益	608	▲ 4,647		▲ 1,731		500	
当期純利益	276	▲ 4,076		▲ 1,422		210	
（千人）							
国内旅客数	42,916	12,660	29.5	17,959	41.8	38,073	88.7
国際旅客数	9,416	427	4.5	825	8.8	2,642	28.1
LCC 旅客数	7,288	2,080	28.5	4,267	58.5	5,436	74.6

出典：ANA IR レポートより筆者作成。

の圧縮である。機材については、退役の前倒し、納入予定機材の後倒しなどにより、保有していた 307 機の約 1 割を削減し、271 機とした。また、従業員についても、希望退職の募集、新規採用抑制などにより、4 万 6,500 名の従業員の 4,000 人を削減した。第二に、ポストコロナにおいても感染症の再到来にも耐えうる強靭な企業グループに生まれ変わる改革として、新たな第三ブランドの設立による航空事業モデルの改革や顧客データを活用したプラットフォーム事業の確立により、新たな収益機会の創出を目指した。

コロナ 2 年目となる 2021 年度においては、コロナ禍の厳しい状況が緩和されるなか、旅客需要も徐々に回復してきた。国際線については、ビジネス需要やアジア発北米行きの接続需要が回復し始めたものの、コロナ禍前の 90 ％減にとどまった。国内線については、上期は緊急事態宣言が繰り返され需要も低迷したが、宣言解除後は回復基調となったものの、その後も変異株拡大により、年度全体としては、コロナ禍前の 60 ％減となった。国際貨物については、経済回復による貨物需要の活発化もあり、引き続き好調に推移し、収入は過去最高の 3,287 億円となった。これにより全体の売上高は前期比 40 ％増の 1 兆 203 億円（2019 年比 48 ％減）となり、引き続きコスト削減も進めたものの、ウクライナ侵攻の影響などもあり、営業損益は 1,731 億円の 2 期連続赤字となったが、通期の損失は前年から大幅に縮小した。

2022 年度についても依然としてコロナの影響は避けられないものの、ポストコロナを見据えた対応を加速し、回復の兆しのある航空需要を確実に取り込み、また事業構造改革プランを着実に遂行することにより、黒字化を目指すこととしている。

第 5 節　航空業界の将来

1.　ポストコロナでの航空業界

COVID-19 により航空業界は厳しい状況となっているが、ポストコロナを展望すると取り巻く環境は一変している。まず大きな変化は旅客のニーズである。ビジネス需要については、人流が制限される中で、リモートでの業務も可

能となり、ビジネス出張も減少することも考えられるが、一方では、ワーケーション等の新たな働き方の形態も生まれており、航空会社としてもニーズの変化に機敏に対応せねばならない。また旅行需要については、鬱積した旅行ニーズがコロナ終息後には爆発することも考えられるが、一方で旅への不安も出されており、不安解消の取り組みも必要である。利用者が安心して飛行機を利用できる環境整備が不可欠であり、デジタル健康証明やIATAトラベルパスなど規制・制約の緩和を推進する必要がある。シンガポールでは、ワクチン接種済み旅客を対象に検疫を免除するプログラムとしてVTL（VACCINATED TRAVEL-LANE）を開始しているが、便利で快適な空の旅を提供するためには、世界各国との連携・調和こそが需要回復への近道である。

2. メタバース

　現実と仮想空間の境を溶かし、インターネットを変えるといわれる技術「メタバース」の時代がやってくる。ネットやスマートフォンの登場により過去30年で世界は一変したが、100年に一度とされるコロナ禍は更にこれまでの対面の前提も変えてしまった。これまでの飛行機による移動は、時間もコストもかかり、また飛行機を飛ばすためにはインフラ整備も必要で、CO_2や騒音など環境への負荷も高く、プレミアムな移動であった。しかし、avatarによる新たな移動では、これまでの飛行機による移動手段のさまざまな課題を解決し、より気軽に、よりエコに、より多くの人々が、行きたい場所に瞬間移動できるライトな移動が可能となる。世界中のすべての人が、一瞬で、だれでも、いつでも、どこへでも移動できる未来社会となる。航空会社としても、コロナ禍で航空一本足打法の経営の弱点を学習したが、新たな未来社会では、旅客の多様なニーズに対応するために、新たな領域へのチャレンジが必要である。ANAでは、avatarin株式会社、ANA NEO株式会社を設立し、メタバースによる新たな旅行形態の提供を目指している。

3. 空飛ぶクルマ

　従来の航空需要とは別のマーケットとして、「空飛ぶクルマ」が近い将来に実現する都市型航空交通（Urban Air Mobility：UAM）という新たなマーケット

が非常に期待されている。この市場規模は 2030〜2040 年にかけて世界で数百億ドルにも達すると予測されている。その実用化に向けて、現在、垂直離着陸、電動航空機、低騒音推進機構、自動操縦などの特徴を持った機体の開発が世界各国の数多くのメーカーで進められている。今後その成熟度に応じて社会実装が進められるが、従来の飛行機やヘリコプターとは全く異なる特徴を有しているため、解決すべき課題も多い。機体の安全基準、操縦者の技能証明、既存の航空交通との共存を含めた航空交通管理、インフラ整備としてのポートの確保、安全性や騒音問題などに関する住民の懸念解消など産学官が連携して課題解決を図らねばならない。わが国でも 2025 年に開催される大阪・関西万博での旅客輸送の実現が計画されているが、「空飛ぶクルマ」は UAM の手段にとどまらず、離島・過疎地域での地域の交通手段としての活用、物流での活用、医療・災害対策などでの活用など、さまざまなポテンシャルがある乗り物としても期待が大きくなっている。

4. CO_2 問題

温暖化問題は地球規模で人類の大きな課題となっているが、CO_2 を排出する航空業界に対する世界の視線は厳しくなっている。2019 年度にわが国の CO_2 総排出量に占める航空部門の割合は 0.9 ％に過ぎないが、飛行機は環境に優しくない交通輸送モードの代表格とされており、欧州では飛行機の利用を恥ずかしいこととする「飛び恥」という考え方も広まっている。地球温暖化対策としては、2015 年にパリ協定が締結され、2016 年の国際民間航空機関（International Civil Aviation Organization：ICAO）[4] 総会では、2021 年以降 CO_2 排出量を増加させないカーボンニュートラルな成長（Carbon Neutral Growth 2020：CNG2020）[5] が国際公約として採択された。これを受け、航空業界では CO_2 排出削減の具体的な方策が進められている。第一は新技術の導入である。航空機の軽量化を図ることによる燃費の向上や水素飛行機や電動飛行機の研究開発である。第二は運航方式の改善である。航空管制の高度化により航空交通全体の最適化を図り、円滑な交通流を実現して CO_2 排出削減を進める。この二つの取り組みを合わせても貢献割合は 20〜30 ％程度にとどまるため、大きく期待される第三の方策が持続可能の航空燃料（Sustainable Aviation Fuel：SAF）[6] の導入である。航空

分野の脱炭素化では、SAF は切り札的な存在ではあるが、まだまだ課題も多い。世界的にみても需要に対する生産量・供給量は十分ではなく、また製造コストと価格の問題もあり、製造コストは従来の航空燃料の 3〜4 倍ともいわれている。官民連携してこの難しい課題に取り組み、2050 年カーボンニュートラル（CO_2 排出削減ゼロ）に繋げていかねばならない。

ミニ知識

飛行機の「客室乗務員編成基準」について

　客室乗務員の編成数については、わが国では航空法施行規則第 214 条第一項「運航規程」に「客室乗務員にあっては当該航空機の型式及び座席数又は旅客数にそれぞれ適応して定められていること」となっており、航空法では具体的な数は書かれていないが、各社の運航規程で定めることとなっている。航空旅行の一般化、航空会社間の競争激化とともに、客室サービスは乗客獲得のうえで重要なファクターとなっている。客室乗務員の搭乗数は運航会社のサービス方針により、同じ機種であっても会社ごとに、また路線ごとに異なるが、旅客の安全確保のために必要な最少客室乗務員数、いわゆる型式編成数は緊急事態発生時における乗客の避難誘導・脱出が決定要因となる。米国連邦規則 Part 121 では、客席数 50 席ごとに最少 1 名の客室乗務員の乗務を義務づけており、わが国においても、客席数 50 席に対して 1 名以上、それ以上の大きさの機材の場合はドア数を踏まえた人数が乗務することが基本となっており、国際線ではそれを基本にして旅客数やサービス内容に応じてサービス要員として人数が増える。

COLUMN

航空会社の公共性について

　筆者が ANA のオペレーション本部長であった 2011 年 3 月 11 日、東日本大震災が発生し、わが国の航空輸送は国内線・国際線とも大混乱となった。この震災は近年、航空業界が経験したことのない大災害であったが、仙台空港は津波に飲み込まれ、完全に水没した。東北自動車道、東北新幹線は不通となり、東北への交通手段は完全に遮断され、復旧のめどもなかなかつかない状況であった。その際、ANA の現地社員から空港は水没しているが、滑走路は生きており、飛行機の離発着は可能であるとの報告を受けた。早速、ANA から国土交通省、仙台空港事務所、宮城県に早期運航再開の提案をした。「米軍トモダチ作戦」による瓦礫の撤去、航空局、宮城県によるターミナルの仮復旧、周辺道路の整備等、24 時間体制での作業が積極的に実施され、震災から 33 日後の 4 月 13 日に仙台空港は暫定施設により運航を再開した。新幹線は運航再開には時間を要し、49 日後の再開となったが、まさに、羽田空港と仙台空港という点と点を結ぶ航空のなせる業であり、公共交通機関である航空が国民の足として貢献した事例である。

●注

1　航空機が飛行を行うに際して、航空管制機関に通報する飛行予定（機種、便名、出発地、目的地、飛行経路、飛行高度、飛行速度など）に関する計画。

2　旅行目的の分類の一つ。「友人を訪ねる」、「親戚に会う」などを目的とした旅行。

3　1945 年に設立された世界の航空会社で構成される業界団体。国際航空業務の円滑な運営を目途として業界の方針、統一基準制定している。

4　1947 年に発足した国際連合の一専門機関。国際航空運送業務やハイジャック対策をはじめとするテロ対策などのための条約の作成、国際航空輸送の安全・保安などに関する国際基準・勧告方式やガイドラインの作成を行っている。

5　「燃料効率を毎年 2 ％改善すること」、そして「2020 年以降の CO_2 排出量を増加させないこと」を目標として掲げたグローバル削減目標。

6　バイオマスや廃食油、排ガスなど原材料の生産・収集から、製造、燃焼までのライフサイクルで CO_2 排出量を従来燃料より約 80 ％削減し、既存のインフラをそのまま活用

　できる持続可能な航空燃料。

【参考文献】

ANA 総合研究所（2017），『航空産業入門』（第 2 版），東洋経済新報社。

ANA ホールディングス株式会社決算説明会資料　2020 年 3 月，2021 年 3 月，2022 年 3 月期。

全日空広報室編（1995），『エアラインハンドブック Q & A 100』，ぎょうせい。

高野滋（2020），「空飛ぶクルマをめぐる動きと今後の課題」，『ていくおふ』No. 161。

定期航空協会（2022），「航空分野における脱炭素への取り組みと SAF」，『ていくおふ』No. 167。

第7章
ホテルビジネスの現状と今後の展望

POINT

- ホテルビジネスの概要と仕事の基本知識について理解するとともに、それぞれの職種[1]で求められる知識やスキル、資格を明らかにし、ホテルを職業として選択した場合のキャリアパス（一つの企業の中で、仕事における最終的な目標を定め、そこへ向かう道筋）を明示する。
- マネジメントスタッフとしてホテルを運営するための両輪である「おもてなし力」と「ビジネス力」の本質について、そのバランスの重要性を理解する。
- 日本のホテルマーケットについて最新のデータを基に現状を俯瞰し、現在のリーディングプレイヤーの優位性を検証する。
- ウィズ・コロナ時代のインバウンド復活の中で、今後注目すべき新マーケットのトレンドを掴むことにより、独自のおもてなし文化を背景にした日本のホテルチェーンがグローバルに展開するための成功条件を考える。

第1節　ホテルビジネスと仕事

1.　ホテルの仕事

　ホテルビジネスにおける業務（とそこで携わる仕事）の全体像を理解するために、ホテルの組織図を見てみたい（**図7-1**）。

　一般に都市型の300室以上あるホテルのビジネスの中心は、収益の柱である宿泊、料飲そして宴会の各部門である。ホテル業とは、その収益部門に対して

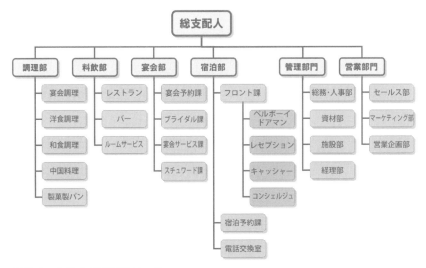

図7-1　ホテルの組織図の一例
　出典：筆者作成。

企業の主要な経営資源である、ヒト・モノ・カネをそれぞれ人事部門、資材・購買部門そして財務部門から投入し、その商品とサービスを通じて顧客価値を提供して対価を得るビジネスと捉えることができる。その対価、つまり売上と利益を最大化することが企業としての目的であるが、ホテルの各部門で働く全従業員はそれぞれの職務において、「売上－費用＝利益」という等式で企業経営が成り立っていることを意識することが大切である。そして、その利益をどう増やすかという課題は、各部門で役職が上がるに従い重要度が増し、総支配人を頂点とする組織の目標に集約されていくのである。

　それでは、ホテルで働く場合のキャリアパスについてその全体像について見てみたい。まずホテルの仕事は職種上、営業・管理部門と調理部門（製菓製パンを含む）に大別される。前者には主に総合職、一般職の従業員が配属されるのに対して、後者は、業務のために特別な知識や専門性、スキルを必要とする専門職の職場であり、この両部門間での異動は極めてまれなケースである。したがって、ここでは、営業・管理部門の中でどのようなキャリアマップが描けるのかに焦点を当てて、それぞれの職種、職務の関係性を理解し、自身の目標

に至るプロセスを具体的にイメージしてもらいたい。

　もちろん、ホテルの営業現場でも専門職として活躍できる場は多数用意されている。ワインのスペシャリストであるソムリエやレストランサービスの頂点に立つメートル・ドテル（給仕長）、お客様のさまざまなご要望にお応えする司令塔であるホテル・コンシェルジュなどは、専門性を極めることでジョブ型のプロフェッショナル人材として根強い人気のある職務である。

2.　ホテルパーソンに求められる能力とスキル

　厚生労働省が公開している職業能力評価基準[2]を参考に、主なホテル職種について働く人がそれぞれの職場で求められる能力とスキルを整理する。

　表 7-1 はホテルの典型的な職種、職務（調理部門は除く）、そしてそれぞれの主な課業を俯瞰したものである。各課業はその責務に応じて、レベル 1 は一般のスタッフ、レベル 2 はチーフやキャプテンクラスのシニア・スタッフ、レベル 3 は専門職であるスペシャリスト、およびマネジャークラス、そしてレベル 4 は部門を統括するシニア・マネジャーの四つに区分され、それぞれのポジションで求められる仕事を確認できる。

　個々の課業で求められる具体的なスキルや能力（選択能力ユニット）以上にその修得を意識しなければならないのは、ホテルパーソン全員に求められる共通した能力（共通能力ユニット）である。職業能力評価基準では、次の 11 項目を共通能力として挙げている。①企業ビジョンに基づく業務の推進、②ホスピタリティの実践、③チームワークとコミュニケーション、④お客様の安全確保と衛生管理、⑤施設管理と環境対策、⑥組織と人のマネジメント、⑦損益マネジメント、⑧顧客との折衝と顧客関係の構築、⑨環境対策への啓発の実施、⑩予算策定とコストのマネジメント、⑪リスクマネジメント、である。ホテルを職場として選択した場合、そのキャリア形成の過程において複数回の職場異動を伴う。同じ職種内にとどまらず、部門を越えて配属されるケースも多く、**図7-2** は宿泊職種の一例である。ベル、ドア、インフォメーション、クロークなどを経てレセプション、客室予約、ベルキャプテンといった職務に就くことが一般的であり、その後は他部門への異動、またはマネージャーに昇格する。

　社内異動のたびに新しい課業で必要とされる選択能力を身に付けることで、

表7-1　ホテル業における職業能力評価基準の全体構成

職種	職務	課業（選択能力ユニット）				
宿泊	ロビーサービス	お荷物の預かり（クローク）	お客様の送迎（ドア）	お客様のご案内（ベル）	ベルのマネジメント（ベルキャプテン）	ロビー周辺のマネジメント（アシスタントマネジャー）
	コンシェルジュ	お客様の要望への総合的な対応				
	フロントオフィス	電話によるご案内と対応（電話オペレーター）	お客様の問い合わせへの対応（インフォメーション）	宿泊の登録（レセプション）	フロントマネジメント（アシスタントフロントマネジャー）	夜間フロントマネジメント（ナイトマネジャー）
	客室予約	客室予約受付	レベニューマネジメント（予約コントローラー）			
	ハウスキーピング	客室の清掃・整備（ハウスキーパー）	客室の点検・管理（チーフ・ハウスキーパー）	ハウスキーピングのマネジメント		
レストラン	レストランサービス	準備と片付け（バス・パーソン）	食事の提供（ウェイター・ウェイトレス）	食事提供の管理（ウェイターキャプテン）	高度なサービス提供と接遇（メートルドテール）	
	ルームサービス	ルームサービス（オーダーテイカー）				
	店舗管理	お出迎えと座席誘導（グリーター・グリーレレス）	店舗の管理・運営（レストラン（バー）・マネジャー）	レストラン部門の管理・運営（F&Bディレクター）	飲食代の精算（キャッシャー）	
	ソムリエ	ワイン・スピリッツ類の提供（ソムリエ）	ワイン・スピリット類の提供管理（チーフソムリエ）			
	仕入れ管理	仕入れの管理（F&Bコントローラー）				
宴会	宴会サービス	宴会サービス（バンケット・チーフ）	宴会サービスの統括（バンケット・マネジャー）			
	宴会予約・販売管理	宴会予約（一般・婚礼）	宴会代金の精算	商品企画	宴会予約・販売管理の統括	宴会部門のマネジメント
営業・マーケティング*1	マーケティング	マーケティング戦略	市場調査・顧客行動	商品・価格政策	販売促進	
	営業	対特別契約会社営業	対業種別営業	対輸送企業営業	対旅行代理店営業	対ブライダルエージェンシー営業
		宿泊営業	一般宴会営業	婚礼営業	情報チャネルを活用したワン・トゥー・ワン営業	情報チャネルを活用した法人営業
施設管理	施設開発	ホテル経営と一体となった施設開発実務	ホテル経営と一体となった施設開発マネジメント	ホテル経営と一体となった施設開発戦略の推進		
	施設保全	顧客満足向上のための施設保全実務	顧客満足向上のための施設保全マネジメント	顧客満足向上のための施設保全戦略の推進		
環境対策	環境対策企画	環境対策実務	環境対策マネジメント	環境対策の戦略的推進		
危機管理	サービス品質管理	サービス品質対策実務				
	衛生管理	衛生対策実務				
	防犯・防災管理	防犯・防災対策実務				
経営戦略	事業企画	事業企画の実務	事業企画の推進	事業企画の統括		
	事業管理	事業管理の実務	事業管理の推進	事業管理の統括		

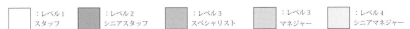

□：レベル1 スタッフ	■：レベル2 シニアスタッフ	■：レベル3 スペシャリスト	■：レベル3 マネジャー	■：レベル4 シニアマネジャー

注1（※1）：マーケティング、営業はすべての課業がレベル2、3、4を対象とする（レベル3のスペシャリストは除く）。
出典：厚生労働省公式ホームページ　様式1、2より筆者作成。

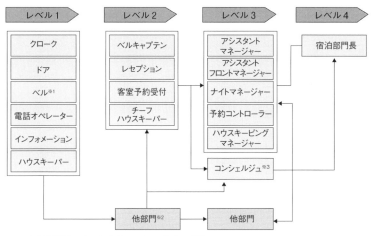

図 7-2　宿泊職種におけるキャリア形成の例

注 1（※ 1）：特にベルをレベル 1 で経験することによって館内外情報の習得など、その後のキャリア形成に有利な点が多いと考えられる。
注 2（※ 2）：特に営業部門への異動が多い。
注 3（※ 3）：独立したコンシェルジュは管理職と同等の位置づけにある。
出典：厚生労働省公式ホームページより筆者転記。

ホテルパーソンとしての成長のステップを登っていくことになるが、前掲の
11 の共通能力は、自身のキャリアの現在地がどこにあろうと向上させ続ける
ことが大切である。その結果として、総支配人を含むホテル運営・経営の責任
者の一員になるという目標に向けてそれぞれのキャリアパスを歩むことにな
る。

　ここで掴んだホテルの仕事の全体像をベースに、まずは興味のある職種・職
務で求められる具体的なスキルを知るために、職業能力評価基準の「02_ ホテ
ル業」[3]からそれぞれの能力ユニットにアクセスし、その細目や職務遂行のた
めの基準、そのために必要とされる知識や資格を確認してもらいたい。

第 2 節　ホテルをマネジメントする

　日本のホテルは特にそのサービスレベルでは世界でも高い評価を受けなが
ら、儲からない体質に喘ぎ、ホテル業の核となる人的資本の充実と蓄積が進ん

でいない。なかなか進まないホテル運営効率向上と顧客経験価値の両立実現のための処方箋を、日本のホテルマネジメントの在り方の点検を通じて考えてみる。

　ホテリエ（仏：hôtelier）という言葉は、今では幅広くホテルで働く人の総称として使用されることが多いが、本来の意味はホテルパーソンとして道を極めた人やホテル経営者のことを示す。つまり、CS（Customer Satisfaction：顧客満足度）と ES（Employee Satisfaction：従業員満足度）に加えて、Profit（利益）と RM（Risk Management：危機管理）の 4 本の柱をバランス良く高めることができるホテルマネジメントのプロがホテリエなのである。前節の職業能力評価基準においても、ホテルパーソン全員に求められる共通能力ユニット 11 項目中、マネジャークラス（レベル 3、4）以上だけに求められるに能力は、⑥組織と人のマネジメント、⑦損益マネジメント、⑩予算策定とコストのマネジメント、⑪リスクマネジメントの 4 項目とされている。

1. 売上－費用＝利益

　図 7-3 はフルサービスホテル（宿泊部門だけではなくレストラン、ルームサービスなどホテルに求められるすべての機能を持ち、最高級～高級と呼ばれる上位に位置づけられるホテル）のホテル会計基準[4]に基づいた実際の 1 年間の損益計算書である。Profit（利益）を向上させるための唯一の方法は、言うまでもなく、売上を上げ、経費を抑えることである。昨今のホテル業界では競争の激化に加え、価格に敏感なネット経由の予約が主流になり、簡単に売上を増やすことが難しくなるなか、経費をどう抑えるのかも主要課題となる。図中で最も金額の大きい費用項目は、主に料理や飲料の仕入金額である原材料費と人件費である。この二つの経費を合わせると、売上高の 55.4 ％と半分以上を占めており、このきめ細かいコントロールがホテルの業績をも左右する。経費削減は費用対効果を十分に吟味した上で実行すべきものであり、例外を設けないコストカットは CS や ES の低下を通じて業績の源泉である売上そのものを奪うことにもなりかねず、ホテルマネジメントには慎重かつ戦略的な判断が求められるのである。

　図 7-3 では利益が①～⑤の 5 段階で区分されており、ホテル運営総利益と訳

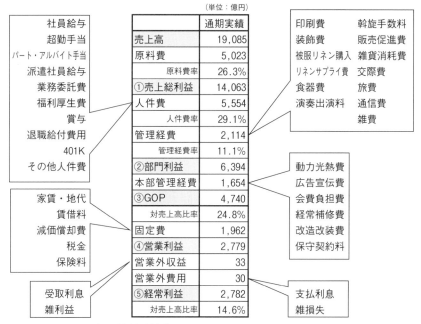

（単位：億円）

	通期実績
売上高	19,085
原料費	5,023
原料費率	26.3%
①売上総利益	14,063
人件費	5,554
人件費率	29.1%
管理経費	2,114
管理経費率	11.1%
②部門利益	6,394
本部管理経費	1,654
③GOP	4,740
対売上高比率	24.8%
固定費	1,962
④営業利益	2,779
営業外収益	33
営業外費用	30
⑤経常利益	2,782
対売上高比率	14.6%

社員給与
超勤手当
パート・アルバイト手当
派遣社員給与
業務委託費
福利厚生費
賞与
退職給付費用
401K
その他人件費

家賃・地代
賃借料
減価償却費
税金
保険料

受取利息
雑利益

印刷費　斡旋手数料
装飾費　販売促進費
被服リネン購入　雑貨消耗費
リネンサプライ費　交際費
食器費　旅費
演奏出演料　通信費
雑費

動力光熱費
広告宣伝費
会費負担費
経常補修費
改造改装費
保守契約料

支払利息
雑損失

図7-3　ホテルの年間損益計算書（例）
出典：筆者作成。

される③GOP（Gross Operating Profit）はホテル会計独特の利益区分である。ホテルの「運営」と「所有」をそれぞれオペレーターとオーナーが別々に担い、資産を持たないホテルチェーン展開が主流になる中で、GOPを境に「運営」に関わる費用と「所有」に関わる費用を区分することによりオーナーとオペレーターの責任範囲が明確になる。ホテル運営の最高責任者である総支配人（GM：General Manager）の役割は、「ホテル運営売上－ホテル運営費用」、つまりGOPを最大化することが責務であり、その存在意義であるといっても過言ではない。ただし、日本の場合、依然として所有と運営が分離されていないホテルチェーンも多く（この事業形態を「所有直営方式」を呼ぶ）、GMが所有・経営会社の役員を兼務するケースも多い。この場合、GOPから経常利益に至る所有に関わる費用についてもしっかりとした管理能力が求めれることは言うまでもない。

2. ホテルマネジメントの本質

　ホテル経営の根幹は質の高いサービスの提供によりCSを高めることであり、組織のリーダーであるホテリエにはその本質の理解とたゆまぬ追求が求められる。ホテルは安全、清潔で快適なロビーや客室などの空間、きめ細かい接客サービス、美味しい料理に加え、最新のICT環境や地域や観光に関する情報提供等、さまざまなサービスや商品をお客様に提供している。では質の高い商品やサービスを提供するだけがCS向上の条件だろうか？　お客様がホテル施設内で常に安全を意識しながら慎重な消費行動をとるようでは、それは何がしかの不安を感じていることであり、危機管理体制が十分に機能していないことになる。

　ホテル業における危機管理は、運営上のリスクに限定してもその対象事象は挙げると際限がない。少なくとも人災（火災、食中毒、伝染病・感染症等の疾病など）と自然災害（地震、風・水害など）については、ホテル施設を利用するお客様に直接影響し、評判管理（ホテルの評価・評判に影響を及ぼしかねないリスクを把握・管理すること）にも直結するリスクとして、最優先されるのはその回避と軽減のための体制の構築とリスク毎の危機管理マニュアル作成である。お客様のみならず、ホテルで働く従業員やパートナー企業（ホテル運営の協力会社）のスタッフもホテル施設内の各空間において安心して過ごし働くことができる環境を創り出し、その施設にとって必要かつ十分な危機管理システムを構築し維持することは、公共性、社会性の高い営利業種であるホテルをマネジメントする上での大前提なのである。

　組織のリスクマネジメントが正常に機能する環境でのホテリエの役割は、**図7-4**に示すホテルマネジメントサイクルをストレスなく回すことである。企業価値の向上に繋げるため、人材を「コスト」ではなく投資対象である「資本」と見なす「人的資本」という考え方が広く普及するなか、従業員教育の充実や労働環境の整備・改善、適正な報酬などを通じて従業員の働きやすさや働きがいを高め、ESと従業員エンゲージメント（従業員が会社に貢献したいと思う姿勢）を向上させることは経営戦略の一環である。ESの高まりは従業員の接客レベルの向上努力を通じてCSを高めると同時に損益への意識を伴い、高い付

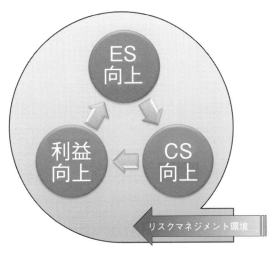

図 7-4　ホテルマネジメントサイクル

出典：筆者作成。

加価値を伴う売上を生み出す。その Profit を原資にした従業員への投資が ES をさらに高める。この好循環こそがホテリエが担うべきホテルマネジメントの本質なのである。

第 3 節　日本のホテルマーケット

1. 現状と展望

　日本のホテルの施設数および客室数について、旅館業法[5]が改正される前年の 2017 年までの 20 年間の推移を旅館との比較で見たのが**図 7-5** と**図 7-6** である。2009 年には客室数でホテルが旅館を逆転し、2016 年度末には旅館数が 4 万施設を割り込む一方、ホテルが初めて 1 万施設を上回った。2017 年に旅館とホテルを合わせて 4 万 9,024 施設と底を打った後は、2020 東京オリンピック・パラリンピック開催に向けて内外の主要ホテルチェーンを中心に開業が増加、旅館数の減少をカバーする形でコロナ禍前の 2019 年には施設総数で 5 万1,004 軒まで回復していた。

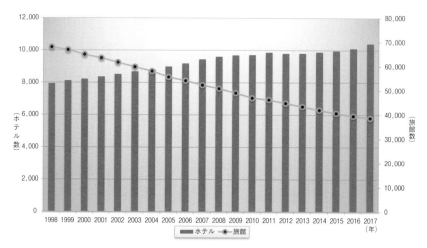

図7-5　ホテルと旅館の施設数の推移（1998-2017年）
出典：厚生労働省「衛生行政報告例（生活衛生関係）」より筆者作成。

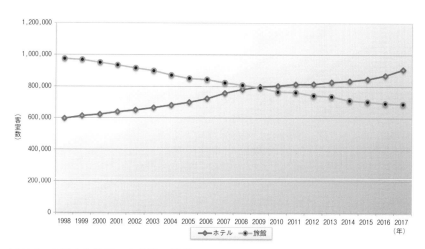

図7-6　ホテルと旅館の客室数の推移（1998-2017年）
出典：厚生労働省「衛生行政報告例（生活衛生関係）」より筆者作成。

　ホテルチェーンを軒数でランキングしてみると、ビジネス、宿泊特化型ホテルが大半を占めている（**表7-2**）。本表で外資系のマリオット・インターナショナルが初めて9位にランクインしているが、これはマリオットが2018年から積水ハウスとともに地方創生事業「Trip Base 道の駅プロジェクト」を始動さ

表 7-2　国内（本社）ホテルチェーン軒数ランキング TOP10

順位	ホテルチェーン名	総軒数	対前年	総客室数（国内）	1 施設平均客室数
1	ルートインホテルズ	321	＋2	55,405	173
2	東横 INN	315	＋8	66,999	213
3	アパホテルズ＆リゾーツ	259	＋27	58,791	227
4	スーパーホテル	166	＋8	18,829	113
5	リブマックスホテルズ＆リゾーツ	158	－	10,808	68
6	マイステイズ・ホテル・マネジメント	107	＋7	17,936	168
7	ファミリーロッジ旅籠屋	77	＋1	1,043	14
8	相鉄ホテルマネジメント（相鉄フレッサイン、ザ・ポケットホテル、サンルート）	74	－3	14,720	199
9	マリオット・インターナショナル	73	＋10	16,714	229
10	チョイスホテルズジャパン	72	＋8	11,342	158
計		1,622	＋68	272,587	

注 1：2022 年 1 月 1 日時点。海外展開および業務提携ホテルは除く。
注 2：リブマックスホテルズ＆リゾーツは前年値。
出典：株式会社オータパブリケーション ホテルデータブック 2022 より一部修正して筆者作成。

せ、道の駅に近接するエリアに宿泊特化型ブランドである"フェアフィールド・バイ・マリオット"を急展開させていることが主因である（2020 年初めまでに 16 軒を開業）。

　このようなホテル業界において今後の日本のホテル市場で存在感を示し、その戦略と動向が注目されるホテル群を資本形態別に、①シティホテル専業系、②ビジネスホテル専業系、③鉄道系、④不動産系の四つにグルーピングする。

●専業系（リゾート・シティホテル）

　いわゆる御三家（ホテルオークラ、ニューオータニ、帝国ホテル）に代表される老舗高級ホテル、星野リゾート HD やリゾートトラスト、ディズニーホテルであるミリアルリゾートホテルズの運営を主体とするオリエンタルランドなどリゾートホテルも含まれる。大型宴会場を多く有し、宴会部門を収益の柱とする日本独特の発展をしてきたホテルが多く、今後は生産性の向上と高収益が見込まれる事業分野への展開が求められる。

●**専業系（ビジネス・宿泊特化型ホテル）**

表 7-2 の上位グループに代表される、いわゆる"元祖"ビジネスホテル群である。近年は訪日客需要を取り込み、低価格・多店舗戦略を展開、コロナ禍にあっても積極出店を続けるホテルが多い。アパホテルズ＆リゾートの場合、国内の 259 施設に加え、海外（35）、国内業務提携（362）を合わせると総軒数は 656 にも上り、さらなる業容の拡大による効率経営を図っている。一方で、高収益が見込める宿泊特化型ホテル市場[6]には他のホテルチェーンの新しいブランドによる参入も相次いでおり、競争が激化する中で、ビジネス専業ホテルも高級ブランドの投入や高価格フロア設置で収益確保に軸足を移した価格戦略に転換を進めている。

●**鉄道系**

全国の大手私鉄系、ならびに JR 各社が駅周辺など利便性の高い立地を利用してホテルを運営しており、勢力が大きい。旗艦ホテルを中心に複数ブランドを投入し、都市型からリゾート、会員制まで幅広くホテル事業を展開する。西武ホールディングス傘下の西武・プリンスホテルズワールドワイドはプリンスホテルを中核ブランドに、1936 年開業の老舗リゾートホテル「川奈ホテル」から、宿泊に特化した「スマートイン」に至るまで国内で 53 施設を運営。海外展開にも積極的で、ハワイ、オーストラリアを中心に 33 軒 5,570 室を有する（2022 年 1 月現在）。

●**不動産系**

いわゆるデベロッパー（不動産の開発業者）が開発する物件に入居するホテル。三井不動産（三井不動産ホテルマネジメント、三井ガーデンホテル等）、三菱地所（ロイヤルパークホテルズアンドリゾーツ、ロイヤルパークホテル等）、住友不動産（住友不動産ヴィラフォンテーヌ、ヴィラフォンテーヌ等）が代表格とされる。森トラストグループは大手外資系チェーンであるヒルトンやマリオットの多様なブランドにホテル運営を委託する形でラグジュアリーホテルを展開させている。

●**外資系**

1963 年外資系ホテルとして初めて日本上陸を果たした「東京ヒルトンホテル」以降、日本のホテル業界が独自の発展を続ける半面、外資規制やバブル経

済のピークに向かう過程での地価高騰、また英語が通じないことや日本人のメンタリティの不可解さといった日本独特のマイナス要因が障害となり、30 年近く外資系ホテルの参入が閉ざされていた。バブル崩壊後、日本のホテルが次々と業績不振に陥るなか、それらの障害も徐々に解消に向かい、1992 年、アジア初進出となる「フォーシーズンズ椿山荘」の開業を皮切りに外資系ホテルチェーンの参入活発化が牽引するホテルブームが起こり、現在に至っている。世界最大のホテルチェーンであるマリオット・インターナショナルを筆頭にヒルトン、ハイアット、インターコンチネンタルといったメジャーブランドを中心に参入が続いており、複数のブランドを持つ外資系チェーンはそれぞれターゲットを明確にして、都市部にとどまらず、集客が見込める地方にも積極的に進出を始めている。また、東京や京都、大阪では、富裕層の利用を見込んだラグジュアリーホテルブランドの日本初進出も相次いでいる。

2. 新しいインバウンドマーケットへの対応

　2020 年の年初から深刻化したコロナ禍は、それまで日本の観光立国推進を牽引してきたインバウンド（訪日外国人客）を消滅させた。訪日外国人数は2011 年の東日本大震災で一時落ち込むものの、その後は一貫して増加を続け、コロナ直前の 2019 年には過去最高の 3,188 万人、その消費額は 4.8 兆円とピークを迎えた。ただ、その間に急増の弊害も顕著化した。人気観光地への集中によるオーバーツーリズム（観光公害）に加え、日本政府観光局（JNTO）の 2019年度発表統計によると、訪日外国人の 70 ％を東アジア 4 ヵ国（中国、韓国、台湾、香港）が占めており、歴史的背景や政治体制、あるいは不安定な対日感情を抱く国が含まれる点、日本のインバウンド市場の脆弱さが露呈していた。

　一方で日本政策投資銀行株式会社（DBJ）と公益財団法人日本交通公社（JTBF）が共同し、2021 年 10 月にオンラインで実施した調査によると、「次に海外旅行したい国・地域」の 1 位は、アジア、欧米豪ともに前年に引き続き「日本」という結果になった。報告書の注釈では「特にアジアにおいて日本の人気は群を抜いており、2 位の韓国とは 20 ポイント以上の差がある」と指摘している。また、「日本に旅行に行きたい理由」としては、魅力的な観光地や観光施設がある、清潔だから、食事が美味しいから、治安が良いから、等が上

表 7-3 　「次に海外旅行したい国・地域」ランキング TOP5

順位	アジア居住者（n＝3,934）		欧米豪居住者（n＝1,957）	
	国名	回答率	国名	回答率
1	日本	67 %	日本	37 %
2	韓国	43 %	アメリカ	33 %
3	台湾	28 %	オーストラリア	28 %
4	オーストラリア	27 %	カナダ	28 %
5	タイ	26 %	イタリア、イギリス	25 %

注：対象 31 ヵ国、2021 年 10 月 5-19 日オンラインで実施（複数回答）。
出典：DBJ・JTBF アジア・欧米豪訪日外国人旅行者の意識調査―第 3 回新型
　　　コロナ影響度特別調査―より筆者作成。

位にランクされており、ハード、ソフト両面で一流の観光資源を有する日本の魅力が高く評価されている（**表 7-3**）。

　コロナ禍を機にインバウンド受け入れ体制を一度リセットし、次の拡大フェーズを見据えた柔軟な新インバウンド市場創出に向けて、政府や自治体そして民間でも取り組みが始まっている。まず、観光旅行先として多くの国から支持されている日本の最優先課題は、受け入れる国々の分散化である。アジアでは新興国の高い経済成長を支え、加盟 10 ヵ国で約 6.5 億人の人口を有する ASEAN 諸国の所得水準の上昇に伴い、中間層の海外旅行需要が急速に高まっており、欧米に比べ自国から至近距離にある日本への誘客は今までの東アジア 4 ヵ国偏重からの脱却の第一歩となる。受け入れ側のホテル、レストラン業界の課題は、ASEAN 10 ヵ国人口の 4 割以上を占めるムスリム（イスラム教徒）観光客の受け入れ体制を整えることである。特にイスラム法の戒律に従って行動する旅行客にとっては、食に関するきめ細かい配慮と関連した情報の提供、そして礼拝環境（場所と用具）の整備が宿泊先選定時の最大の関心事であるからだ。

　二つ目は欧米豪からの観光客の行動パターンの理解と対応である。コト消費（体験や経験を重視した消費行動）に時間とお金をかけること、そして観光に対するサステナビリティー（持続可能性）の意識が定着している国々である。さらに 1 ヵ所に長期滞在する傾向が強いこと、また高額でも唯一無二の旅行体験を求める富裕層、超富裕層の発地であることは、日本が目指す新しい観光立国

の姿である「量から質へ」の取り組みにも合致している。先進国のトレンドを再確認して付加価値の高い商品やサービスを開発し適正な価格で提供することは、収益基盤の強化を通じてホテル経営の安定をもたらすものでもある。

　以上のようにインバウンド市場の多様化、高品質化が進展する中で、日本の観光業界、とりわけその中心に位置するホテル業界は、それぞれのマーケットを熟知し最適な商品とサービスを提供するために従業員の教育を見直すことが必要である。世界 No. 1 の評価を受けている和のおもてなしに安住することなく、多様な国々の生活様式や慣習を基本から学ぶことにより、一様ではないインバウンドの CS の向上に努めることが求められているのである。

第 4 節　ホテル経営の二つのグローバル化

1.　外資系ホテルの事業展開

　京都を中心に内外の富裕層の取り込みを目指す超高級ホテルの開業が相次ぐ。コロナ前から計画されていた案件がほとんどであるが、訪日客が消滅しても計画見直しは少ない。その大半が外資系ホテルチェーンであり、日本初上陸あるいは新ブランドでの開業である。マリオット・インターナショナルの日本での運営施設が 2022 年の初めに 70 施設を超え、初めて軒数ランキング TOP 10 にランクインしたが、外資系ホテルチェーン各社がこぞって日本進出に力を入れる主な要因を考えてみる。

　まず日本は潜在的に高級ホテルが足りず、今後高い成長が見込める点が挙げられる。**図 7-7** に示す通り、日本国内の五つ星ホテルは 34 軒と世界の主要国を大きく下回っており、世界 3 大都市で比べてもロンドン 82 軒、ニューヨーク 74 軒に比べ東京は 22 軒にとどまっている（軒数はいずれも 2022 年 8 月現在 Five Star Alliance 社登録の五つ星ホテル数）。その上で、次に挙げられる要因は、現在 30 ものブランドで世界展開を図っている米マリオット・インターナショナル（**図 7-8**）に代表される、大手外資系チェーンの巧みなマルチブランド戦略である。米シカゴに本社を置くハイアットホテルズ＆リゾーツは、現在東京都内で 5 ブランドを展開するが、おのおの異なるグレード、運営業態により競

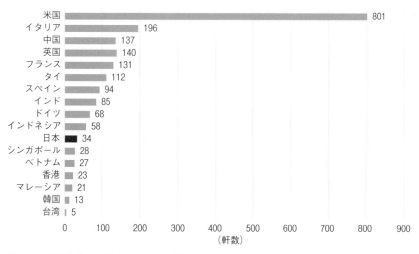

図7-7　国別「五つ星ホテル」の状況（2020年6月現在）
出典：観光庁「上質なインバウンド観光サービス創出に向けた観光戦略検討委員会」
第1回会議配布資料より筆者作成。

図7-8　マリオット・インターナショナルの全ブランド（2022年8月現在）
出典：マリオット・インターナショナルHPより。

合を回避し棲み分けを図っている[7]。市場のポジショニングを踏まえた多角的なブランドマネジメントは、多店舗展開を容易にするのである。そして外資系ホテルチェーンの最大の強みは、その事業展開方法である。土地や建物をできるだけ自社で所有せず、オペレーターとして売上に応じて手数料を受け取る「運営受託」や、ブランド、ノウハウ等運営ソフトを提供して加盟料と運営指

導の対価を得る「フランチャイズ（FC）」など、いわゆる「アセットライト戦略」である。ホテル建設に伴う巨額の投資資金が不要であるうえ、運営以外の固定費負担も少ないため、コロナ禍が拡大した 2020 年度にホテル各社が赤字決算に追い込まれるなか、マリオットは世界でホテル開業を加速させながらも、大幅減収ながら黒字を確保している。

　各国からの富裕層の誘客力を備え、上質で世界レベルの宿泊施設の整備の促進に関しては政府（観光庁）も後押しをしており、現在ある五つ星ホテルの整備計画・構想に対して、自治体と民間関係機関と連携して人材育成などのソフト面と資金調達面から支援を行う計画が進んでいる。日本進出の条件がすべて揃う好環境の下、強力なブランド力を持ち、効率的な運営ができる大手外資系ホテルチェーンの日本進出の勢いはまだしばらく続くと思われる。

2.　日本のホテルチェーンとグローバル化

　外資系のホテルチェーンが着々と日本に足場を築く中で、日本のグローバルホテルチェーンが今後の事業展開にあたりどのような道筋があるのかについて考えてみる。**図 7-9** はコロナ直前の 2019 年度に過去最高の 27.9 兆円を記録した国内旅行消費額の日本人と訪日外国人の内訳である。日本人の消費額は全体の 80 ％を超えており、これは観光立国として政府がコロナ前に掲げ、今後も

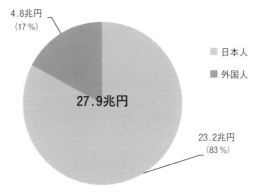

図 7-9　2019 年度 国内旅行消費額
注：日本人には日帰り旅行（4.8 兆円）ならびに海外旅
　　行の国内分（1.2 兆円）を含む。
出典：観光庁 統計情報・白書より筆者作成。

継続して目指すことを明言している 2030 年の目標、訪日外国人観光客数 6,000 万人、旅行消費額 15 兆円を大きく上回る。コロナ禍が長引く中で、マイクロツーリズム（自宅から車でおよそ 1 時間圏内の地元や近隣への短距離観光のこと）やワーケーション（都会を離れてリゾート地等、普段の職場とは異なる場所で働きながら休暇取得等を行う仕組み）といった新しい観光・宿泊旅行の形が定着する国内において、すでにそのブランドが浸透し、最大の強みである日本人の心を掴むホスピタリティに定評がある日系ホテルチェーンは、まずはインバウンドに頼らない仕組みを確立し足元を固めることが先決である。一方で、日本進出を本格化させる外資系ホテルは国内でマネジメント人材を必要としており、内外のホテルでの実務経験も含む充実したマネジメント・トレーニング・プログラムを通じ、日本人の運営と経営のプロ育成に力を入れている。日本のホテルの大まかな売上構成は、宿泊 30％、料飲 30％、宴会 30％、その他 10％といわれており、料飲と宴会を合わせると宿泊の 2 倍にもなる。海外のホテルでは売り上げの 70〜80％を宿泊部門で占めており、日本のホテルの発展過程、特にバブル経済の時期を経る中で、大規模な一般宴会と結婚披露宴が収益の大きな柱になるという世界的には極めて特殊な事業構造である。このような発展を遂げてきた日本のホテル業態と地域性の高い日本のマーケットに適応するためには、グローバルスタンダードのホテル経営システムを身に付けた日本人の総支配人を育成し、配置することが必要とされているのである。また国もホテル・旅館向けの初めての国家技能検定試験「ホテル・マネジメント技能検定」を 2019 年 3 月より実施しており、将来のホテルマネジメント人材の育成に乗り出している。

　国内勢ではすでにいくつかのチェーンが海外進出を積極化している。星野リゾートは、2017 年の「星のやバリ」（インドネシア）を皮切りに、台湾、ハワイ、中国とほぼ毎年のベースで出店を続け、オークラニッコーホテルズは「オークラ」、「ニッコー」、「JAL シティ」の 3 ブランドを内外で展開、現在の海外 26 軒を 2024 年度までに 39 ヵ所に増やす計画である。また西武・プリンスホテルズワールドワイドは、海外 33 軒 5,570 室を海外展開のためのラグジュアリーブランド「ザ・プリンスアカトキ」を筆頭にしたマルチブランドをそれぞれに適した契約形態で運営している。これらホテルチェーンの共通点は、今

後一層ホテル需要が高まる中国（本土）や東南アジアの主要都市に注目をしているところ、そしていずれのチェーンも国内での展開の手を緩めずに攻守一体の戦略を続けていることである。

　国内のホテルにおいては、グローバルスタンダードの経営ノウハウを熟知した上で、今までのホテル運営の非効率な部分を一つ一つ洗い出し、生産性を上げ、収益を確保・向上させることができる運営体質に変えることが必要である。同時に海外展開において求められることは、世界が高く評価し、その体験を心待ちにしている日本の和の文化の本質をハード、ソフト両面で広く認知してもらうことである。この二つのグローバリゼーションのバランスの取れた融合により、世界規模での会員組織の拡大、充実を通じて日本のホテルが外資系

COFFEE BREAK

英国の「ハイティー」は富裕層のお茶の時間？

　このところ、「ハイティー」と銘打ったお茶とちょっと豪華に食事のプランを提供する高級ホテルのレストランをよく目にします。いわゆる「アフタヌーンティー」と区別がつかなくなってしまっているようです。

　本来のハイティーは、19 世紀後半から 20 世紀初めにかけ、イングランド北部やスコットランドの労働者階級や農民の生活の中から生まれました。丸一日みっちり働いて帰宅した人々の空腹を満たすための夕飯であり、主役はアフタヌーンティーのようなケーキやスコーンではなく、パンにチーズ、そして肉や魚などの温かい料理だったのです。

　ハイティーの語源は、仕事から帰宅して立ったまま高いテーブルで食事をとったためとか、アフタヌーンティーのように優雅にお茶とお菓子を楽しむ低いテーブルに対して、しっかりとした食事用の大きなテーブルをハイ（高い）テーブルと呼ぶところから来ているなどといわれていますが、いずれにしてもハイ（high）を豪華でフォーマルと捉えるのは間違いです。また、英国では「ティー」が時に食事であることも知っておくと役に立ちます。

高級ホテルチェーンと肩を並べることができるようになる。そして待たれるのは、これを実現することができるグローバルマインドを持つ有能な日本人ホテリエの輩出であることは言うまでもない。

●注

1　職種（職業）は職務（job）と課業（task）から成り立つ。例えば、ホテルのフロントは職務にあたり、宿泊という職種の一つであり、その課業の一つとしてレセプション（チェックインとチェックアウト）という業務がある。

2　仕事をこなすために必要な「知識」と「技術・技能」に加えて、「成果に繋がる職務遂行能力（スキル）」を、業種別、職種・職務別に整理したもの。平成14年度から整備を始め、現在、業種横断的な経理・人事等の事務系9職種および56業種を網羅しており、公的な職業能力の評価基準として企業の採用や人材育成、人事評価、さらには検定試験の「基準書」等、さまざまな場面で活用されている。「ホテル業」の基準は、平成16年に策定され、平成21年4月に改訂したもの。

3　厚生労働省　ホテル業　https://www.mhlw.go.jp/stf/newpage_08522.html
　共通能力ユニット、職種別選択能力ユニット内の各能力ユニットにリンクが貼られており、クリックしてそれぞれのファイル（エクセル形式）を開くことができる。

4　アメリカで開発されたホテルビジネスにおける統一会計基準。ユニフォーム会計システム（Uniform System of Accounts for the Lodging Industry：USALI）と呼ばれ、ホテル部門別管理会計のグローバルスタンダードになっており、ホテル間の相対評価をすることやホテルを投資対象とする際の尺度としても有用である。

5　1948年に公布された厚生労働省の法律。旅館業にはホテル営業、旅館営業、簡易宿所営業および下宿営業の4種に分類されていたが、2018年6月に改正旅館業法が施行され、これまで別々だった「ホテル営業」と「旅館営業」が、「旅館・ホテル営業」に統一された。改正前の旅館業法では、洋式の構造・設備を主としている宿泊施設をホテル、和式が中心のものを旅館と定めていた。

6　ホテルの部門利益を見ると、宿泊が約60％、宴会40％前後、そして料飲30％程度と宿泊の利益率が飛び抜けて高い。ホテル本来の宿泊機能に特化するブランドを新たに投入することは企業の高収益化を図る動きである。以下、主な新ブランドを列挙する。
　※ブランド名：チェーン名　スマートイン：西武・プリンスホテルズワールドワイド、THEシリーズ‐アイコニック・キャンバス：ロイヤルパークホテルズ、ダイワロイネットホテル：ダイワロイヤルホテルズ、レム・レムプラス：阪急阪神第一ホテルグループ、京王プレッソイン：京王プレッソイン（京王電鉄グループ）、ヴィスキオ：JR西日本ホテルズ、JR東日本ホテルメッツ：JR東日本ホテルズ、Zentis（ゼンティス）：パレスホテルグループ、リーガプレイス・リーガグラン：リーガロイヤルホテルグループ

7　下図の通り。（2022年1月現在）

グレード（価格帯）	運営業態	ブランド	部屋数	開業年	立地
Luxury	宿泊主体型ラグジュアリー	パークハイアット東京	177	1994	新宿
	ラグジュアリーデザインホテル	アンダーズ東京	164	2014	港区虎ノ門
Upper Upscale	シティホテル	グランドハイアット東京	387	2003	港区六本木
	ライフスタイルホテル	ハイアットセントリック銀座東京	164	2018	銀座
Upscale	シティホテル	ハイアットリージェンシー東京	746	1980	新宿
Midscale					
Economy					

出典：筆者作成。

【引用文献・資料】

Denton, G., L. E. Raleigh, and A. J. Singh (2009), *Hotel Asset Management: Principles & Practices* (Second Edition), The American Hotel & Lodging Educational Institute.（庄司貴行訳『ホテルアセットマネジメント－原理と実践』，立教大学出版会，2014 年）

Kotler, P., J. Bowen, and J. Makens, (2003), *Marketing for Hospitality and Tourism*, Pearson Education.（白井義男監修，平林祥訳『コトラーのホスピタリティ＆ツーリズム・マーケティング』，ピアソン・エデュケーション，2003 年，p. 482）

一般社団法人日本宿泊産業マネジメント技能協会（2020），「ホテルマネジメント概論」，ぎょうせいデジタル。

オータパブリケイションズ（2021），『ホテルデータブック 2021』。

――(2022a)，『ホテルデータブック 2022』。

――(2022b)，『週刊ホテルレストラン』（2022 年 2 月 11 日号，2022 年 3 月 4 日号，2022 年 3 月 11 日号，2022 年 3 月 18 日号，2022 年 4 月 15 日号，2022 年 6 月 3 日号）。

観光庁「上質なインバウンド観光サービス創出に向けた観光戦略検討委員会」。
　https://www.mlit.go.jp/kankocho/joushitsukanko_kentoukai.html　（2022 年 6 月 10 日閲覧）

――「統計情報・白書」統計情報「旅行・観光消費動向調査」。
　https://www.mlit.go.jp/kankocho/siryou/toukei/shouhidoukou.html　（2022 年 6 月 10 日閲覧）

厚生労働省「職業能力評価基準について」。
　https://www.mhlw.go.jp/stf/seisakunitsuite/bunya/koyou_roudou/jinzaikaihatsu/ability_skill/syokunou/index.html　（2022 年 7 月 14 日閲覧）

――「衛生行政報告例（生活衛生関係）」。

https://www.mhlw.go.jp/toukei/saikin/hw/eisei_houkoku/20/dl/kekka3.pdf
（2022 年 7 月 14 日閲覧）

杉原淳子・金子順一・森重喜三雄編著（2009），『新ホテル運営戦略論』，嵯峨野書院。

ダイヤモンド社（2022），「ホテル序列大激変」，『週刊ダイヤモンド』，2022 年 8 月 20 日号。

田尾桂子（2016），『グローバルオペレーターが変えるホテル経営』，白桃書房。

DBJ・JTBF アジア・欧米豪訪日外国人旅行者の意向調査（第 3 回 新型コロナ影響度 特別調査）。

https://www.jtb.or.jp/wp-content/uploads/2022/02/report-DBJ-JTBF-asiaeuro-survey-2022-covid19-3.pdf （2022 年 6 月 10 日閲覧）

デロイトトーマツ FAS 編著（2009），『金融・不動産の視点から見るホテルマネジメント 15 のポイント』，銀行研修社。

徳江順一郎（2013），『ホテル経営概論』，同文舘出版。

──編著，長谷川惠一・吉岡勉（2014），『数字でとらえるホスピタリティ：会計＆ファイナンス』，産業能率大学出版部。

仲谷秀一（2004），『新総支配人論』，嵯峨野書院。

──・杉原淳子・森重喜三雄（2006），『ホテル・ビジネス・ブック』，中央経済社。

ハイアットホテルズ＆リゾーツ　コーポレートサイト。

https://about.hyatt.com/ja.html

マリオット・インターナショナル　ホームページ。

https://www.marriott.co.jp/marriott/aboutmarriott.mi

山口一美（2015），『感動経験を創る！ホスピタリティ・マネジメント』，創成社。

第8章
テーマパーク・イベント事業

POINT

・国民生活において重要な位置づけにある「レジャー・余暇生活」関連市場の現状について概況する。
・レジャー・余暇関連産業の「観光・行楽部門」の一つであるテーマパークの定義や遊園地との違いについて解説したうえで、その特性をまとめる。
・日本の遊園地・テーマパークの現状について売上高や入場者数の推移から分析する。
・観光におけるイベントの役割とイベントツーリズムについて理解する。
・イベントが地域の競争力にとってますます重要な要素であり、コミュニティの構築から都市の再生、文化の発展、国民のアイデンティティの育成といった重要な役割があることを理解する。

第1節　レジャー・余暇関連市場

　コロナ禍の影響を受けて、国民生活全般において大きな変化が生じたが、とりわけレジャー・余暇活動をめぐる変化は目立っている。

　内閣府が実施している「国民生活に関する世論調査」を見ると、今後の生活の力点についての質問に対して、「レジャー・余暇生活」を挙げた割合が2018年には35.2％で最も高く、以前の調査でも継続的に最上位となっていた。しかし、2019年の調査ではそれまでになかった「健康」が調査項目として追加され、「健康」を挙げた割合が66.5％で最も高く、「レジャー・余暇生活」は

28％で「健康」、「資産・貯蓄」に次いで3位となっている。2020年はコロナ禍の影響で調査が中止されたが、2021年の調査では「健康」69.5％、「資産・貯蓄」37.9％、「食生活」36.1％、「レジャー・余暇生活」33％となっている。

　また、公益財団法人日本生産性本部が実施している『レジャー白書』を見ると、2011年以来2019年までの余暇市場はわずかに増加傾向にあり、「国内観光旅行（避暑、避寒、温泉など）」の参加人口は9年連続の首位となった。しかし、コロナ禍の影響を受けて、2020年の結果では、外出や移動を伴う多くの活動が順位、参加人口とも前年を下回り、在宅や近場で行える活動の順位が上昇した。「国内観光旅行」は「動画鑑賞（レンタル、配信を含む）」、「読書（仕事、勉強などを除く娯楽としての）」、「音楽鑑賞（配信、CD、レコード、テープ、FMなど）」に次いで4位となった。同白書によると、コロナ禍が続いた2020年は、映画鑑賞や読書をはじめとする在宅レジャーの参加人口が上位となる一方、これまで中心的な余暇活動であった観光や外食などが大きく減少、余暇関連市場全体規模も前年比23.7％減の55兆2,040億円と大幅に減少したとまとめられている。

　以上のように、コロナ禍の影響を受けて、国民のレジャー・余暇活動の傾向に大きな変化はあったものの、それまでの各種調査結果から国民生活において「レジャー・余暇生活」は重要な位置づけにあるといえる。

　ちなみに前述の『レジャー白書』は、日本のレジャー・余暇関連統計における最も権威ある指標であるといわれており、この市場の動向を知るための指標として広く活用されている。そこでは、レジャー・余暇関連市場を「スポーツ」、「趣味・創作」、「娯楽」、「観光・行楽」の四つの部門に分けており、「観光・行楽部門」には旅行業、宿泊業、交通業、遊園地・テーマパークなどがある。

　第2節では、レジャー・余暇関連産業の「観光・行楽部門」の一つであるテーマパークについて理解する。

第2節　テーマパーク

ここでは、テーマパークの定義や遊園地との違いをまとめた上で、テーマ

パークの特性と日本のテーマパークの現状について概説する。

1.　テーマパークの定義

　経済産業省の「特定サービス産業実態調査」では、遊園地とテーマパークについて次のように定義している。

　遊園地とは、「主として屋内、屋外を問わず、常設の遊戯施設[1]を3種類以上（直接、硬貨・メダル・カード等を投入するものを除く）有し、フリーパスの購入もしくは料金を支払うことにより施設を利用できる事業所」である。

　テーマパークとは、「入場料をとり、特定の非日常的なテーマのもとに施設全体の環境づくりを行い、テーマに関連する常設かつ有料のアトラクション施設[2]を有し、パレードやイベントなどを組み込んで、空間全体を演出する事業所」と定義されている。

　「特定サービス産業実態調査」は1973年から実施されてきたが、遊園地・テーマパークが調査対象業種に加わったのは1986年である。当時は両者間の区別はされておらず、遊園地という大きな枠組みの中で両者が定義されていたが、1993年の調査から「遊園地」と「テーマパーク」を明確に区別しそれぞれの定義で、調査が実施された。

　海外ではテーマパークと遊園地は区別されずに一般的にアミューズメント・パークという名称で呼ばれているのに対し、近年のテーマパークに関する研究では、上記の「特定サービス産業実態調査」での定義が最も多く引用されている。

2.　遊園地とテーマパークの比較

　遊園地とテーマパークの一番大きな違いは、明確な統一されたテーマの有無であるといえる。さらに、そのテーマに沿ったストーリー性の有無や、パークを構成する複合的機能がテーマに見合った形で構成されているか否かで、遊園地とテーマパークを区分するのが一般的である。テーマパークは明確な統一されたテーマをもち、そのテーマに沿ったストーリー性で園内の空間全体を演出し、非日常の雰囲気の中で多様な体験や活動ができる複合的要素で構成されている。

表8-1　遊園地とテーマパークの比較

	遊園地	テーマパーク
立地	都市郊外	都市郊外と観光地
集客範囲	狭い	広い
滞在日数	ほとんど日帰り	宿泊客が多い
来客ピーク	休日に集中	やや分散
団体客	学校遠足中心	修学旅行やパック客
客層	若者・子ども中心	幅広い
リピーター	多い	高まりつつある
規模	テーマパークより小さい	比較的大きい
施設	共通性がある	独自性が高い
コンセプト	ハード面重視	ハードとソフト両面重視
料金	比較的安い	比較的高い

出典：奥野（1998）を基に筆者加筆・修正。

　奥野（1998）は、多面的に遊園地とテーマパークを比較検討している。それをまとめたのが**表8-1**である。遊園地に比べテーマパークの方が観光地などにも立地されていることから宿泊観光客の占める比率が相対的に高いし、集客範囲が広く、集客階層に幅があり、比較的に規模が大きい。また遊園地は乗り物のようなハード面が重視されているのに対して、テーマパークはハード面とショーやイベントのようなソフト面の両方が重視されているのも大きな違いであるといえる。

　西村（2001）は、次のような説明で遊園地とテーマパークを区別している。遊園地は乗り物に乗っている時だけが楽しい時間で、乗り物以外の景色やベンチ、電灯などのデザインにテーマ性・統一性はない。しかもこれらの遊園地の乗り物のほとんどが内製ではなく、外部の乗り物業者からのリースであるため、どの遊園地もよく似ていて独自性が低い。

3. テーマパークの特性

　前述のテーマパークの定義からも分かるように、テーマパークの本質は、特定の非日常的なテーマのもとに施設全体が構成されていることにある。ここで

は、テーマパークの特性について、本質的特性とレジャー・余暇関連事業としての特性に分けて説明する。

本質的特性

　テーマパークに関するさまざまな文献を見ると研究者によってその定義も多様であるが、テーマパークは訪問客に楽しみを与えるためにハードウェアとソフトウェアの二つの要素で構成されているというのは共通した認識であるように見受けられる。上記の「特定サービス産業実態調査」での定義に基づくと、ハードウェアの要素は乗り物のようなアトラクションであり、ソフトウェアの場合は、パレードや各種イベントであるといえよう。近年は、該当テーマパークのテーマをアピールできるコンテンツ開発や独自性のある演出および雰囲気づくり、顧客満足度を高めるためのサービスを構築するソフトウェアにより力を入れる傾向にある。

　井手（1998）は、テーマパークの特徴として、「テーマ性：特定のテーマが設定されていること」、「閉鎖性：閉鎖的な空間が確保されていること」、「レジャー性：だれでも楽しめるように工夫されていること」、「複合性：さまざまな施設が揃い機能が複合化されている」、「統合性：一体的に運営されている」の五つを挙げている。

　ファン・ソン（2005）は、テーマパークは「テーマ性」、「排他性」、「レジャー性」、「非日常性」、「独自性」、「統一性」、「総合性」の七つの本質的特性を持っていると述べた。

　Kim（2017）はテーマパークについては多様な定義があるが、共通して「テーマ性」、「統一性」、「非日常性」、「ストーリー性」の本質的な特性に基づいている点に注目すべきであると主張した。

　以上のようなさまざまな先行研究に基づき、テーマパークの本質的特性は次のようにまとめられる。

　まず、「テーマ性」を挙げることができる。一つの中心的テーマまたは連続性をもつ複数のテーマで構成されており、そのテーマに沿った施設物やイベント、各種サービスで訪問客を楽しませる役割を果たすのがテーマパークである。

　また、「非日常性」の特性がある。日常的な空間とは完全に区別され、園内では現実を忘れて一つの独立したファンタジーの世界を経験することになる。人々は非日常と非現実を求めてテーマパークを訪れるわけで、園内が日常空間・現実との区別のない環境だとしたら、訪問客の満足度は下がってしまうことになる。

　三つ目の特性として「統一性」がある。上記のテーマ性と関連があるが、設定されたテーマに基づき、アトラクション、施設、建築物のデザインなど園内のすべての構成要素が統一されたイメージで演出されている。

　最後に、「複合性」を挙げることができる。テーマパークではただ楽しむだけではなく、余暇活動、文化活動、教育活動、リフレッシュ等の幅広い活動ができる空間としての複合性を持っている。複合性から分かるようにテーマパークに対する人々のニーズやウォンツが多様化されている中で、それに対応できるようにハードウェア面とソフトウェア面の両方を充実させていく必要がある。

事業特性

　長沼（1993）は、テーマパーク事業が、一般のレジャー事業が労働集約型か資本集約型のどちらかに特化しているものが多い中で、この両方が相まった事業といえることからも、この点の整合性を求めることは非常に大事であると述べた。

　一般的にテーマパークの事業特性としては、立地性、季節性、資本集約性、労働集約性の四つを挙げることができる。

●「立地性」

　テーマパークの主な顧客はその地元周辺の地域の人々であり、地元の人に受け入れられる施設であることが第1であると根本（1990）が主張しているように、周辺人口とアクセスの良さという立地条件がテーマパークを成功させる重要な要因である。日本のテーマパークで成功事例として最も多く取り上げられる東京ディズニーリゾート（以下、TDR）は、関東で約3,000万人の市場があり、東京駅から最寄り駅の舞浜駅に約15分で着くというアクセスの利便性を誇っている。

● 「季節性」

　テーマパークに限らず、屋外型施設の場合は天候や季節に左右される。雨天や降雪、台風などの悪天候の場合は当然外出を控え、テーマパークに行こうとは思わないし、安全上の問題も生じてしまう。また、夏休みや年末年始、ゴールデンウィークなどの大型連休と重なる「オンシーズン」であっても、悪天候の条件下では入場者数は落ちるし、季節によっても入場者数が大きく変動する。よって、各施設では天候や季節による偏りを避け、集客の平準化を図るため、さまざまな取り組みを行っている。

● 「資本集約性」

　テーマパークの建設には巨額の投資が必要となるし、投資はハード面のみならずソフト面においても、また開業時の初期投資だけでなく、継続的な投資も必要になることから資本集約性が高い。一般的にリゾート施設やテーマパークは開業二年目以降に客足が鈍るケースが多いといわれ、落ち込みを防ぐにはリピーターを獲得することが必須で、そのためには施設の追加やリニューアルが重要になる。

● 「労働集約性」

　テーマパークの場合、乗り物や遊戯施設などの有形的・物理的サービスはもちろん従業員、プログラム、イメージなどの無形的・非物理的サービスを総合的に提供する空間で、他の観光施設よりも無形的・非物理的サービスのクオリティが顧客満足に与える影響が大きい空間である。テーマパークの運営において重要な鍵になるのは、顧客満足の維持および向上であることは言うまでもない。テーマパーク内で提供される無形的・非物理的サービスのクオリティは提供する人に大きく依存しそれが顧客満足に大きく影響するため、労働集約性が高いと理解することができる。

4.　日本のテーマパーク

　日本では、TDL と長崎オランダ村の開園年である 1983 年を一般的に「テーマパーク元年」と称している。TDL はウォルト・ディズニーのアニメの世界を、長崎オランダ村はオランダの町並みを再現した。また、2001 年には世界で唯一「海」をテーマとした東京ディズニーシー（以下、TDS）が千葉県浦安

市に、ハリウッド映画の世界を体験できるユニバーサル・スタジオ・ジャパン（以下、USJ）が大阪府大阪市に開園され、2001年以降はテーマパークの東西二強時代といわれている。

東西二強時代とは、テーマパークの需要が関東周辺はオリエンタルランドが経営するTDLとTDSを合わせたTDRに、関西周辺はユー・エス・ジェイが経営するUSJに集中していることを意味する。中島（2011）は、TDL設立と成功、そしてその後のTDS、USJ設立以前は、それなりに地域密着型の遊園地・テーマパークも集客できていたが、2001年の東西二強時代を迎えて、「遊園地・テーマパークに行く」としたらTDRまたはUSJに行くという文化が根づいてしまったのではないかと指摘している。

長沼（1993）によると、日本のテーマパークの主なテーマは、①特定の人物やキャラクターをテーマとしたもの、②海外の都市や施設をテーマとしたもの、③日本各地の歴史・文化をテーマとしたもの、④科学とハイテクをテーマとしたもの、⑤日本各地の伝統芸能をテーマとしたもの、⑥各種のスポーツや遊びをテーマとしたもの、⑦芸術をテーマとしたもの、⑧民俗をテーマとしたものなどがある。

奥野（1998）は、日本のテーマパークの内容を考察すると、外国・歴史・ファンタジーに大別されるとし、外国学習や歴史学習の施設としての性格も有しているし実物大展示が「村」規模となった博物館の機能も果たしていることから、修学旅行先として選定されていると説明している。例えば、外国をテーマとしているのは、オランダを再現したハウステンボスとスペインをテーマとした志摩スペイン村が、歴史は日光江戸村と博物館明治村が、ファンタジーはテーマパーク東西二強と呼ばれているTDRとUSJが該当する。

5. 日本の遊園地・テーマパークの現状

経済産業省の「特定サービス産業動態統計調査」では、遊園地とテーマパークを区別せずに、遊園地・テーマパークという項目で調査を実施している。その調査によると、遊園地・テーマパークの2019年の売上高は7,184億円で前年比1％の増加となっており、2019年までは堅調な推移が続いていた。その要因としてはインバウンド客急増などの追い風もあり、好調な集客を受けて

TDL や TDS、USJ などで大型リニューアルが相次いだことが挙げられた。

　しかし、2020 年の 2 月頃から世界的に拡大し始めた新型コロナウイルス感染症の影響で、緊急事態宣言の発出を受け、順次休園したことから業界全体で大幅な需要減に見舞われ、これまで堅調だった状況は一変した。2020 年の売上高は 2,638 億円で前年比 63.3 ％減となったが、その後、入場者数の大幅な制限と感染対策の徹底の下で営業を再開し徐々に回復され、2021 年の売上高は3,055 億円で前年比 15.8 ％増となった（**図 8-1**、**図 8-2**）。

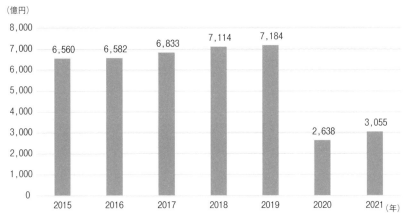

図 8-1　遊園地・テーマパークの売上高合計の推移
　出所：経済産業省「特定サービス産業動態統計調査」より筆者作成。

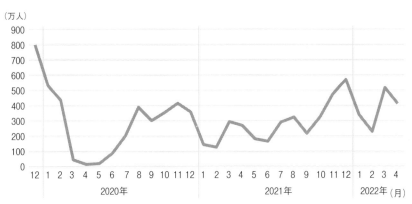

図 8-2　遊園地・テーマパークの入場者数の推移
　出所：経済産業省「特定サービス産業動態統計調査」より筆者作成。

表 8-2　日本の主要テーマパークの入場者数

	施設	2018 年度		2019 年度		2020 年度	
		入場者数（人）	前年度比	入場者数（人）	前年度比	入場者数（人）	前年度比
1	東京ディズニーランド・東京ディズニーシー	32,558,000	8.2 %	29,008,000	-10.9 %	7,560,000	-73.9 %
2	ハウステンボス	2,722,000	-5.5 %	2,547,000	-6.4 %	1,386,000	-45.6 %
3	サンリオピューロランド	2,190,000	10.6 %	1,987,000	-9.3 %	745,000	-37.3 %
4	志摩スペイン村　パルケエスパーニャ	1,219,000	1.8 %	1,188,000	-2.5 %	680,000	-65.8 %
5	東京ドイツ村	1,076,927	4.1 %	865,370	-19.6 %	633,648	-26.8 %

出典：レジャーランド＆レクパーク総覧より引用。

　さらに、入場者数の推移をみると、2020 年 4 月は約 13 万人と前年同月 98.0 ％まで激減した。COVID-19 の発生以来、その状況の変化と相まって、増減の繰り返しはあったものの低迷が続き、コロナ禍以前の状況までには回復できていない。

　ここからはテーマパークだけの入場者数の推移を見てみる。綜合ユニコムでは全国の主要なレジャー・集客施設を対象に、最新の運営実績と集客動向についての調査を実施し、その結果を『レジャーランド＆レクパーク総覧』で報告している。調査で用いられる業態カテゴリは、テーマパーク、遊園地、動物園、水族館、ミュージアムなどの 10 業態である。その調査結果に基づき、主要テーマパークの 3 年間の入場者数をまとめたものが**表 8-2** である。

　USJ はデータを公表していないため、ランクから除外されている。**表 8-2** を見ると分かるように、TDR は 3 年間だけではなく、TDL の開園以来入場者数のトップを維持しているが、2020 年度は 756 万人（73.9 ％減）で開園した 1983 年度以来の 1,000 万人割れとなった。また、2018 年度は上位 5 施設のうちハウステンボスを除く四つのテーマパークにおいて入場者数が前年度に比べ増加しているが、2019 年度と 2020 年はすべての施設でマイナス基調となった。2019 年度は消費税の引き上げとそれに合わせたチケット料金の値上げ、関東地方を直撃した大型台風等が響いたうえ、翌年は、COVID-19 による臨時休業や入場規制、イベント中止など、運営上の大きな制限を余儀なくされたことが数値と

して色濃く現れていると解釈できる。

　ウィズコロナ時代に突入し、日常生活や観光においても新しいスタイルが求められるなか、遊園地・テーマパークの楽しみ方も大きな変化を迎えており、それに対応していく必要がある。

第3節　イベント

1.　イベントの役割

国や地域のイメージ形成

　イベントは、旅行の動機として重要な要素で、開催する都市や国のイメージを形成する効果があり、潜在的な旅行先の認識に繋がるとされている。世界中のメディアの注目が開催都市に集中することから、たとえ比較的短い期間であっても、その宣伝価値は非常に高い（Getz 2004, p. 25）。Kotler and Rein（1993）によると、これまで経済発展の伝統的アプローチは、建物などのハード面を重視したインフラ投資が強調されてきたが、産業、文化、特に観光の経済的価値を高めることはコミュニティのイメージを高め、観光客を引き付けるとして、イベントの価値が認められているという。したがって、「イベント・マネジメント」（後述）は、観光地のみならず目的地の競争力に影響を与えることから、近年成長する専門分野と位置づけられている。

大規模な都市開発や技術革新

　万博やオリンピック・パラリンピックなどのメガイベントは、都市の大規模な再開発計画としての役割があり、国の支援を受けて行われる。Dungan（1984）は、パリのエッフェル塔やシアトルのスペースニードル（**写真 8-1**）など、万博のためにデザインされた建造物は、都市の貴重で恒久的なシンボルになったとした。わが国では、1964 年の東京オリンピックを機に東海道新幹線の開通や首都高速道路、東京モノレールなどのインフラが整備された。また、衛星放送技術により史上初めて静止衛星を利用して、米国にテレビ生中継が行われ（Kortemeier 2019）、競技の記録管理がコンピュータにより初めてリアルタイム

で実施された。1970 年の
大阪万博終了後は、市民が
集う万博記念公園として活
用、今後アリーナの整備な
どが予定されていることか
ら大規模スポーツイベント
やコンサートなどの誘致が
期待できる。

文化的意味

　地域の祭りや伝統行事、
フェスティバルなどは、さ
まざまなお祝いの形態や文
化的意味がある。この観点
には、収穫や季節の変化、

写真 8-1　スペースニードル
（米国ワシントン州シアトル）
出典：Seattle Premier Attractions.

地域の歴史や社会、政治、経済の側面からも興味深い事柄が多く見出せる。ま
た、祭りでの練り歩きやパレードは、地域やその国の価値観を反映したイメー
ジと象徴性が表現されている。イベントには、コミュニティの構築から都市の
再生、文化の発展、国民のアイデンティティの育成まで、果たすべき重要な役
割がある（Getz 2008, p. 403）。地域に根差したイベントは、多様で市民の誇りを
育むことを目的としたものが多く存在している。

アトラクションとしての役割

　一般にイベントは、地元や地域の観客に依存しているが、施設や地域を訪れ
た人たちがより長く滞在することで観光価値を持つことができる。前節でも述
べたようにテーマパークで特別なイベントが開催されるのは、そのためであ
る。また、イベントによって観光客の需要の拡大を図るだけでなく、施設や地
域の季節性や曜日特性、時間の集中度を考慮し、分散化を図ることで観光客の
満足度を向上させることが重要である。

2.　イベントの種類

　イベントは、文化、ビジネス、スポーツなどさまざまな分野があり、その目的も多様である。**図 8-3** は、イベントの類型を示している。

文化的祝賀	ビジネスと貿易	スポーツ競技
祭り	会議	アマチュア / プロ
カーニバル	コンベンション	観客 / 参加者
記念	トレードショー	**レクリエーション**
宗教行事	フェア、マーケット	楽しみのための
政治と国家	**教育と科学**	スポーツやゲーム
サミット	会議	
王室の行事	セミナー	
政治イベント		
VIP 訪問		
アート＆エンタテイメント		
コンサート		
授賞式		

図 8-3　イベントの類型

出典：Getz, D. (2008), "Event tourism: Definition, evolution, and research," *Tourism Management*, 29 (3), Fig. 1, Typology of planned events より筆者翻訳・加工・修正。

　では、上記の多様なイベントを主に三つのカテゴリに分けて説明しよう。

文化イベント

　祭り、カーニバル、宗教行事、芸術、音楽祭、コンサートや演劇などがこの分野のイベントとして含まれる。文化イベントは、伝統の保存や地域社会の肯定的な自己認識に繋がる、社会的、文化的資本の生成に加え、イメージの形成と観光の活性化、市民のプライドを確立するなどの価値が挙げられる。

　それぞれのイベント運営に関しては、さまざまなステークホルダー（利害関係者）の集まりによって共同制作され、協力しながらイベントの成功に向けて進めていく必要がある。そのステークホルダーとは、主催者（国・自治体・各種団体、民間企業等）、企業スポンサー、参加組織（パートナー、同盟国）、サプ

ライヤー（企業、団体等）、メディア、従業員、顧客、地域社会／住民、環境NGO/NPOなどが挙げられる。

　わが国の日本文化の情報発信に関しては、文化庁が各地の文化イベントを紹介するプラットフォーム「Culture NIPPON」や広報誌bunkal（ぶんかる）等で行っている。また、後述する「ふるさとイベント大賞」（p. 175 参照）にも各地の文化イベントが実施され、地域の活性化に寄与している。

ビジネスイベント

　ビジネスを目的としたイベントは、通常MICE（マイス）と呼ばれる。MICEとは、企業等の会議（Meeting）、企業等の行う報奨・研修旅行（Incentive Travel）、国際機関・団体、学会等が行う国際会議（Convention）、展示会・見本市、イベント（Exhibition/Event）の頭文字のことであり、多くの集客交流が見込まれるビジネスイベントなどの総称である（観光庁 2022）。その活動や定義、具体的な事例は**表8-3**に提示する。

　会議の目的地の選択は非常に重要であり、「参加者はビジネスや仕事上の目的を達成することに加え刺激的で、活気のある場所やめずらしい所に行きたい

表8-3　MICEの活動・定義・事例

	該当する活動	定義	例
M	・企業系会議 ・研修 ・セミナー	企業が目的に応じて 関係者を集めて行う会議	・外資系企業の支店長会議 ・車両販売代理店のミーティング ・海外投資家向けのセミナー
I	・企業の報奨 ・研修旅行	企業が、従業員や代理店等の表彰、研修、顧客の招待等を目的で実施する旅行	・営業成績優秀者に対する表彰 ・会社設立○○周年記念旅行
C	・大会 ・学会 ・国際会議	国際機関・団体、学会等が主催または後援する会議	・IMF・世界銀行総会 ・国際幹細胞研究会議 ・APEC貿易担当大臣会合 ・世界地震工学会議
E	・展示会 ・見本市 ・イベント	国際機関・団体、学会、民間企業等が主催または後援する展示会、見本市、イベント等	・東京モーターショー ・オリンピック ・東京国際映画祭 ・国際宝飾展

出典：日本政府観光局（JNTO）コンベンションビューローホームページ　MICEとは」を筆者加工。

と思っている」（Chacko ら 2000 p. 212）とされる。また、大会開催地の評判やイメージ（Zelinsky 1994）、ミーティングプランナーの視点が焦点になるともいわれている。MICE 産業は、地元市場の大部分を占めているため、専用の施設は地域経済を活性化し、観光客を増やし、目的地の全体的なイメージを高めることができる（Chen ら 2012）。また、MICE 関連の参加者は、他のレジャー客の2倍以上のお金を使い、滞在もより長いとされ、イベントの前・最中・後にさまざまな活動に参加することが多く経済効果が大きい。

　観光庁（2022）によると、世界全体の国際会議の開催件数は年々増加傾向にある。 国際機関・学会の本部の多くが設置されている欧州が世界全体の約半数を占めているものの、急速な経済成長を背景にアジアや中東地域においても開催件数が伸びている。

　2019 年の世界全体における国際会議開催件数は 1 万 3,254 件（対前年 317 件増）で、同年わが国における国際会議開催件数は、527 件で世界 8 位（2020 年5 月時点）であった。アジア大洋州主要 5 ヵ国（日本、中国、韓国、シンガポール、オーストラリア）における国際会議の開催件数に占めるわが国のシェアは30.4 ％である。

　このように国際的な MICE 誘致競争が激化するなか（**表8-4**）、諸外国、都市との誘致競争を勝ち抜くため、国では、「グローバル MICE 戦略・強化都市」として 2021 年 4 月現在、国内の 12 都市[3]を選定し、MICE 誘致力向上のための支援を行っている。

スポーツイベント

　「ビッグビジネス」としてのスポーツは、永続的なテーマである（Getz 2008, p. 411）。1980 年、90 年代の米国の都市ではスポーツ、エンターテイメント、観光を都市の収入源の一部として重視するようになった。インディアナポリスではスポーツが、いかに都市の好転を生み出すことができるかを示した。このことから 92 年には米国におけるスポーツ・ツーリズム産業を代表する業界団体として全米スポーツコミッション連盟（NASC）が設立されている。97 年にはスポーツ関連の旅行の調査が行われ、スポーツと観光の関係の理解を深めるとともに、専任スタッフの配置や情報収集に努め投資を呼び込むようにした。

表 8-4　会議誘致トップ 20 の国と都市（10 位までを抜粋）

トップ 20 の都市		トップ 20 の国	
1 Paris	237	1 U.S.A.	934
2 Lisbon	190	2 Germany	714
3 Berlin	176	3 France	595
4 Barcelona	156	4 Spain	578
5 Madrid	154	5 United Kingdom	567
6 Vienna	149	6 Italy	550
7 Singapore	148	7 China-P.R.	539
8 London	143	8 Japan	527
9 Prague	138	9 Netherlands	356
10 Tokyo	131	10 Portugal	342

出典：ICCA Statistics 2019 を筆者加工。

米国だけでなく北米では、多くの都市でスポーツイベントが行われている。英国では、マンチェスターをはじめとして、スポーツによる都市再生の取り組みが見られる。

　一方、わが国ではスポーツは主に教育の一環として捉えてきた影響か、諸外国に後れをとっているとの指摘もある。そこで、スポーツ庁（2022）では、スポーツ・ツーリズムや、多数の参加者・観衆が見込めるスポーツイベントの開催、大規模な大会やスポーツ合宿の誘致等、スポーツを核とした地域活性化に向けた取り組みを推進している。具体的には、スポーツ・ツーリズム需要拡大のための官民連携協議会や官民戦略プロジェクトを立ち上げ、スタジアム・アリーナ新設・立替構想は、2025 年までに 20 拠点を実現することとし、地域経済の持続的成長を目指している。また、スポーツ・ツーリズムは、観光のみならず e-sports や DX などオンライン技術を活用したものやアーバンスポーツ等まちづくりに関連したコンテンツへの拡大も図っている。

COFFEE BREAK

さまざまなイベントの中でも世界にはちょっと変わったお祭りがあります。

スペインのバレンシアに近い小さな村 Bunol（ブニョール）の町で毎年 8 月に行われる「La Tomatina Festival」です。この祭りでは、120 トンの赤いトマトを投げ合って戦うことで知られています。人口約 1 万人の村に地元の人や世界中の人々が集まってくる。最大収容人数は約 2 万 2,000 人。参加は 18 歳以上が条件です。このフェスティバルは、午前 12 時に開始されます。まず、トマトを積んだトラックが戦闘エリアを通り抜け、トラックの後ろにいる何人かの地元の人々が祭りの参加者全員にトマトを投げるのです。トラックが通り過ぎるとすぐに、参加者がトマトをすくうために一斉に地面に飛び込み、…もう、それは大変ユニークな体験になります。

写真　La Tomatina Festival（イメージ）
出典：iStock.

第 4 節　イベントの構造と評価

イベントはその目的や予算規模、参加者等によって大きく異なることを理解しよう。以下に示す**図 8-4** は、イベントの構造と評価を表している。**図 8-4** の上位にあるメガイベントは、BIE（博覧会国際事務局）の承認の下、国際博覧会条約に基づき開催される国際博覧会で、登録博覧会と認定博覧会の 2 種類がある。それぞれの要件は**表 8-5** に示す。

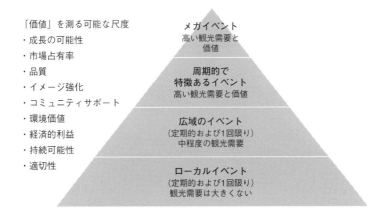

図 8-4　イベントの構造と評価

出典：Getz, Donald (2005), *Event management & event tourism* (2nd ed.), New York: Cognizant, Fig. 4,
The portfolio approach to event tourism strategy-making and evaluation を筆者翻訳・加工・修正。

表 8-5　国際博覧会

	登録博覧会	認定博覧会
開催期間	6 週間以上 6 ヵ月以内	3 週間以上 3 ヵ月以内
特徴	二つの登録博覧会には少なくとも 5 年以上の間隔を置く。	会場規模は 25 ヘクタール以内で、一つの参加国に割り当てられる面積は 1,000 m^2 以内。
開催実績	愛・地球博（2005 年・日本）	サラゴサ博（2008 年・スペイン）
	上海博（2010 年・中国）	麗水（ヨス）博（2012 年・韓国）
	ミラノ博（2015 年・イタリア）	アスタナ博（2017 年・カザフスタン）
	ドバイ博（2020 年・アラブ首長国連邦）	

出典：経済産業省（2022），「国際博覧会」https://www.meti.go.jp/policy/exhibition/index.html（2022 年
8 月 1 日閲覧）。

　なお、2025 年に予定されている日本国際博覧会（大阪・関西万博）は、登録博覧会に位置づけられる。

　では、ローカルイベントの事例を挙げてみよう。自治体と民間企業で構成される一般社団法人地域活性化センターでは、地域の個性を生かしたユニークなイベントが地域の魅力を高め、活力を生み出すことに繋がっているとして、特に優れたものを表彰し、全国に紹介している。大賞を受賞したイベントの事例を**表 8-6** に示す。

表8-6　ふるさとイベント大賞受賞事例

祭り	青森県五所川原市　立佞武多の運行 東京都新宿区　「鉄砲組百人隊」出陣 富山県小矢部市　源平火牛祭り 石川県白峰村　雪だるまウィーク 静岡県静岡市　大道芸ワールドカップイン静岡 広島県因島市　因島水軍まつり 長崎県長崎市　長崎ランタンフェスティバル 鹿児島県加世田市　吹上浜砂の祭典 沖縄県那覇市　一万人のエイサー踊り隊	スポーツ	北海道和寒町　全日本玉入れ選手権 北海道端野町　たんのカレーライスマラソン 北海道壮瞥町　昭和新山国際雪合戦 北海道本別町　とうもろこし3万坪迷路 広島県福山市　ゲタリンピック 福岡県柳川市　柳川ソーラーボート大会 佐賀県佐賀市　佐賀インターナショナルバルーンフェスタ
産業・観光	岩手県大船渡市　大船渡・かがり火まつり 大分県臼杵市　うすき竹宵（たけよい） 宮崎県南郷村　師走祭り「迎え火」	文化・交流	宮城県歌津町　小学生創作ミュージカル発表会 群馬県赤城村　上三原田の歌舞伎舞台公演 東京都青梅市　青梅宿アートFes「招き猫たちの青梅宿」 新潟県十日町市他　大地の芸術祭　越後妻有アートトリエンナーレ 富山県高岡市　万葉集全20巻朗唱の会

出典：地域活性化センター（2022）ふるさとイベント大賞優良事例集より筆者加工・抜粋。

第5節　イベント・マネジメント

　イベントは、設定されたミッションに基づき、プロジェクトの企画、計画が策定される。詳細な計画が開始されたら、タスク分析と作業計画を作成し、各担当（総括、運営、イベント、マーケティング）、制作（建築も含む）、予算（財務）など行程管理を確認する。タスクを担う人は、プロデューサー、ディレクター、委託先企業のスタッフなどで、専門的な役割を持つ人達とチームを組んだ作業となる。そのため全体の進行、仕事の状況や合意形成をするための会議が定期的に開催される。このような経過を辿る「イベント・マネジメント」は、イベントのミッションの達成を左右する重要なポイントである。これら一連の流れを示したイベント・システムを**図8-5**に示す。

　例えば、オリンピックや万博のような大規模なイベントでは、新しい組織の設立が必要になる（Getz 2008, p. 84）。運営はたいていプロのイベント運営会社に委託する。また、大規模イベントを主催する場合、会場、ホスト（コミュニティ）、地域が、イベントとその影響を吸収する能力を備えていることを実証

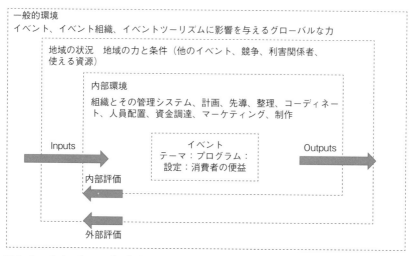

図 8-5　イベント・マネジメント・システム

出典：Allen, et al. (Eds.) (2000), "Events Beyond 2000: Setting the Agenda," p. 14, Fig. 4 を筆者加工。
オリジナルの枠組みは、Getz, D. and Frisby, W. (1988) p. 24, 図 1 参照。

する必要がある。効果を最大化する方法と、ネガティブな事象やコストを回避する方法も検討する。収益を推定し、財務上の実現可能性と助成金や収入が予定通り入らない場合や、コストが上がった場合を想定し、対策を練る。観光地やローカルイベントの場合、経済的、社会的、文化的、環境的側面を考慮する必要がある。イベント中は通常、改善と問題解決が必要となる（Getz 2008, p. 94）。したがって、イベントプロデューサー（またはマネージャー）は、運営の際にその能力を発揮することが期待される。

　最近は、会議やイベントが対面からオンラインに変わる事例も多くなっている。ライブでの映像配信や、あらかじめ収録した映像をオンディマンドで配信する方法の他、バーチャルイベントなどがある。今後は、対面だけでなく、さまざまな手法に対応できる運営者、会場設備などが求められる。

●注
　1　遊戯施設とは、コースター、観覧車、メリーゴーランド、バイキング、フライングカーペット、モノレール、オクトパス、飛行塔、ミニ SL、ゴーカートなどをいう。

2　アトラクション施設とは、映像、ライド（乗り物）、ショー、イベント、シミュレーション、仮想体験（バーチャルリアリティ）、展示物の施設などをいう。

3　札幌市、仙台市、東京都、千葉県千葉市、横浜市、愛知県名古屋市、大阪府大阪市、神戸市、京都市、広島市、福岡市、北九州市。

【参考文献・資料】

Alananzeh, O., Al-Badarneh, M., Al-Mkhadmeh, A., and Jawabreh, O. (2019), "Factors influencing MICE tourism stakeholders' decision making: The case of Aqaba in Jordan," *Journal of Convention & Event Tourism*, 20 (1), pp. 24–43.

Allen, John, Robert Harris, Leo K. Jago, and A. J. Veal (Eds.) (2000), "Events Beyond 2000: Setting the Agenda: Proceedings of Conference on Event Evaluation, Research and Education, Sydney July 2000," Australian Centre for Event Management.

Chacko, H. E. and G. G. Fenich (2000), "Determining the importance of US convention destination attributes", *Journal of Vacation Marketing*, 6 (3), pp. 211–220.

Chen, H. C., Chiou, C. Y., Yeh, C. Y., and Lai, H. L. (2012), "A study of the enhancement of service Quality and satisfaction by Taiwan MICE service project," *Procedia –Social and Behavioral Sciences*, 40, pp. 382–388.

Dungan, T. (1984), "How cities plan special events," *The Cornell H. R. A. Quarterly*, pp. 83–89.

Getz, Donald (2004), *Event Management & Event Tourism*, CAB International, Illustrated.

—— (2005), *Event management & event tourism* (2nd ed.), New York: Cognizant.

—— (2008), "Event tourism: Definition, evolution, and research," *Tourism Management,* 29 (3), pp. 403–428.

ICCA (2020), The public abstract of the 2019 Statistics Report.
https://www.iccaworld.org/newsarchives/archivedetails.cfm?id=3189909
（2022 年 8 月 1 日閲覧）

Jaeyoung An, Hany Kim, and Dongkeun Hur (2021), "Keeping the Competitive Edge of a Convention and Exhibition Center in MICE Environment: Identification of Event Attributes for Long-Run Success," MDPI, 1–17.

Kahn, M. Lawrence (2000), "The Sports Business as a Labor Market Laboratory," *Journal of Economic Perspectives*, 14 (3), pp. 75–94.

Kim Myungseok (2017), "A Study on the Theme Park as an Narrative Space-Focused on Lotte World," *SSWUHR*, 36 (6), pp. 127–156.

Kortemeier, Todd (2019), How The 1964 Games Brought Live Olympic Sports to The United States for The First Time.　https://www.teamusa.org/（2022 年 8 月 1 日閲覧）

Kotler, P., Haider, D., and Rein, I. (1993), *Marketing Places*, New York: The Free Press.

Lee, C. K., Lee, M., and Yoon, S.H. (2013), "Estimating the economic impact of convention and exhibition businesses, using a regional input–output model: A case study of the Daejeon Convention Center in South Korea," *Asia Pacific Journal of Tourism Research.*, 18 (4), pp. 330-353.

Miller, R. K. (2000), *The 2000 Sports Business Market Research Handbook*, Richard K. Miller & Associates.

Polonsky, M. J. and Scott, D. (2005), "An empirical examination of the stakeholder strategy matrix," *European Journal of Marketing*, 39 (9-10), pp. 1199-1215.

Van Niekerk, Mathilda and Donald Getz (2016), "The identification and differentiation of festival stakeholders," *Event Management*, 20 (3), pp. 419-431.

Zelinsky, Wilbur (1994), "Conventionland USA: The Geography of a Latterday Phenomenon," *Annals of the Association of American Geographers*, 84 (1), pp. 68-86.

井手信雄（1998），「進化するテーマパーク裾野の広がりが新たな発展を生む－テーマパークとテーマパーク的施設」，『通産ジャーナル』（財団法人通商産業省調査会），通巻第324号，34-35頁。

奥野一生（1998），「日本におけるテーマパークの立地と展開」，『地理学報』，第33号，15-35頁。

観光庁（2022），「MICE の誘致・開催の推進」。
　　https://www.mlit.go.jp/kankocho/shisaku/kokusai/mice.html（2022年8月1日閲覧）

経済産業省（2019），『特定サービス産業実態調査（確報）』。

──（2022），「国際博覧会」。
　　https://www.meti.go.jp/policy/exhibition/index.html（2022年8月1日閲覧）

公益財団法人日本生産性本部（2011-2021），『レジャー白書』。

スポーツ庁（2022），「スポーツの成長産業化に対する支援」。
　　https://www.mext.go.jp/sports/b_menu/sports/mcatetop09/list/1415409.htm
　　（2022年8月1日閲覧）

総合ユニコム『レジャーランド＆レクパーク総覧』。

内閣府（2018；2019；2021），『国民生活に関する世論調査』。

中島恵（2011），『テーマパーク産業論』，三恵社。

長沼修二（1993），「テーマパークと地域活性化」，『地域開発』，通号第342号，21-25頁。

西村秀幸（2001），『東京ディズニーランドの秘密』，エール出版社。

日本政府観光局（JNTO），コンベンションビューロー（2022），「MICE とは」。
　　https://mice.jnto.go.jp/about-mice/whats-mice.html（2022年8月1日閲覧）

根本祐二（1990），『テーマパーク時代の到来─魅力ある地域創造のニュービジネス─』，ダイヤモンド社。

ファンチュンギ・ソンウンジュ（2005），「テーマパークサービス品質が顧客満足と再訪問に与える影響」，『韓国調理学会誌』，第11巻，第1号，30-49頁。

第9章
ホスピタリティ

POINT

- ホスピタリティとは何か、なぜ重要なのかについて理解する。
- サービスとホスピタリティの違いについて概観する。
- 航空運送事業の特性とホスピタリティの関係について理解したうえで、航空会社（ANA）の実践例を通して航空業界におけるホスピタリティを学ぶ。

第1節　ホスピタリティの重要性

　科学や技術が発達し、性能の優れた商品が溢れている現代社会において、商品力だけで激しい競争に勝ち残るには無理がある。購買意欲のある消費者に自社の商品を選んでもらうには消費者の「心や気持ち」を動かすホスピタリティが必要不可欠になってくる。本節では、そのホスピタリティの重要性について学ぶ。

1. ホスピタリティは人の「心や気持ち」を動かせる妙案

　日本の産業界や教育界でホスピタリティが注目されるようになったのは、1990年代に入ってからといわれている。それまでには、情報の収集、技術の開発、知識の集積による経済発展を通した競争力のある国の基盤づくりのため、「人より技術」、「心よりモノ」を優先にしてきたため産業の根本にとって必要なホスピタリティ精神がおきざりにされていた。しかし、1990年代に入っ

て産業、教育、医療や福祉などの分野で注目されはじめた。ホスピタリティが注目された理由としては、サービス業である第三次産業が日本の産業の中心に成長してきた「産業構造の変化」やモノよりココロ、つまり物質的満足ではなく、精神的満足を求めるようになった「消費者の価値観の変化」などを挙げることができる。

ホスピタリティという言葉は、本来ホテルやレストランなどの接遇の原点として使われてきた言葉であるが、今はホテルやレストラン業界にとどまらず、すべての産業界で必要不可欠なビジネス上の重要要素として取り上げられるようになっている。

科学や技術が発達した現代社会においては、経営活動に必要な経営資源さえ確保できていれば、優れた商品を製造したり提供することはどの企業でもできるわけで、これだけで激しい市場競争に勝ち残るには無理がある。もちろん商品価値や販売価格が競合他社より圧倒的に競争優位な場合は、それだけで勝負が決まることもあるが、それほど差がない場合は、消費者に自社商品を選んでもらうための方法を考えなければならない。商品を消費者に買ってもらうには、消費者を買う気にさせなければならず、ここで消費者の「心や気持ち」を動かせる妙案が必要になってくる。それがホスピタリティである。つまり、商品力に人の「心や気持ち」を動かすホスピタリティが加われば消費者を動かすことができ、競合他社の商品ではなく自社商品を選んでもらうことになる。したがって、科学の高度な発展と技術革新に伴いモノが溢れている現代において、ホスピタリティはサービス産業ではもちろん、すべての産業界で必要不可欠なビジネス上の重要要素として認識されるようになり、その重要性はますます高まりつつある。

2. ホスピタリティの本質

自分が考えていることを相手が察知して適切な対応をしてくれた時、人は感動する。例えば、レストランで飲み物のお代わりを注文するため従業員を呼ぼうとした瞬間に、従業員自ら顧客のところに来て「お代わりいかがですか？」と声かけられると顧客は感動する。つまり、相手の状態を相手より一歩先に察知しリードした時に感動が生まれ、満足に繋がり、リピーターとして繰り返し

利用してもらえることになる。そこでホスピタリティの価値が創りだされるのである。ホスピタリティとは相手が望むことへの対応であり、相手にすべてを合わせていくことである。加藤・山本（2009）は、あるホテルの社長による物質の状態にたとえたサービスとホスピタリティの話を次のように引用した。「サービスとは、物質の状態にたとえるなら固体化である。それがホスピタリティに近くなればなるほどジェル状になって、最後は液体に変わって、場合によっては空気にまでなる」。さらに、提供側のサービスが固体化しているようでは、自分たちの仕組みに利用客が少なからず合わせているのであって、決して高い満足度は得られないと述べた。そのうえ、相手の多様な器に、すべてを合わせていくということがホスピタリティであると説明した。

　人の「心や気持ち」を大切にすることで、自分の思いが人に伝わり、人に喜んでもらえるというものが、ホスピタリティの基本である。相手が望むことを相手より一方先に察知して対応でき、多様な相手の器にすべてを合わせることによって満足してもらい、感動が生まれたときにホスピタリティが実践できたといえるのである。

第 2 節　ホスピタリティとは

　本節では、ホスピタリティの語源や概念について概説する。
　1990 年代に入ってから日本でホスピタリティが注目されるようになり、近年すべての産業界でビジネス用語として頻繁に取り上げられるようになっている。

1．ホスピタリティの語源

　ホスピタリティとは、一般的に「歓待」、「厚遇」、「もてなしの心」などを意味する言葉で、ラテン語の hospes（ホスペス）に由来しており、この hospes から hospitality に関連する数多くの用語が派生されたといわれている。
　海老原（2005）は、ホスピタリティの語源について、hospes という言葉が派生の源になっているとし、hospes は異国の友、旅行者を意味しており、その hospes から hotel（ホテル）、hospital（病院）、hospis（安らぎ、癒し）といった言

葉が生まれたと説明している。さらに、それぞれの派生語には共通して「困っている人を助ける」という意味があると解釈した。

　服部（2008）は、ホスピタリティの語源について次のようにまとめている。

　hospitality の語源を遡ると、ラテン語の hospes であり、そこからラテン語の hospitium（招待客を楽しませる、宿泊するまたはその宿泊所）、hospitiolum（小旅館）と古フランス語 hospice（末期患者の心身の苦痛軽減を目的とする施設）に派生した。また、hospitality への派生を見ると、hospes の形容詞形のラテン語の hospitalis（歓待する、手厚い、客を厚遇する）がさらに hospitalitas（客扱いのよいこと、厚遇）へと派生し、古フランス語に借入されて hospitalite、さらに 14 世紀に英語に借入されて hospitalite となり、これが hospitality となったといわれている。

　ここでは、ホスピタリティの語源について詳細に記述されている代表的な文献二つを紹介したが、その他の関連する文献を分析してみると、古代ローマの社会では、異国の友を自宅でもてなす習慣ができたといわれており、その後ヨーロッパでは遠方からの旅人は皆、貴重な客人として大切に扱われ、主・客に対等の関係となったというのが共通してまとめられている。そして、現代使用されている英語の host（主人）と guest（客）は、古代ローマの習慣に端を発したラテン語の hospes に原型があるとされている。

2. ホスピタリティの概念

　近年、日本においてホスピタリティが注目され、ホスピタリティに関する研究も進展を見せており、多くの研究者がその概念構築や定義づけを行っている。一方で、ホスピタリティという用語は学術的に十分吟味されているとは言い難く、理論的に十分な研究成果が得られていないと主張する学者もいる。

　山上・堀野（2001）は、ホスピタリティの概念について、お互いに存在意義や価値を理解し、相手を認め、信頼し、助け合う精神であると定義した。また、広義と狭義に分けて広義には、人間の尊厳と社会の公正、さらには自然環境に対する配慮までも包摂し、狭義には、ホストとゲストが対等の立場で相互に理解し合った信頼関係を指すと説明している。

　服部（2008）によると、ホスピタリティ文化は、人類がこの地球上に誕生し、

原始村落共同体を形成する過程で、共同体外からの来訪者を歓待し宿舎や食事を提供する異人歓待という風習に遡る。またホスピタリティという概念について「人類が創造的変化を遂げるための、個々の共同体もしくは国家の枠を超えた広い社会における共生関係を成立させる相互容認、相互理解、相互確立、相互信頼、相互補助、相互依存、相互創造、相互発展の八つの相互性の原理を基盤とした基本的社会倫理である」と説明している。さらに、ホスピタリティは人類の創生以来、時代とともに変化し、また進化するという文化的な遺伝子としての傾向があると考えられるし、「ホスピタリティ」とは奥が深く幅の広い言葉であり、日本語一語で表現できないほど多くの意味を秘めていると指摘している。

　ホスピタリティという言葉は一般的には「歓待」、「厚遇」、「もてなしの心」等の意味で使われているが、国語辞典で調べると、「心のこもったもてなし。手厚いもてなし。歓待。また、歓待の精神」（日本国語大辞典）や「心のこもったもてなし。手厚いもてなし。歓待。また、歓待の精神。異人歓待」（デジタル大辞典）、「客を親切にもてなすこと。また、もてなす気持ち」（広辞苑）と説明されている。

　また、英語を中心に欧米における「ホスピタリティ」の現代用例を見ると、まず、オックスフォード現代英英辞典では、ホスピタリティを「愉快に客をもてなし、親切なもの、惜しみない態度で客を扱う」、「即して人をもてなしのよい状態にさせる性質、または正確を持った資質」というように解釈している。

　コリンズ英語辞典では、「見知らぬ人や客を歓迎する親切心」や「感受性」とウェブスター新国際辞典では、「社交上、または、商業上、客または訪問者を温かく、思いやりのあるもの惜しみない歓迎とおもてなし」や「新しいアイディアに対する特別な感受性」と解釈している。

　ランダムハウス英和大辞典においては、「（客や他人の、報酬を求めない）厚遇、歓待、心のこもったサービス」、「温かく親切にもてなす心、歓待の精神」と記述されている。

表9-1　ホスピタリティの意味

意　　味	出　　典
心のこもったもてなし。手厚いもてなし。 歓待。また、歓待の精神	日本国語大辞典
心のこもったもてなし。手厚いもてなし。 歓待。また、歓待の精神。異人歓待	デジタル大辞典
客を親切にもてなすこと。また、もてなす気持ち	広辞苑
「愉快に客をもてなし、親切なもの、惜しみない態度で客を扱う」、「即して人をもてなしのよい状態にさせる性質、または正確を持った資質」	オックスフォード現代英英辞典
「見知らぬ人や客を歓迎する親切心」や「感受性」	コリンズ英語辞典
「社交上、または、商業上、客または訪問者を温かく、思いやりのあるもの惜しみない歓迎とおもてなし」や「新しいアイディアに対する特別な感受性」	ウェブスター新国際辞典
「(客や他人の、報酬を求めない) 厚遇、歓待、心のこもったサービス」、「温かく親切にもてなす心、歓待の精神」	ランダムハウス英和大辞典

出典：各種辞典に基づき、筆者作成。

　以上のように各辞典を調べた結果、ホスピタリティの意味については、「もてなしの心、歓待の精神」のような『精神』と「親切にもてなす、歓待する」のような『行為』との二つの観点により解釈されていることが分かる。

　ホスピタリティに関する先行研究の中から、その概念についての内容を見ても同じ傾向にある。つまり、精神面や行為面のどちらかを重視した説明となっており、まず、精神面を重視した概念では、こころ、感動、共感などがキーワードとなり、ホスピタリティとは「思いやりを持つこころで、共に心を共感し合い、お互いの気持ちを大切にすることである」と説明されている。また、行為に重点を置いた概念では、こころや気持ちを形として行為に表すことがポイントになり、「おもてなしのこころを持つだけではホスピタリティにはならず、それを行動に移し、相手に伝わったとき、お互いの感動を生み、精神的満足に繋がっていく」との共通認識が表れている。

第3節　ホスピタリティとサービスの違い

　現場では、ホスピタリティをサービスの上位にあるものとして捉えられることが多いが、研究の領域では、概念としてのホスピタリティ、つまりサービスとは異なった概念、価値観と捉える場合が多い。つまりサービスの延長線上にホスピタリティを考えるのではなく、対比的な関係にあると見なす場合が多い。

　これまでのホスピタリティに関する研究において、サービスとホスピタリティの違いについて、語源に基づいた人との関係であったり、報償の有無であったり、マニュアル化の可否であったりとの解釈が行われた。ここでは、先行研究のレビューを通して、サービスとホスピタリティの違いについて見てみることにする。

1.　語源に基づいた人との関係による比較

　人との関係によりサービスとホスピタリティを比較した文献に基づくと、まずサービスとは、サービスを受ける側と提供者の間に一時的な主従関係、上下関係、服従関係のような縦の関係が存在し、提供する側から提供される側へ一方向的に行動や行為がなされる。反面、ホスピタリティとは、相手への思いやりに基づいた行為として相手のニーズに対する個別的・応用的な対応をとることであり、双方向的で対等な横の関係が存在する。

　前述のように、ホスピタリティと主人を意味する host（ホスト）や客を意味する guest（ゲスト）は両方ともラテン語の hospes が語源であるといわれており、語源や関連する派生語の分析からホスピタリティの起源は主人と客との関係が「主客同一」、「主客対等」、「相互関係」、「共存共栄」にあると考察できる。

　サービスの語源について調べると、ラテン語の Servus（奴隷）に由来しており、英語では Slave（奴隷）や Servant（召使）という言葉に派生していることから、サービスはサービスを受ける側が主人であって、提供する側が従者であるという主従関係で捉えられている。

服部（2004）は人間関係の条件においてホスピタリティとサービスを次のように考察している。サービスの概念では、顧客が主人であり提供者が従者という立場で、サービスを提供する際に一時的主従関係という取引関係を結ぶことになるし、顧客の意思のみが最優先され常に一方通行の人間関係がある。しかし、ホスピタリティはホスピタリティの語源である hospes に、主人と客人が同一の立場に立つ態度を常に保つという意味があり、その原義は「客人の保護者」となっており、ホスピタリティの概念では主人と客人とが対等の関係を意味している。また主客同一（主人と客人が同一の立場に立って、互いに遇する）の精神が根本概念にあるため、常に双方向の人間関係がある。

ホスピタリティとは人と人との相互関係およびそれを補完するすべての要素を含むものであるため、サービス産業のみならずあらゆる分野における原則的な基盤であるといえる。

2. 報償の有無

Kotler and Keller（2006）は、サービスについて次のように説明している。「サービスとは取引関係にある一方が他方に与える何らかの活動、または便益であり、それは基本的に無形であって、何ら所有権の変更をもたらさない。その生命は、物質的な商品と結合することもあるし、しない場合もある」。彼らの説明から分かるようにサービスは本来、ビジネス活動の一環として行われるもので、利益を目的とする有償的な経済的行為であるが、ホスピタリティは心からの歓待行為またはその行為に及ぶ人間の気質や精神を中心とする無償性のボランティア的な行為である。

前田（2007）は、現代語としてのサービスは利用者側のさまざまなニーズに対応して行われている（広義の）経済行為を意味しており、当然のこととして有償性を基本としたものであるとした。また、ホスピタリティは無償性を基本としていることを主張しながら、ある行為が相手側からの感謝や周囲からの称賛といった"非経済的報酬"を期待して行われていたとするならば、それは有償性の行為と同じであり、ホスピタリティの実践にはあたらないという考え方があると述べた。つまり、報償の有無という観点からホスピタリティとサービスは、無償性と有償性という基本的な違いがあるから、この両者は意味的に峻

別しなければならないと指摘した。

　山上（2011）は、ホスピタリティは対価や見返りを直接に求めることはなく、単に利益追求という目的ではなく、顧客の満足度を高めるための先読み、先回りの気配り、心配り、目配りの気づきを実行するものであると指摘している。

　つまり、サービスは受け手が何らかの対価を支払い、その品質や満足度を評価することになるが、ホスピタリティは根本的に対価を求めない行為であるところが両者の違うところの一つである。

3.　ホスピタリティはマニュアルに落とし込めない

　ホスピタリティを提供する人が変わるとその仕方も変わるが、その提供者が同じ人だとしても毎回同じ提供の仕方ということはなく、顧客や環境が変わることによっても変わってくる。つまり、顧客から評価され満足のいくホスピタリティを提供するためには、提供者が顧客の環境を考慮しながら、そのときその場の顧客のニーズを瞬時に読み取り、臨機応変に対応していくことが必要となる。

　サービスは提供側が決まった形式でマニュアル通りに顧客対応し、何かトラブルが起きたり、マニュアルにないことを顧客から求められたときは、極端な話しとして「それはできません」、「そのサービスはうちではしていません」と対処するだけで良い。挨拶、笑顔、言葉遣いなどのサービスの基本がマニュアル化されており、誰でもそのとおりに対応すれば、顧客に安心感を与え、混乱を生じさせず、最低限の品質は担保できる。しかし、ホスピタリティは同じ顧客でもその日の体調、顔色、雰囲気などを的確に読み、対応を変化させることによって創りだされる価値であり、マニュアルで定めることはできない。

　矢野（2004）は、ホスピタリティは不測の事態にも対応が可能であるが、サービスはあらかじめ規定した状態に対応すると論じている。さらに、人間には言葉以外に、視覚や雰囲気があり、いわゆる五感を使って、場所の意味、つまり文脈を作りながらコミュニケーションを行うとし、ホスピタリティは限定できない状況で、相手の意図をいかに予測するのかを問題にしていると論じた。

　接客の場面では、予想だにしないことが常に起きるので、いちいちマニュア

ルに落とし込むわけにはいかない。かりにその都度マニュアルをつくっても、またすぐに違う案件が生じてしまう。前述のようにホスピタリティはその時、その人によって創りだされる価値であり、客一人ひとりに合わせた異なる対応が求められるため、マニュアルによる一律的な対応は困難である。

第4節　航空会社におけるホスピタリティの実践例

1.　航空運送事業の特性とホスピタリティの関係

　第6章「航空ビジネス」、第1節「航空運送事業の特性」で述べられたとおり、航空会社の商品は、航空機で旅客・貨物を目的地まで輸送する「サービス」である。「移動」という手で触れることや物品として残すことができない商品を扱っている。さらには、国の政策や安全に関わる規制の下、航空機メーカーから購入した機材を使用し、空港や施設は他社と共有しているため、設備等での差別化が難しい。そのような事業特性の下で、航空会社は、どのように差別化をはかり、競争力を強化しているのであろうか。

　航空会社の商品には、①無形性（Intangibility）、②変動性（Variability）、③消滅性（Perishability）、④同時性（Simultaneity）の四つの特性がある。そうした商品であるからこそ、利用時の体験・印象を、顧客の記憶に残すことが重要である。さらには、航空会社には、顧客との接点が多いとの特性がある。これらの顧客接点において、「心や気持ち」が動く体験を提供し、印象を残せるかが、顧客の評価に繋がる。つまり、顧客接点におけるホスピタリティの発揮が、航空会社の差別化の源泉となりうるのである。

　Barnes and Krallman（2019）は、「心や気持ち」が動く優れた顧客体験は、再利用意向、他者推奨意向、ロイヤルティを高めると述べている[1]。前節でも触れたように優れた顧客体験は、おのおのに異なり、同一人でも、その時の状況や環境によって抱く感情はさまざまである。ホスピタリティとは、限定できない状況で相手の意図を汲み取り、共感すること、思いやりの気持ちを行動として伝えることである。一人ひとりに合わせた顧客体験を提供するためには、顧客と接する従業員が、いかにホスピタリティを発揮できるかが重要である。

　全日本空輸株式会社（ANA）は、英国ロンドンを拠点とする世界の航空業界の品質格付け会社・SKYTRAX 社から、最高位の 5 スター評価を 8 年連続で獲得（2021 年 9 月時点）している航空会社である。このように高品質なサービスを提供する ANA が、どのようにホスピタリティを実践しているのか、次項より紹介する。

2. 航空会社（ANA）のホスピタリティ実践例 I（背景）

　1980 年代初頭に当時のスカンジナビア航空の CEO ヤン・カールソン氏は、「真実の瞬間」として、顧客は、利用時に平均 5 人の同社従業員に約 15 秒ずつ接する。そのわずかな時間で、顧客はサービスの質を決めるとの考えを唱え、顧客接点における従業員の対応の重要性に着目した[2]。また、Arnould and Price（1993）は、人的な相互作用が顧客体験に影響を与える重要な要因であることを示唆している[3]。ANA も「心や気持ち」を動かす体験をつくれるのは、「人」であると捉え、従業員のホスピタリティの発揮を戦略的に促進している。

　ANA の経営ビジョンは、「お客様満足と価値創造で世界のリーディングエアラインを目指します」であり、さらに「お客様の満足を高め、ひとつでも多くの笑顔を生み出し、様々な価値の創造を通じて自立した強い企業として発展していきます」と続けている。それ以前の経営ビジョンは、「お客様と共に最高の歓びを創る〜クオリティ、顧客満足、価値創造で、アジアで一番〜」であった。このように、ANA では、かねてより経営理念実現のためのあるべき姿として、優れた顧客体験の提供に取り組むことを社内外に示している。

　航空会社は、労働集約型の事業である。航空機を運航させるためには、さまざまな専門性を要する業務の連携が必要であり、ANA では部門に分けて航空会社の基本品質である、①安全性、②定時性、③快適性、④利便性、⑤効率性を提供している。したがって、顧客は、航空機を利用する際に、予約、空港、機内などの場面で、所属する部門、専門性が異なる従業員と接することになる。このような事業構造の中で、ANA はどのように優れた顧客体験をつくりだしているのであろうか。そのしくみを次項で具体的に説明する。

3. 航空会社（ANA）のホスピタリティ実践例 II

ANA らしさの明示

　ANA では、顧客の一連の旅を 28 個のシーンに分けて、ANA Customer Experience（ANA CX）として示している（**図9-1**）。顧客と ANA の接点をシーンと設定し、そのシーン毎での顧客体験を記述し、顧客の視点から途切れることなく繋がった体験を描いている。さらには、経営ビジョン達成のために実現すべき顧客体験を「Inspiration of Japan」と表現し、その体験を通じて顧客に感じていただきたい価値として、「Sparkling（楽しさ・わくわく感）」、「Caring（寄り添う心）」、「Japan Quality（日本が誇る基本品質）」の三つを明示している。

　「顧客満足とは、顧客がご自身の基準で満足かどうかを判断した結果である。」と定義し、ANA CX を通じて、顧客の期待を超える「非常に満足」の獲得を目指すことを従業員に求めている。

行動を促すしくみと組織風土の醸成

　「心や気持ち」が動く優れた顧客体験はさまざまである。その時の状況や環境によっても変化する。一人ひとりに合わせた体験を提供するためには、顧客

図 9-1　ANA Customer Experience
　出典：https://www.ana.co.jp/group/csr/customer_satisfaction/

と接する従業員のホスピタリティの発揮が必要である。ANA が目指す「非常に満足」レベルの顧客体験を実現するためには、マニュアルで定められたサービスの提供だけでは難しい。そこで、一人ひとりの顧客に寄り添い感動を生みだすことを目的に、現場の判断でマニュアルを越えたサプライズの創出を推奨するしくみが構築されている。

　ANA では、「顧客に歓んでもらいたい、その気持ちを形にする」ために、顧客の個性と、その場、その時の状況に合わせて、従業員の個性を生かした判断を尊重する方針を示した。優れた顧客体験を創出するために、ガイドラインを設置、報告や協力を仰ぐための引継方法を簡素化し、現場のひらめきを生かすなど、各従業員がホスピタリティを発揮できる制度を整備している。

　従業員のひらめきから生まれた対応の好事例を選び、グループ全社に共有し、さらには、優秀事例を選考して、年に１回の表彰も実施されている。この表彰式には、全社から経営者層が集って受賞を讃え、ホスピタリティの発揮による優れた顧客体験の提供が経営に資するものであることを内外に示す機会となっている。また、社内には、Good Job Card 制度というものがあり、従業員同士が感謝とリスペクトを伝え合う、素晴らしいと感じた接客を互いに褒め合う組織文化が醸成されている。

顧客ニーズの把握

　顧客ニーズへの対応としては、利用顧客へアンケートを配信し、定期的にANA CX における顧客満足度の調査・分析をしている。カスタマーセンターや予約案内センターに寄せられる顧客の声に加えて、現場で従業員が受領した顧客の意見や従業員自身の気づきをレポートとして起票し、部門を越えて、全社横断的に共有するシステムもある。ANA CX を統括する部門が主導して顧客の声から課題を分析し、改善策を検討する課題解決サイクルで、顧客ニーズに対応する努力を続けているのである。

4.　航空会社（ANA）のホスピタリティ実践例Ⅲ（まとめ）

　今やサービス産業を中心に、顧客満足度を経営の目標として品質を管理することが一般的になっている。特に近年では、優れた顧客体験により生まれる他

者推奨意向を数値化した Net Promoter Score（NPS）が着目されている。これは、Reichheld（2003）が収益性と顧客満足度に強い肯定的な影響を持つことを示したことに由来する[4]。ANA では、この NPS を経営判断の指標として利用している。

　これまで紹介してきた航空会社（ANA）の実践例によれば、ホスピタリティの発揮が、単に接客にあたる従業員の能力として必要とされているだけではないことがわかる。ホスピタリティの発揮による「心や気持ち」が動く顧客体験の創出は、経営戦略の一つに位置づけられているのである。そこでは、経営としての指針を示し、しくみや支援体制を構築した上で、優れた顧客体験を組織的に生み出す活動として実践されている。

　2021 年 6 月、国際標準化機構は、サービスエクセレンスモデル（**図 9-2**）を制定した。サービスエクセレンスモデルとは、カスタマーデライトを永続的に生み出すに組織能力を示す国際規格であり、同年 11 月には日本産業規格としても規定されている。カスタマーデライトとは、顧客が非常に大切にされている、あるいは、期待を超える体験によって、驚き・喜び・感動などのポジティブな感情を抱くことである。つまり、サービスエクセレンスモデルは、優れた顧客体験を創出する組織能力とも言い換えることができる。

　図 9-2 のサービスエクセレンスモデルには、A、B、C、D の四つの側面と 1 〜9 の要素がある。この点、ANA のホスピタリティ実践例には、20 年前から導入された項目もある。歳月を経て、徐々に構築されてきた ANA の組織活動をサービスエクセレンスモデルに照合すると、経営ビジョン、ANA らしさの明示、従業員の行動を促すしくみ、組織風土の醸成、顧客のニーズの把握、経営の管理項目など、ほぼ網羅的に要素に該当する事業活動が認められ、そこに優れた顧客体験を生みだす経営組織が構築されている事実を見ることができるであろう。

5. 航空会社（ANA）のホスピタリティ実践例（客室乗務員のおもてなし）

「お水をください」と頼まれたら…どうしますか？

　機内で客室乗務員が、用意するお水は 1 種類ではない。その時のお客様に合わせて、さまざまなお水を提供する。

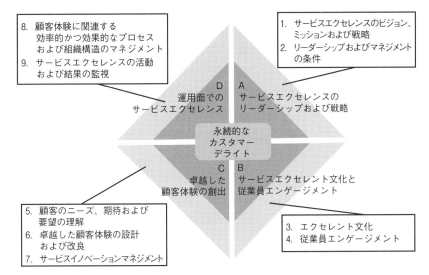

図9-2　サービスエクセレンスモデル

出典：ISO23592/JIS Y 23592 を基に筆者作成。

　卓越した接客を生み出す客室乗務員の接客スキルとは何か。原（2017）は、ANA総合研究所と共同研究で、客室乗務員の行動と内面の両方からアプローチし、客室乗務員の接客過程モデルを示した（**図9-3**）[5]。そのモデルを概観すれば、乗客の様子を把握した上で、①乗客心理・要求の推定を行う。次に①に基づいて、自分は何をすればいいか、何ができるか、②接客行動案の検討を行う。さらに、②で複数検討した案のどれが最適かを検討するために、③接客行

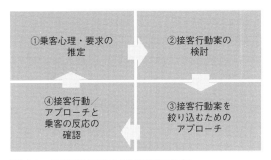

図9-3　客室乗務員の接客過程モデル

出典：原（2017）を基に筆者作成。

COFFEE BREAK

コロナ禍での客室乗務員のホスピタリティの真髄

　近年、世界中で流行した新型コロナウイルスの影響による、客室乗務員のホスピタリティの変化について紹介する。コロナ禍で航空会社は、経済的に大きな影響を受けた。運航に際しては、感染対策の徹底が必要となり、機内でも非接触を原則に、人的・物的サービスの変更を余儀なくされた。機内では、乗客にマスクの着用を依頼し、客室乗務員もマスクと手袋を着用して乗務することになった。これまでのお客様に寄り添った手厚い対応は、感染の恐怖の対象になりかねない状況に変わった。

　2020年夏、パンデミックのなか、乗務を続ける乗務歴20年以上のANAの客室乗務員にインタビューを行った。彼らは、便全体の品質を管理する立場にあり、高い接客スキルを持つ客室乗務員である。その中には、コロナ禍前まで行われていた社内の客室乗務員のおもてなしコンテストの優勝者や、最終選考会に選出されたものが複数含まれている。インタビューでは、乗客から緊張感を感じ、感染対策に対する厳格さに個人差があるため対応が難しいとの意見が多く挙がった。

　例えば、手荷物の収納は感染対策のため、乗客自身で実施していただくことになったが、以前のように客室乗務員が手伝わないことに不快感を覚えたり、一方、客室乗務員から話しかけられることにすら恐怖を感じる乗客がいるとのことであった。しかし、このような環境下でも、彼らは一貫して、「私たちのホスピタリティに変わりはない。お客様の気持ちに寄り添い、お客様のニーズにこたえるよう努力をするだけである」と述べている。

　「乗客に何かをすることがホスピタリティではなく、乗客がしてほしいことをするのが自分達のホスピタリティの発揮である」、「当たり前のことであるが、そっとしておいてほしい方には、あえて何もしない。手伝いを必要としている方には、可能な限りのことをする。コロナ前と今とでなんら変わるものはない」と続けている。この言葉に、コロナ禍でも変わることのない、客室乗務員のホスピタリティの真髄を見たように感じた。

動案を絞り込むためのアプローチ（観察、声かけなど）を行う。その後、④接客行動／アプローチと乗客の反応の確認を行う。

　1 杯の水を頼まれただけでも、これだけのことを考えて接客を行っている。接客過程モデルの中で重要なのは、「気づき」と呼ばれるものである。この「気づき」とは、乗客の様子を素早く把握できるか否かの知覚面だけで捉えたことを意味するものではない。把握した様子をもとに行う考察をも含めたものである。接客過程における考察の深さが、接客に大きな違いとなって乗客に届けられるのである。

　例えば、すぐにギャレー（飲み物・食事などが搭載されている厨房）に行って、たっぷり氷を入れたカップに水を注ぎ、冷えた美味しい水を提供することができる。ただ、その前に、なぜお客様は水を要望したのかを考察する。薬を飲むため、パソコンを使ってお仕事中に召し上がりたい、暑くて喉が渇いた、どのようなお水が喜ばれるのか、1 杯のお水でもホスピタリティを発揮する可能性は広がるのである。この洞察力の違いが卓越した客室乗務員の接客となって表れることがわかっている。

●注 ────

1　Barnes, D. C. and Krallman, A. (2019), "Customer delight: A review and agenda for research," *Journal of Marketing Theory and Practice*, 27 (2), pp. 174-195.

2　Carlzon, Jan and Tom Peters (1987), *Moments of truth,* Cambridge, MA: Ballinger.（堤猶二訳『真実の瞬間―SAS（スカンジナビア航空）のサービス戦略はなぜ成功したか』，ダイヤモンド社，1990 年）

3　Arnould, Eric J. and Linda L. Price (1993), "River Magic: Extraordinary Experience and the Extended Service Encounter," *Journal of Consumer Research*, 20 (1), pp. 24-45.

4　Reichheld, F. F. (2003), "The one number you need to grow," *Harvard business review*, 81 (12), pp. 46-54.

5　原辰徳（2017），「客室サービスでのおもてなしとは何か：サービス工学を基に客室乗務員の行動と内面を探り，人材育成に生かす」『ていくおふ』，第 147 号，32-39 頁。

【引用文献・資料】

Arnould, Eric J. and Linda L. Price (1993), "River Magic: Extraordinary Experience and the Extended Service Encounter," *Journal of Consumer Research*, 20 (1), pp. 24-45.

Barnes, D. C. and Krallman, A. (2019), "Customer delight: A review and agenda for research," *Journal of Marketing Theory and Practice*, 27 (2), pp. 174-195.

Carlzon, Jan and Tom Peters (1987), *Moments of truth*, Cambridge, MA: Ballinger. （堤猶二訳『真実の瞬間―SAS（スカンジナビア航空）のサービス戦略はなぜ成功したか』，ダイヤモンド社，1990年）

ISO 23592:2021 (2021), Service excellence―Principles and model.

JIS Y 23592:2021（2021），サービスエクセレンス―原則及びモデル。

Kotler, P. and K. L. Keller (2006), *Marketing Management* (12th ed.), Prentice Hall.

Reichheld, F. F. (2003), "The one number you need to grow," *Harvard business review*, 81 (12), pp. 46-54.

海老原靖也（2005），『ホスピタリティー入門（大正大学まんだらライブラリー 5)』，大正大学出版会。

加藤鉱・山本哲士（2009），『ホスピタリティの正体』，ビジネス社。

服部勝人（2004），『ホスピタリティ・マネジメント入門』，丸善。

――（2008），『ホスピタリティ学のすすめ』，丸善。

原辰徳（2017），「客室サービスでのおもてなしとは何か：サービス工学を基に客室乗務員の行動と内面を探り，人材育成に生かす」『ていくおふ』，第147号，32-39頁。

前田勇（2007），『現代観光とホスピタリティ：サービス理論からのアプローチ』，学文社。

山上徹・堀野正人編著（2001），『ホスピタリティ・観光事典』，白桃書房。

――（2011），『ホスピタリティ精神の深化：おもてなし文化の創造に向けて』，法律文化社。

矢野雅文（2004），「ホスピタリティ・ビジネスの始まりへ」，『季刊 ichiko』，第84号，16-27頁。

第10章
観光マーケティング

POINT

・本章では、サービス業としての観光ビジネスを俯瞰する。そして経営学分野であるマーケティング理論を観光に応用し、観光業界に携わる企業の観光マーケティング活動について解説する。

・観光客を受け入れる地方を中心としたデスティネーション・マーケティングを学び、経営学でのサービス業としての観光ビジネス、観光客の集客を目的としたマーケティング、そして地域振興を念頭においた観光マーケティングを知る。

・観光マーケティングを実践する「DMO」を学ぶことで、経営学的な見地から観光による地域振興までを理解することができる。

第1節　サービス業としての観光ビジネス特性

　まず、サービス業としての観光業について解説する。観光業を含む企業等が提供する「サービス」（広い枠組みの「サービス業」）には五つの特徴があり、①無形財、②不可分性、③変質性、④消滅性、⑤複合性が挙げられる。①の「無形財」とは、購入前に、実際の旅行商品を五感（見る・味わう・触れる・聞く・匂う）で確かめることができないことである。有形財である家電や食品であれば実機を試したり、試食したりすることで商品の品質を確かめることができるが、サービス業における商品はホテル・旅館に泊まる、鉄道や飛行機に乗るといった「権利」を買うため、ホテルの一室や鉄道のシートが自分のものになる

わけではない。消費者の旅行商品において重要なことは、この権利を行使することによって思い出や体験といった「経験価値」を得ることである。サービスは事前に体験することができないため、消費者はリスクを感じるとされている。このリスクを少しでも緩和するために、企業は商品をイメージする手がかりを提供する必要がある。例えば、証拠としてパンフレットや動画、購入者のコメントを提示しておくことで、サービスを提供する際の不確実性を軽減することができる。そのため、客観的な事実や過去のデータなどによって顧客の不十分な事前情報を満たし、顧客の期待と現実とのギャップをなくすことが大切である。

　②の「不可分性」については、消費者がサービスを受ける際、提供者と顧客の両方が取引に関連しているということである。例えば、宿泊施設における従業員の気配りや態度が悪いと、ホテル・旅館の施設や食事がよくても全体的な価値が下がってしまう。このように従業員が商品の一部になることもあれば、逆にパッケージツアーに参加している他の旅行者も商品の一部になることがある。それはどんなにすばらしいツアーを旅行会社が行ってくれていたとしても、同行する旅行者の振る舞いが悪く、トラブルを起こされてはツアー内容全体に影響を与えてしまうからである。また、先述した「提供者と顧客の両方が取引に関連する」とは、顧客がサービスの享受方法を理解していないとビジネスモデルが成立しないということにも繋がる。例えば、飛行機のチェックイン方法やルームサービスの仕方などが挙げられる。

　③の「変質性」については、誰が、いつ、どこで、どのようなサービスを提供するかで価値が変化してしまったり、需要が高い繁忙期と低い閑散期によって価格が変化したりすることをいう。

　前者のサービスの提供の変動としては、サービスが無形であるからこそ、安定した商品の品質が提供されにくいということである。しかし、企業等は、「従業員教育」を充実させることにより、商品の質のばらつきをできるだけ少なくすることはできる。サービスの変質性は主に、従業員の個々の能力に依拠することが多く、現場で顧客へのサービスを提供する際、従業員の技量・知識や当日、その時の調子や体調なども影響を受ける。そのため、サービスの一貫性の欠如と品質の変動をできるだけ少なくするように努めなければならない。

もし、売上が減少し、顧客を失望させているのであれば、企業が接客サービスの「ホスピタリティマネジメント」を従業員に徹底する必要がある。

　一方、後者の需要の変動に関しては、さほど企業間での調整はできないものの、商品の仕入れ先や外注先との価格交渉によって調整をすることができる。ただし、品質の低下を招くことだけは避けなければならない。

　④の「消滅性」については、サービスは在庫しておいて後で販売できないということである。有形財であれば、商品が売れ残ったとしても、年末のボーナス商戦時のように需要が伸びる際に販売することができるが、無形財であるサービス商品は、在庫ができないため、繁忙期に供給不足となり、閑散期に供給過剰となる。例えば、年末年始・お盆・ゴールデンウィークなど、長期休暇を取りやすい時には、ホテル・旅館が満室になり、帰省客や観光客で満席となる飛行機や乗車率が 100 ％を超える新幹線が出てくる。しかし、その一方で真夏や真冬の平日など、閑散期になれば、ホテル・旅館の稼働率は下がり、飛行機や新幹線の乗車率も格段に下がる。そのため、閑散期に売れ残ったホテル・旅館の部屋や空席となった飛行機や新幹線の座席は、テレビやパソコンのように、売れない時には在庫として倉庫に保管しておき、需要が伸びて売れる時期に在庫を処分できればよいが、繁忙期にまわせないことから、なるべく多くの商品を当時刻・当日中に売り切らなければならない。だからこそ、宿泊業や運輸業をはじめとした観光業では、収容能力と需要の動向管理が不可欠となる。

　⑤の「複合性」については、観光に関わる業種として、パッケージツアーであれば旅行業者、保険会社から始まり、運輸において鉄道・航空業、宿泊業においてはホテル・旅館・民宿・民泊など幅広い業種と関わり、それに付随するレンタカーや土産物なども数えれば限りなく一回の旅行に関連する業者は増えていく。そのため、個別の観光産業レベルでいえば、すべての観光産業を統括マネジメントできる旅行業者は消費者にとっていかに魅力的なサービスを提供するための知識とノウハウを持っているかが重要となる。さらに同じ趣味同士の仲間が参加するクラブツーリズムなどでは、顧客同士のコミュニケーションなどのやり取りとして、顧客参加も重要であり、旅行業者のマネジメント力も問われることとなる。

　また、観光地の観光産業レベルでいえば、観光客を誘致する観光協会といっ

COFFEE BREAK

観光業界の ES 向上

ESとは、Employee Satisfaction の略で「従業員満足」を意味しており、従業員の業務内容や給料、福利厚生、職場環境、人間関係など職場における総合的な満足度のことを指す。例えば、高品質の顧客サービスを提供しているザ・リッツ・カールトンやディズニーリゾートを経営する株式会社オリエンタルランドは ES が高いことで有名である。

顧客に最高のホスピタリティを提供するには、まず従業員が幸せでなければならない。従業員が幸せであってこそ、顧客に満足できるサービスを提供することができる。結論を先に述べると、企業が利益を上げるためには、企業の顧客が会社の製品やサービスにどのくらい満足しているかという「顧客満足」（Customer Satisfaction）の前に、ES が必要であるということだ。その結果として企業の売上・利益へと結びつき、株主満足と利害関係者にまで好影響が及ぶと考えられる（**図**参照）。

そしてこの ES を向上させるためには、企業内で行われるインターナル・マーケティングが重要といわれている。Rafiq and Ahmed（1993）は「インターナル・マーケティングとは、変化に対する組織的抵抗を克服し、全社的・職務的戦略の効果的な実行に向けて、従業員を協力させ、動かし、まとめるための計画された努力」と定義している。このインターナル・マーケティングにおいて ES を向上し、CS も上げることにより、中長期的な戦略の下、コロナ禍やアフターコロナにおいても熟練した従業員が残ることにより、経営は安定していくと考えられる。以上のように今後は「おもてなし」を重視する CS だけでなく、従業員満足を上げる ES もなければ、持続的な企業の発展はないと考えられる。

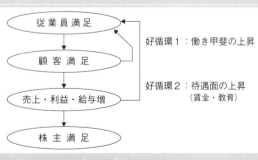

図　従業員満足と顧客満足との関係
出典：佐藤（1999）より一部編集引用。

た行政の関係者が参画すると同時に受け入れ側である地域住民も関わってくることになる。そうすると、観光地の観光資源や旅行商品がよくても地域の人の対応が悪ければ商品価値が下がるため、地域のまちづくり会社やNPOといった官民合わせた組織の存在も重要となる。

　以上のようにわれわれ消費者の顧客満足は、観光事業すべてのサービスが十分に提供された上で成り立っているといえよう。ここまで、サービス業である観光ビジネスの特性について述べてきたが、次節では、マーケティング理論を応用して、観光業のマーケティングについて説明していきたい。

第2節　観光へのマーケティング理論の応用

　本節では、基本的なマーケティング理論を応用した観光業界全体に通ずる観光マーケティング論を解説する。まず、本章の中心であるマーケティングの定義から行いたい。マーケティングは時代とともに多少の変化はあるものの、おおよその概念は、「顧客やビジネスパートナーや社会全体にとって、価値のあるものを創造・伝達・配達・交換するための、活動や組織やプロセスのこと」[1]を指す。マーケティングの役割は、製品もしくはサービスを作り上げ、販売促進活動を行い、顧客に送り届けることにある。そのため、マーケティング活動は企業の製品の売上を左右することから、企業経営においてマーケティングの役割は重要なものとして位置づけられている。

　次に、観光マーケティングの定義としては、これまでにさまざまな書籍[2]で紹介されており、おおまかにまとめると「目標を達成するために、経営資源を考慮しながら不断に変化し、高度の不確実性を有する観光市場や環境の競争状況において、有利に創造的に適応して、特定の観光市場を創造、維持もしくは拡大するための手段」[3]といえる。

　この定義にあるように、観光市場は常に変化し続けている。近年の大きな転換としては、90年代のバブル崩壊以降、大衆旅行から個人旅行へと変化していったようにマス・マーケティングからターゲット・マーケティングの必要性が出てきたことだ。要するに、画一的・物見遊山といった効率重視の量の観光ではなく、多種多様・体験型といった特殊な商品を用意できなければ、イン

表 10-1　SWOT 分析

	プラス要因	マイナス要因
内部環境	強み（Strength）	弱み（Weakness）
外部環境	機会（Opportunity）	脅威（Threat）

出典：筆者作成。

ターネットで情報を自由に検索できる消費者に支持されないということである。このように、これまでの旅行形態が大きく変わり、消費者の嗜好の変化や社会の成熟化によってマーケティングも同様に修正をしなければならなくなった。

　そこで、観光マーケティングを語る上で欠かすことができない三つの理論を主に紹介する。観光産業は直接・間接的に関わる企業が無数にあるが、どのような観光関連企業であれ、市場内での競争に勝ち抜くためにはマーケティングの環境分析として SWOT 分析により、自社内や業界内の強み・弱み・脅威・機会を客観的に分析しながら、STP（セグメンテーション・ターゲティング・ポジショニング）によりターゲット・マーケティングを行い、4 P（マーケティング・ミックス）を使って魅力的な商品で集客に繋げなければならない。以下にそれらを詳述していきたい。

　環境分析を行う SWOT 分析（**表10-1**）とは、自社（自地域）を取り巻く環境や自社内（自地域内）で起きている現在の事象について、できるだけ多く、客観的に網羅的に引き出し、その結果から市場の機会（成功の鍵）を見つけ出すために行う分析のことをいう。

　それぞれの説明として、まず外部環境とは、自社を取り巻く環境であり、自らコントロールすることができないものである。例えば、人口動態、経済情勢、個別業界動向、生態学的環境、技術、政治・経済、文化、社会環境が挙げられる。それに対して内部環境とは、自社内のものであり、コントロール可能な経営資源となる。いうなれば、外部環境に適応していくために、自ら整えておくべき対象となる。例えば、商品・サービス関連として自社ブランドや伝統、開発技術などである。そのほかにも人材、組織、財政などが含まれる。そして自社の経営に追い風となるプラス要因と向かい風となるマイナス要因が存

表 10-2　市場細分化の基準

人口統計的基準	年齢、性別、所得、職業、世帯規模、家族構成など
地理的基準	都道府県、市町村などの行政区分、人口密度、都市規模など
心理的基準	ライフスタイル、地域性、価値観、考え方など
行動的基準	購買頻度、利用状況、価格へのこだわり、ブランドへの愛着など

出典：高橋編（2011），79 頁より一部筆者修正。

在する。縦軸と横軸の下、環境分析を自社内の経営資源状況を「強み」、「弱み」と自社を取り巻く環境として「機会」、「脅威」として整理しながら、成功の鍵を発見していくために行われる。そしてそれを応用したのがクロスSWOT 分析である。強み、弱み、機会、脅威をそれぞれ掛け合わせたもので、① SO 戦略：強みと機会を掛け合わせ、強みを生かしてビジネスチャンスをつかむためにどう進出するか、② ST 戦略：強みと脅威を掛け合わせ、強みを生かして驚異の影響を抑えるためにどう防衛すればよいか、③ WO 戦略：弱みと機会を掛け合わせて強みを克服しつつビジネスチャンスを最大化するためにどう強化すればよいか、④ WT 戦略：弱みと脅威を組み合わせ、最悪のシナリオを回避するためにどう撤退すればよいかを考える方法である。このような情報を整理する分析フレームとして SWOT 分析が利用される。

　自社の内部・外部環境を把握した後、重要になるのが STP によるターゲット・マーケティングである。これは、市場を細分化し（**表 10-2**）、一つまたは複数の細分化した結果によりできた消費者群をターゲットとして選び、ターゲット市場における自社と競争相手のサービスを比較して自社のサービスを位置づけようというもので、セグメンテーション（市場細分化）、ターゲティング（ターゲット設定）、ポジショニング（市場位置設定）という三つの段階から構成される。まずセグメンテーションについては、市場を何らかの基準でいくつかのグループに分けなければならない。このときの基準は一つとは限らず、多くの場合はいくつかの基準を組み合わせて自社のサービスの特徴にあったグループに分ける。

　セグメンテーションが完成した後、次にどのセグメントを標的とするかを考える。なお、ターゲットとするセグメントは一つとは限らない、一つ、または複数のセグメントをターゲットとして設定をする。ターゲット設定に当たり、

各セグメントの規模や成長率、競争の程度や期待できる収益等の魅力度を検討
する。次に自社の目的や資源について検討しなければならない。魅力度の高い
セグメントであっても、長期的にみると自社の目的に合わないものや、社会的
責任を考えるとふさわしくないものもある。魅力的で自社の資源を有効に活用
して競争に勝てるセグメントをターゲットとして設定することが重要となる。

標的とする市場が決まれば、その市場における自社の製品・サービスの戦略
的な位置づけを決定する。この際、よく用いられるのが知覚マップ（ポジショ
ニングマップ）である（**図 10-1**）。知覚マップは、ターゲット市場の消費者が競
合する製品・サービスをどのように知覚しているか、頭の中でどのように位置
づけているかを表した図のことをいう。知覚マップの作成方法は、その製品・
サービスにとって重要と思われる項目を縦軸と横軸に取り、そこに競合する製
品・サービスをマッピングしていく。

そして出来上がった知覚マップを基に、競争優位を確立できるポジションを
決定する。多くの有力な企業が優れた製品・サービスを投入しているようなポ
ジションでは、激しい競争を強いられるため、類似の製品・サービスがなく、
消費者にとっても魅力的な製品・サービスとなる位置を探る必要がある。その
際、自社が持つ資源と先の SWOT 分析で明らかにした強みや弱みを検討して
おかなければならない。なぜならいかに魅力的なポジションであっても、そこ
に位置する製品・サービスを開発する技術がない場合や資金・人材等の面で不

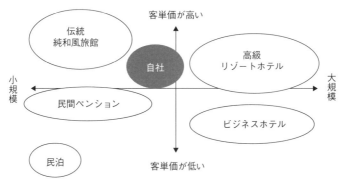

図 10-1　宿泊業界のポジショニングマップ例
出典：筆者作成。

表 10-3　観光のマーケティング・ミックス例

製品（Product）	価格（Price）	販売促進（Promotion）	流通戦略（Place）
旅行商品	同業他社の価格設定	広告	素材の仕入れ
宿泊施設	割引	パブリシティ	チャネルリーダー
輸送手段	割増金	接客	流通範囲
外食関連	自社利益率・利幅	イベント	販売チャネル

出典：山上（2005），8 頁より一部筆者修正。

可能な場合もあるからである。このように消費者を性別・年齢・職業などで属性を分類するセグメンテーションを行い、自社の製品の対象となる消費者グループをターゲティングし、競合他社と比較して自社のスタンスを明確にするポジショニングによって自社の進むべき道筋を立てることとなる。

　上記のように STP によってターゲット・マーケティングが明確になった後、製品（Product）、価格（Price）、販売促進（Promotion）、流通戦略（Place）の頭文字四つの P を組み合わせたマーケティング・ミックスを決定することで有効なマーケティング活動を生み出すと考えられる（**表 10-3**）。

　まず、製品については、冒頭のサービス業としての観光ビジネス特性において「無形財」について触れているが、これから述べる部分でいくつか重複するがご了承いただきたい。観光は旅行業などで「見えない商品」が中心となり、食事や土産などの有形財を除くと基本的には無形財ということになる。そのため、サービス商品の特性も踏まえ生産と消費は同時にはなるが、購入時期はサービス使用前になることが特徴となる。また、観光商品の多くは保管することができないため、観光業に携わる航空業であれば航空便の全座席や宿泊業であれば、全室を満室にして稼働率を限りなく 100 ％に近づけるようにしなければならない。そこで、旅行業者との協業が重要なカギとなる。異業種間での相互依存を高め[4]、航空・宿泊・テーマパーク、外食産業などと連携することで稼働率をお互いに 100 ％に近づけるような戦略が必要となるだろう。さらに観光需要は非常に弾力性があり、極端なシーズン性、激しい業界内での競争にさらされることになる。これについては、次の価格について詳述したい。

　価格は、まず同業他社との価格設定に依るところが大きく、そこに商品の品質、取引における割引、割増価格、自社利益率の確保などが存在する。そし

て、①原価を基準としたコスト志向、②競争商品の価格による競争志向、③消費者の負担能力を評価基準とする需要志向という三つのアプローチによって決定される。価格決定の基本方式は、①の原価加算方式のコスト志向であり、原価に期待する利益を加えたものを目標価格とする。よって商品の販売価格は、仕入れ価格、販売費、一般管理費といった営業費、物流費と自社利益の上乗せによって決定される。②の競争志向においては、日本国内であれば資本主義の競争原理が働いている。観光業は基本的に独占状況下とはなっていないため、常にマスツーリズム全盛の時代から薄利多売が続いているのが旅行業などである。市場は価格に敏感であり、宿泊業、飲食業などにおいて価格競争が一般化している。その一方で、航空業界など新規参入が容易ではない業界では、ほぼ独占状況の経営が可能であり、価格を比較的高めに設定することが可能となる。③の消費者の需要志向においては、市場浸透価格政策と上層吸収価格政策を紹介したい。市場浸透価格政策とは、競争者を駆逐するために原価を基にした最小限の価格を設定し、競争者の進出を思いとどまらせる戦略を指す。低価格戦略によって市場占有率を早期に高め、初期の利益が小さくとも市場への急速な浸透を図り、長期的な利益拡大を期待する考え方となる。基本的には低価格を希望する客層をターゲット市場とし、格安のパッケージツアーなどの戦略が挙げられる。他方、上層吸収価格政策においては、所得が高く、社会的地位の比較的高い階層をターゲット市場とし、次第に他の階層へと普及する戦略である。特定の高い価値と価格を求める顧客層を想定し、幅広いサービス、品質の高い設備、独特の雰囲気、アフターサービスの充実化などで顧客満足を図り、他社との差別化にも繋がる。今後も世界的に拡大しつつある格差社会[5]によって市場浸透と上層吸収価格は観光業においても展開されていくことが考えらえる。

　次の販売促進においては、消費者に情報を伝達して、商品の存在とその効用性を認知させたり、想起させることにより商品の需要を喚起・刺激し、市場の開拓の確保を図るための活動となる。販売促進の方法としては、①広告、②パブリシティ、③人的販売、④イベントが挙げられる。①の広告活動としては、テレビ、ラジオ、新聞、雑誌、パンフレット、看板、広告塔、SNS の CM など有料によって提供するものを指す。広告主のメッセージについて、メディア

を通じて視聴覚的に明示することであり、対象商品、地域、顧客層により広告媒体を考慮しなければならない。②のパブリシティは、①の広告活動の無料版ともいえる。そのため、自社の商品、サービス、企画などが記事やニュースとして報道されるという需要喚起の方法であり、それが視聴者へ好意的に受け止められれば、市場を創造することになる。また、パブリシティの場合、スポンサーがついている広告と違い、情報の伝達者が第三者機関・人であることから客観性と信頼性が高く、需要喚起が期待できる。③の人的販売は、上記①・②と違い、人と人のコミュニケーションが前提となる。そのため、販売員が顧客または見込みのある客に直接的に接触して、購買を誘導する活動となる。その際、重要となることが接客を行う販売員の体裁・態度である。製品自体に問題はなくとも、それを販売する人が悪ければ、製品価値自体を落としかねない。そのため、販売員は第一印象から気をつかわなければならない。④のイベントに関しては、国内・国際的なレベルで民間や行政が関わる観光プロモーション活動が全国で行われている。観光のプロモーション活動を行っている国際機関として、世界観光機関（WTO）があるが、アジアに関しては、WTO アジア太平洋事務所、などが挙げられる。国内においては日本政府観光客（JNTO）をはじめ、全国の自治体には観光局が存在する。世界最大級の観光プロモーション「ツーリズム EXPO ジャパン」をはじめ、2025 年の「日本国際博覧会」（通称：大阪・関西万博）などさまざまなイベントは、国内外を問わず全国各地のプロモーション活動を行う絶好の機会となる。

　そして最後の流通戦略においては、自社商品をどのようなサプライヤーのチャネルから仕入れ、旅行商品を造成し、どのチャネルで販売するかの決定を行わなければならない。その場合、特にチャネルリーダーとして取引主導権が航空会社、宿泊業者など、どこにあるのかも時代とともに変わりつつあるため、気をつけなければならない。また、何よりも重要なことは、顧客により異なる流通戦略が必要となることである。つまり、顧客の販売チャネルとして、既存の店舗販売だけでなく、スマートフォンアプリなどを活用したマルチ・メディア活用や近場のコンビニエンスストアでの販売などターゲットに合わせて手軽に購入できるチャネルを考えることが重要となる。

　このような SWOT 分析から STP、マーケティング・ミックスを経て具体的

な市場と効果的な商品をターゲット市場に投入することができる。次にこれまでの理論を応用した事例として、全国各地の地域振興例を見て、そこからどのようなデスティネーション・マーケティングが展開されているかを紹介していきたい。

第3節　デスティネーション・マーケティングとDMO

　本節では、デスティネーション・マーケティングを応用し、受け入れ側である地域が他の地域にはない魅力を打ち出すことで積極的な観光客の誘致活動を行い、観光産業の直接・間接的に関わる人々への影響を与えているかについてまとめたい。

　社会の成熟化・多様化、情報技術の革新や高速道路網の整備・LCCのような移動手段の低廉化により、地域観光を取り巻く環境は絶えず変化している。その一例が団体旅行から個人旅行への移行であろう。団体旅行は、旅行会社などが送客してくれる観光客に対し、地域の事業者や市町村の観光協会が対応する「発地型」の仕組みであった。しかし近年は多様で個別化したニーズを抱えた個人客が増え、イベント中心の旧来の受け入れ体制では、それらのニーズに対応しきれなくなった。観光客の受け入れ先である地域（デスティネーション）が自ら商品やサービスを開発し、観光客を集客してもてなす「着地型」の取り組みが求められている（**図10-2**）。

　これにより、地域が主体となったデスティネーション・マーケティングが注目されるようになった。これは、従来のように企業が提供する製品やサービス単体を売り込むのではなく、デスティネーションを商品として捉え、顧客をその目的地に引き込み、地域や企業が経済効果を上げることを目指して行われるマーケティング手法のことをいう。これを後押ししたのが、2008年に整備された「観光圏整備法」である。観光圏整備法は、観光地が広域的に連携した「観光圏」の整備を行うことで、国内外の観光客が2泊3日以上滞在できるエリアの形成を目指している。国際競争力の高い魅力ある観光地づくりを推進することで、地域の幅広い産業の活性化や、交流人口の拡大による地域の発展を図ることを目的としている。観光圏整備法では、観光地が連携した「観光圏」

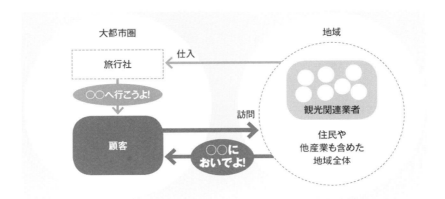

図 10-2　発地型観光から着地型観光へ
出典：DMO 推進機構（大社充作成）より一部修正。

の形成を目指し、自治体が作成する「観光圏整備計画」に沿って、民間など複数の事業主体が共同で、宿泊サービスの向上や観光資源を活用したサービスの開発などといった「観光圏整備事業」を行う。そして、観光圏整備事業費補助金や旅行業法の特例、農山漁村活性化プロジェクト交付金などの制度で地域の取り組みを支援している。

　そこで地域観光を推進する機関として DMO（Destination Management/Marketing Organization）が登場した。主に観光地全体の利益を優先し、多様な企業・団体の協業体制を築き上げる公平・中立的な中核組織としての役割が期待されている。DMO は地域の観光マーケティングと企画を担い、戦略を基に明確なコンセプトに基づき、官民の業者と協働しながら、訪日外国人集客をはじめとする観光戦略の立案や事業計画のマネジメント調整機能をする組織である。DMO は旅行目的地の構成要素の魅力を高めて外部に発信するため、一貫した観光戦略のもと、マーケティングや旅行目的地の対応能力の向上に加え、それらの基盤となる持続可能な環境の整備などを行い、官民の壁を越えて関係者や組織の調整をする。これまでの観光政策では、経験や勘といった個人の主観的な能力に依存する傾向があった。今後は、個人の能力に依拠する経営手法から実績や数値に依拠した組織として観光振興策を実施していくことが DMO に課されている。

DMO は自治体に依存した観光協会とは違う点がいくつかある。その最たる
ものが、マーケット・イン[6] のマーケティングである。通常、観光客は一つの
「観光エリア」としてデスティネーションを設定し、一回の旅行で周遊するエ
リアを県や市といった行政の区割りに関係なく周遊する。それは、個人旅行も
旅行会社が企画するパッケージツアーでも同様だろう。先述の観光協会であれ
ば、行政区内での観光ルートやパンフレットなどの紹介はできるが、行政依存
体質であるがゆえに、当該自治体のものに限られる。その垣根を越えるのが
DMO ということになる。それぞれの広域エリアごとにマーケティング機能を
持った DMO ならば、観光客の需要に応えることができる。

日本版 DMO[7] は三つのタイプに分けられており、DMO を設立するには、ま
ず候補となる法人の登録が必要となる。登録対象となるのは、地方公共団体と
連携して観光地域づくりを行う法人であり、登録区分としては以下のように設
定されている。2022 年 5 月 30 日時点では、「広域連携 DMO」10 件、「地域連
携 DMO」101 件、「地域 DMO」130 件の計 241 件が登録されている。

広域連携 DMO や地域連携 DMO のように一つのコンセプトに合わせて、県
や市などを越えて組織を組むことで、よりその地域の魅力がはっきりしたマー
ケティング活動を行うことが可能となる。例えば、広域連携であれば、北海道
全域をカバーした「北海道観光振興機構」や、沖縄県全島嶼をカバーした「沖
縄観光コンベンションビューロー」の他、瀬戸内海全域をカバーした兵庫県、
岡山県、広島県、山口県、徳島県、香川県、愛媛県が連携する「せとうち観光
推進機構」が存在する。また、地域連携 DMO としては、スキー観光で有名な
群馬県（みなかみ町）、新潟県（湯沢町、南魚沼市、魚沼市、十日町市、津南町）、
長野県（栄村）の 3 県の市町村から構成される「雪国観光圏」や、海をテーマ
とした京都府（福知山市、舞鶴市、綾部市、宮津市、京丹後市、与謝郡伊根町、与
謝郡与謝野町）による「海の京都観光圏」などが挙げられる。DMO は国また
は都道府県や市町村の支援により設立するが、大阪府の「大阪観光局」であれ
ば、構成メンバーが大阪府知事、大阪市長、堺市長、大阪商工会議所会頭、関
西経済連合会会長、関西経済同友会代表幹事、大阪観光局会長および理事長の
ように府内をカバーできる関係者が関わっている。主な事業内容として具体的
には、先述の大阪・関西万博や毎年冬に開催される「御堂筋イルミネーショ

表10-4　DMO の事業内容

1	観光マーケティング調査
2	マーケティング調査にもとづく合意形成と広域観光戦略の立案
3	マーケティングにもとづくブランディングとプロモーション
4	広域観光戦略に沿ったプロジェクト・マネジメント
5	教育旅行や MICE を受け入れるランドオペレーター事業
6	フィルムやスポーツコミッションなどのワンストップ窓口
7	広域エリア内の事業者および地域コンテンツの安全管理と品質管理

出典：大社（2013），222-223 頁より一部筆者修正。

ン」・「OSAKA 光のルネサンス」のプロモーション業務をはじめ、食（ガストロノミーツーリズム）、スポーツツーリズム、国内修学旅行、フィルムコミッションなどを推進している。また、ユニークな取り組みとしては、「LGBTQ[8]ツーリズム」に携わっており、LGBTQ 旅行客受け入れの基盤作りに積極的な活動を行っている。そして、地域 DMO では、北海道音更町の「十勝川温泉旅館協同組合」や、滋賀県近江八幡市の「近江八幡観光物産協会」、和歌山県田辺市の「田辺市熊野ツーリズムビューロー」、高知県黒潮町の「NPO 砂浜美術館」、福岡県八女市の「FM 八女」といった多種多様な団体が地域特性に合わせて認定されている。

　最後に DMO は、集約すると**表 10-4** のように事業内容をまとめられる。まず、詳細なマーケティング調査を実施し、それらのデータに基づいてエリア全体の広域観光戦略を立案することができれば、より魅力的なデスティネーション・マーケティングが描ける。もちろん、それを実現可能とするためには、エリア内の主要な利害関係者が参加し、さまざまな課題を乗り越えた上で合意形成をしなければならない。そうして立案された観光戦略でターゲット別の集客戦略を立案するとともに、来訪者ニーズに基づき、観光による新たな価値の創出と域内の産業振興戦略も組み込んでいる。そして、DMO は広域エリア全体のワンストップ窓口機能も担い、エリア内情報を一元管理し、域外に情報発信し、エリア内の観光関連商品を取り扱っている。全国各地に誕生した DMO は、教育旅行や MICE など団体旅行を扱うランドオペレーター業や、フィルム・スポーツコミッション機能などを統合させ、集客交流事業を行っている。

　これまでの日本における観光振興の主体を俯瞰すると、数えきれないほどの組織や団体が存在してきたが、お互いにそれぞれの存在を認識し、個々の特徴を生かしながら共同関係を築き、エリア全体として効率的に成果の上がる体制が整えられていたかは先述の通り不明である。顧客目線を第一に考え、エリア全体で観光マーケティングを行う体制が整えれば、より効果的な観光事業を展開することができるだろう。

●注

1　American Marketing Association（2017）の定義を筆者が日本語訳。
2　山上（2005）、吉田（2016）など。
3　長谷編（1996），16 頁を参考に筆者作成。
4　ただし、昨今のインターネット・スマートフォンの普及により、顧客への直接販売（ダイレクト・マーケティング）が浸透しつつあることから、各業界や企業によっては、独自での採算性向上も計られている。
5　所得・資産面での富裕層と貧困層の両極化と、世代を超えた階層の固定化が進んだ社会を指す。
6　消費者の声や意見を起点に企業が製品・サービスの開発を行い、顕在的なニーズを満たすことを指す。
7　海外では、地場に根付いた法人が活発に機能することで、観光客の集客にも成果が出始めており、日本でも観光庁が主導する形で、「日本版 DMO」を支援する動きが始まっている。
8　レズビアン（女性同性愛者）、ゲイ（男性同性愛者）、バイセクシュアル（両性愛者）、トランスジェンダー（生まれた時の性別と自認する性別が一致しない人）、クエスチョニング（自分自身のセクシュアリティを決められない、分からない、または決めない人）など、性的マイノリティの方を表す総称の一つ。

【引用文献・資料】

American Marketing Association (2017), "Definitions of Marketing."
　https://www.ama.org/the-definition-of-marketing-what-is-marketing/
　（最終アクセス日：2022 年 6 月 22 日）
DMO 推進機構『DMO で集客力を高める』。
　http://www.dmojapan.org/archives/report/0004（最終更新日：2017 年 8 月 19 日）
Rafiq, M. and Ahmed, P. K.（1993）, "The Scope of Internal Marketing: Defining the Boundary Between Marketing and Human Resource Management," *Journal of Marketing Management*, 9 (3),

pp. 219–232.

一般社団法人京都府北部地域連携都市圏振興社『海の京都ホームページ』。
　　https://www.uminokyoto.jp/（最終アクセス日：2022 年 8 月 19 日）

一般社団法人雪国観光圏『雪国観光圏ホームページ』。
　　http://snow-country.jp/（最終アクセス日：2022 年 8 月 19 日）

大阪観光局『組織概要』。
　　https://octb.osaka-info.jp/organization.html（最終アクセス日：2022 年 8 月 7 日）

大社充（2013），『地域プラットフォームによる観光まちづくり：マーケティングの導入と推進体制のマネジメント』，学芸出版社。

北中英明（2009），『プレステップ経営学』，弘文堂。

厚生労働省（2021），『令和 2 年雇用動向調査結果の概要』，「産業別の入職と離職」。
　　https://www.mhlw.go.jp/toukei/itiran/roudou/koyou/doukou/21-2/dl/kekka_gaiyo-02.pdf
　　（最終アクセス日：2022 年 4 月 7 日）

国土交通省『観光圏の整備による観光旅客の来訪及び滞在の促進に関する法律について』。
　　https://www.mlit.go.jp/kanko/kanko_tk4_000002.html　（最終アクセス日：2022 年 8 月 19 日）

国土交通省観光庁『観光地域づくり法人（DMO）』。
　　https://www.mlit.go.jp/kankocho/page04_000053.html　（最終アクセス日：2022 年 8 月 19 日）

国連世界観光機関（UNWTO）（2020），『デスティネーション・マネジメント・オーガニゼーション（DMO）の組織力強化のための UNWTO ガイドライン〜 DMO が新たな課題に備えるために（日本語版）』，国連世界観光機関（UNWTO）駐日事務所。

佐藤善信（1999），「顧客満足研究の現状と課題—サービス・マーケティングを中心に」，流通科学大学『片岡一郎先生学長退任記念論集』，43-68 頁。

高橋一夫編著（2011），『観光のマーケティング・マネジメント：ケースで学ぶ観光マーケティングの理論』，ジェイティビー能力開発。

中尾清・浦達雄編（2006），『観光学入門』，晃洋書房。

長谷政弘編著（1996），『観光マーケティング：理論と実際』，同文舘出版。

ボニータ・M・コルブ（2007），『都市観光のマーケティング』，多賀出版。

山上徹（2005），『観光マーケティング論』，白桃書房。

山本昭二・国枝よしみ・森藤ちひろ編著（2020），『サービスと消費者行動』，千倉書房。

吉田春生（2016），『観光マーケティングの現場：ブランド創出の理論と実践』，大学教育出版。

第11章
観光政策

POINT

- ・観光政策とは、観光分野において国や地方公共団体が、政治や行政を行う上での考え方や方針のこと。
- ・2008 年に観光行政の主管省庁として「観光庁」が設置されたが、観光政策の内容は多岐にわたるため、数多くの省庁と連携している。
- ・アフターコロナ時代には、安全安心・リスク管理、SDGs の考え方を踏まえたサステナブルな視点の観光政策が求められる。

第1節　観光政策とはなんだろう

　社会には、環境問題、人権問題、教育問題などさまざま問題がある。それらの問題の多くは、個人や民間団体だけでは解決が難しいものが多い。その個人や民間団体に代わって、政府や地方公共団体がその問題解決のために立案し実施する活動のことを「政策」という。みんなのための政策であるため、「公共政策」ともいう。

　では、「観光政策」とはなんだろう。観光に関わる事象を見ながら考えてみよう。新型コロナウイルス感染症が蔓延する直前の 2019 年の日本の観光の状況は、令和 2 年版観光白書によれば、国内観光客は約 6 億人（宿泊 3 億人、日帰り 3 億人）、そして訪日外国人客が約 3,000 万人となっており、それらの旅行消費額合計は約 28 兆円である。これだけの人が移動し、全国各地を訪問し、

図 11-1　観光に関わるさまざまな主体
　出典：筆者作成。

観光活動を行うことによって、観光者の個人的効用はもちろん、日本全体や地域への社会・経済・文化的効果に繋がっている。

　これらの観光に関わる主体は、ホテル・旅館などの宿泊事業者、飛行機や鉄道、バスなどの交通事業者、飲食事業者、お土産などの製造業者や小売店、テーマパークなどの事業者、社寺仏閣などの関係者、近年では各種の魅力体験を提供する農林水産業者や地域の事業者など非常に多岐にわたるが、それらは基本的に民間事業者である（**図 11-1**）。

　一方、例えば、地域を来訪する観光客が増えれば、道路整備や駐車場、トイレ、案内サインなどが必要になったり、さらに、観光客が増え過ぎれば、混雑や渋滞、ごみの放置など地域の日常生活を脅かす、いわゆるオーバーツーリズム問題となる場合もある。

　さらに、観光行動自体は、国民や市民の福利厚生や健康増進、学習や自己実現等に資するものであり、それらを促進していくことは社会的意義がある活動である。

　これらのことから、観光政策とは、観光分野において、民間のみでは解決が難しい課題について、民間に代わって国や地方公共団体（都道府県、市区町村）（**図 11-2**）が、それぞれの政治や行政を行う上での基本的な考え方や方針のことである。

図 11-2　国と地方公共団体
　出典：筆者作成。

第 2 節　国の観光政策

1. 観光政策の系譜

　国に「観光」と名の付く部署が設置されたのは戦後間もない 1945 年で、運輸省鉄道総局旅客課の「観光係」である。観光関係の法律としては 1948 年に「旅館業法」、「温泉法」が制定されたが、これらの管轄は厚生省（現、厚生労働省）で、主として公衆衛生面の規制等が目的であった。1949 年には国の機関が運輸省運輸大臣官房観光部として格上げされ、同年「国際観光ホテル整備法」、「通訳案内業法」、1951 年には「出入国管理令」、「旅券法」、「検疫法」、そして 1952 年には「旅行あっ旋業法」が制定され、現在の観光政策の基礎となる法律が整ってきた。

　高度成長期を迎えて、国民の旅行が盛んになる中で、国内観光の大衆化を図るために 1963 年に「観光基本法」が制定された。1962 年に策定された「全国総合開発計画」の推進とも関連し、地域において観光地の大規模開発が広がる中で、自然保護や歴史文化保全への機運も高まり、1972 年には「自然環境保全法」が制定され、1975 年には「重要伝統的建造物群保存地区」の指定等も開始された。

　1980 年代になると、アメリカの対日貿易赤字が問題視され、日本側の対策として日本人の海外旅行者数を増やす「海外旅行倍増計画」の推進と、国内での内需拡大策として「総合保養地域整備法（リゾート法）」の制定・推進が始まった。リゾート開発については、全国各地でゴルフ場やスキー場、マリーナなどを含む 42 の構想が描かれたが、1991 年のバブル崩壊により実現したものは多くはなく、地域に負の遺産を残したままのものもある。

　2000 年代には、小泉政権が「観光立国」を標榜し、地方経済活性化のためのインバウンド推進を掲げ、2003 年からは「ビジット・ジャパン・キャンペーン」を開始した。2006 年には観光基本法を全面的に改正した「観光立国推進基本法」が制定され、2008 年にようやく観光行政の主管省庁として国土交通省の外局に「観光庁」が設置された。

では、なぜ「観光立国」と呼ばれるレベルにまで「観光」が注目されたので
あろうか。ヒントは 1995 年に発表された観光政策審議会答申「今後の観光政
策の基本的な方向について」にある。その前文では、21 世紀を間近に迎えて
「観光が 21 世紀のわが国経済社会の発展の核となりうる」として、その期待と
して 4 点記されている。要約すると、①国民が健康を維持し、創造力を貯える
等のために国民生活に不可欠、②国内産業の空洞化に対し 21 世紀の経済構造
安定化と雇用創出、③地域の経済と文化を活性化させる地域振興に寄与、④国
際観光交流の促進による平和と国際収支の均衡化、である。日本の社会経済の
成長過程や世界との関係もあり、「観光」が注目されたと考えられる。

2. 観光立国推進基本法

2000 年代に日本が「観光立国」の実現をめざす中で、2006 年に議員立法と
して成立し、2007 年より施行されているのが「観光立国推進基本法」である
（**図 11-3**）。

観光基本法（昭和38年）を全面改正。平成18年12月13日成立、平成19年1月1日施行。

題　　名
観光立国の実現を国家戦略として位置づけ、その実現の推進を内容とするものであることにかんがみ、題名を「観光基本法」から「観光立国推進基本法」に改正。

前　　文
少子高齢社会の到来や本格的な国際交流の進展を視野に、観光立国の実現を「21世紀の我が国経済社会の発展のために不可欠な重要課題」と位置付け。

目　　的
観光立国の実現に関する施策を総合的かつ計画的に推進し、もって国民経済の発展、国民生活の安定向上及び国際相互理解の増進に寄与すること

基　本　理　念
観光立国の実現を進める上での ①豊かな国民生活を実現するための「住んでよし、訪れてよしの国づくり」の認識の重要性 ②国民の観光旅行の促進の重要性 ③国際的視点に立つことの重要性 ④関係者相互の連携の確保の必要性 を規定

関係者の責務等
①国の責務 　観光立国の実現に関する施策を総合的に策定、実施する。 ②地方公共団体の責務 　地域の特性を活かした施策を策定し実施。 　また、広域的な連携協力を図る。 ③住民の責務 　観光立国の重要性を理解し、魅力ある観光地の形成への積極的な役割を担う ④観光事業者の責務 　観光立国の実現に主体的な取り組むよう努める。

「観光立国推進基本計画」の作成
①観光立国の実現に関する施策についての基本的な方針 ②観光立国の実現に関する目標 ③観光立国の実現に関し、政府が総合的かつ計画的に講ずべき施策 ④その他、必要な事項 を盛り込んだ、閣議決定による観光立国推進基本計画を策定。 （国土交通大臣がとりまとめを担当）

図 11-3　観光立国推進基本法の概要

出典：観光庁 web サイト　https://www.mlit.go.jp/kankocho/kankorikkoku/kihonhou.html　（2022 年
10 月 20 日閲覧）

　観光を 21 世紀における日本の重要な政策の柱として明確に位置づけており、基本理念として、観光立国の実現を進める上で、「住んでよし、訪れてよしの国づくり」の重要性、国民の観光旅行促進の重要性、国際的視点の重要性などを規定している。

　また、関係者の責務等について位置づけ、その中の一つとして、国は「観光立国推進基本計画」を定めることとしている。

3. 観光立国推進基本計画と明日の日本を支える観光ビジョン

観光立国推進基本計画

　「観光立国推進基本法」に基づく「観光立国推進基本計画」は、2007 年に 5 年間の計画期間で最初の計画が策定され、その後、二度にわたる改訂があり、現段階では 2017 年度から 2020 年度までの計画期間のものが最新である。

　基本的な方針は、①国民経済の発展、②国際相互理解の増進、③国民生活の安定向上、④災害、事故等のリスクへの備えと変わらないが、この間の、東日本大震災からの復興、地方創生の重視などを受けて、計画の内容は更新されている。なお、新型コロナウイルス感染症への対応や今後の見通し等については、この計画においては反映されていない。**図 11-4** に、政府が総合的かつ計画的に講ずべき施策の概要を示す。

明日の日本を支える観光ビジョン

　「観光先進国」への新たな国づくりに向けて、2016 年 3 月、「明日の日本を支える観光ビジョン構想会議」（議長：内閣総理大臣）において、「世界が訪れたくなる日本」をコンセプトとした新たな観光ビジョンとして「明日の日本を支える観光ビジョン」を策定した。観光立国推進基本計画でも目標設定をしていたが、その目標を大幅に前倒しし、かつ、質の高い観光交流を加速させるべく、新たな目標設定を行った（**表 11-1**）。

1. 国際競争力の高い魅力ある観光地域の形成
   ①国際競争力の高い魅力ある観光地域の形成
   ②観光資源の活用による地域の特性を生かした魅力ある観光地域の形成
   ③観光旅行者の来訪の促進に必要な交通施設の総合的な整備
2. 観光産業の国際競争力の強化及び観光の振興に寄与する人材の育成
   ①観光産業の国際競争力の強化
   ②観光の振興に寄与する人材の育成
3. 国際観光の振興
   ①外国人観光旅客の来訪の促進
   ②国際相互交流の促進
4. 観光旅行の促進のための環境の整備
   ①観光旅行の容易化及び円滑化
   ②観光旅行者に対する接遇の向上
   ③観光旅行者の利便の増進
   ④観光旅行の安全の確保
   ⑤新たな観光旅行の分野の開拓
   ⑥観光地域における環境及び良好な景観の保全
   ⑦観光に関する統計の整備

図 11-4 「観光立国推進基本計画」における政府が総合的かつ計画的に講ずべき施策
出典：観光庁 web サイト　https://www.mlit.go.jp/common/001299664.pdf　（2022 年 10 月 20 日閲覧）
を基に筆者作成。

表 11-1 「明日の日本を支える観光ビジョン」に掲げる新たな目標値

目標の項目	2020 年	2030 年
訪日外国人旅行者数	4,000 万人（2015 年の約 2 倍）	6,000 万人（2015 年の約 3 倍）
訪日外国人旅行消費額	8 兆円（2015 年の 2 倍超）	15 兆円（2015 年の 4 倍超）
地方部での外国人延べ宿泊者数	7,000 万人泊（2015 年の 3 倍弱）	1 億 3,000 万人泊（2015 年の 5 倍超）
外国人リピーター数	2,400 万人（2015 年の約 2 倍）	3,600 万人（2015 年の約 3 倍）
日本人国内旅行消費額	21 兆円（最近 5 年間の平均から約 5 ％増）	22 兆円（最近 5 年間の平均から約 10 ％増）

出典：観光庁 web サイト　https://www.mlit.go.jp/common/001126601.pdf　（2022 年 10 月 20 日閲覧）
を基に筆者作成。

4. 広範囲にわたる観光行政

　観光行政の主管省庁として、2008 年に設置された観光庁には、観光産業、国際観光、観光地域振興、観光資源等に関する部署が設置されているが、観光

表 11-2　観光行政に関わる省庁等の主な所管業務

省庁等	主な所管業務
観光庁（国土交通省）	観光地づくり、日本の観光魅力の発信、観光産業の振興
JNTO（日本政府観光局）	海外での観光宣伝（観光庁にひもづく機関）
法務省	出入国審査体制の充実、等
外務省	在外公館を通じた広報、査証の見直し、等
文部科学省（文化庁含む）	文化財の保全・活用、文化の振興、留学生交流、教育旅行、等
厚生労働省	勤労者の休暇の取得促進、旅館施設の環境衛生管理、等
農林水産省	都市と農山漁村の共生・対流、農山漁村の社会資本整備、等
経済産業省	サービス産業の創出、コンテンツ産業の育成、産業観光、等
環境省	国立公園、世界自然遺産の保全、エコツーリズム、等
総務省	地方創生、等

出典：前田勇（2015）『新現代観光総論』, p. 40 を基に筆者作成。

行政は広範にわたるため、観光庁だけではカバーし切れないのが実態である。**表 11-2** のように、観光行政に関連する業務は数多くの省庁に及んでいる。

　また、観光行政に関わる施策やその実施について連絡調整を行うために内閣に「観光立国推進閣僚会議」が設置されており、観光政策の総合化が進められている。

第 3 節　地方における観光政策

1. 地方における観光政策

　観光立国推進基本法では地方公共団体の責務を、
　　①地域の特性を活かした施策を策定し実施すること
　　②広域的な連携協力を図ること
と定めている。

　さらに、2017 年度に改訂された観光立国推進基本計画においても、地方公共団体の役割が期待を込めてかなり具体的に記載されている。その要点を以下に列挙する。

①国内外からの観光旅行者を歓迎するまちづくりに努める

②地域内の多様な関係者（観光産業、農林水産業、商工業、行政、NPO 等）と連携しながら、ネットワークづくりの先頭に立つ

③地域間で互いに切磋琢磨しながら地域の特性に合った手法を創り出し、各地域の魅力を更に高めていく

④広域的な連携協力や地域間の連携協力を一層推進する

　全国には現在 47 の都道府県と 1,718 の市町村があるが、上記の記載からすると、各地方公共団体どうしが切磋琢磨しながら、観光資源を磨き、地域の関係者と連携しながら観光まちづくりを推進しようという趣旨である。

　国の「法律」に相当するものとして、地方公共団体には「条例」があり、地方自治法に基づき地方議会で制定することができる。観光分野の条例について、一般財団法人地方自治研究機構によると、地方公共団体における「観光振興に関する条例」は、2021 年 9 月 10 日現在（施行されているもの）で、都道府県では 33 条例、指定都市では 1 条例、その他の市区町村では観光条例、観光基本条例, 観光振興条例、観光立市（立町）推進条例、おもてなし条例等の名称で 30 以上の条例が制定されている。

　統計データはないが、地方公共団体における観光行政を担う部署はおおむね設置されていると想定される。また観光振興に関する計画や戦略も、単独かあるいは他の計画に含まれる形で策定され、その中には施策が位置づけられていると考えられる。公益財団法人日本交通公社が発行する旅行年報 2021 によると、都道府県および主要な市町村が実施した代表的な観光の事業分野は**図 11-5** のとおりである。都道府県では「情報発信」、「旅行目的となる観光資源のソフト整備」が突出して多くなっている。一方、市町村では「情報発信」が突出して多いが、次いで「観光イベントの開催」、「観光資源のハード整備」、「観光資源のソフト整備」、「受入環境のハード整備」などが同程度となっており、都道府県と較べて市町村の方が地域に密着したイベントやハード整備関係が多いという特徴がある。都道府県は広域の政策、市町村は住民に直接関係する政策を担当しているからである。

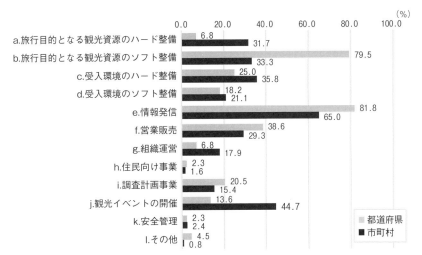

図 11-5　2019 年度に都道府県および主要な市町村が実施した代表的な観光の事業分野

注：回答数は、都道府県が 44、市町村が 123。
出典：（公財）日本交通公社『旅行年報 2021』（https://www.jtb.or.jp/book/annual-report/annual-report-2021/（2022 年 10 月 20 日閲覧))、p. 187、p. 193 を基に筆者作成。

2.　市町村レベルにおける観光計画

　市町村レベルの観光に関する計画は、観光戦略、観光振興プラン等の名称が使用されている。ここでは「観光計画」という言葉に統一し、その特徴について紹介する。

市町村レベルの観光計画の実際

　ここではコロナ禍の状況で策定し、また筆者が関わった兵庫県姫路市の「観光戦略プラン」を事例に、その計画の内容構成と特徴を紹介する。

　姫路市では、現行の観光戦略プランが期間満了を迎え、また市内外の観光を取り巻く環境が大きく変化する中で、2022 年度から 5 年間を計画期間とするプランを策定した。策定にあたっては市内観光関係者や有識者等からなる姫路市観光戦略推進会議を設置し検討するとともに、庁内の関係部署とも十分調整を行った。

　戦略プランの構成は 5 章構成となっている（**図 11-6**）。第 1 章は「姫路市観

第1章　姫路市観光戦略プランの概要
　1　目的
　2　プランの位置づけ
　3　計画期間
　4　姫路市における観光の意義

第2章　姫路市の観光の現状と取り巻く動向
　1　姫路市の観光を取り巻く動向
　　(1) 全国の観光動向
　　(2) 兵庫県の観光動向
　　(3) 姫路市の観光を取り巻く社会動向等
　2　姫路市の観光に関する現状
　　(1) 現行計画における取組と成果等
　　(2) 姫路市の観光動向
　　(3) 姫路市の観光に関わる関連動向
　3　姫路市の観光に関する意向
　　(1) 市民・市場の意向
　　(2) 観光関係団体・事業者の意向
　　(3) 有識者の意向
　4　姫路市の観光に関する課題
　　(1) 姫路市の観光の強み・弱み等の整理
　　(2) 姫路市の観光の課題

第3章　姫路市の観光戦略プラン・将来像
　1　姫路の観光の将来像
　2　数値目標
　3　姫路市観光戦略プランの推進方針

第4章　姫路市の観光施策
　1　将来像を実現するための5つの戦略
　2　戦略を実現するための視点
　3　戦略ごとの施策
　　戦略1：観光コンテンツの磨き上げによる魅力向上
　　戦略2：観光客のニーズを踏まえた受入環境の整備
　　戦略3：効果的なプロモーションによる誘客推進
　　戦略4：国際会議観光都市・MICE都市の推進
　　戦略5：観光を活かした産業振興・地域づくりの推進
　[参考]　姫路市の観光計画の変遷

第5章　姫路市観光戦略プランの推進体制
　1　プランの推進体制
　　(1) 推進体制
　　(2) 主体ごとの役割
　2　推進にあたって

図 11-6　姫路市観光戦略プランの目次構成

出典：姫路市観光戦略プラン（https://www.city.himeji.lg.jp/kanko/cmsfiles/contents/0000020/20656/plan.pdf（2022年10月20日閲覧））を基に筆者作成。

光戦略プランの概要」として、目的や位置づけ、計画期間等が含まれる。第2章は「姫路市の観光の現状と取り巻く動向」として、全国や兵庫県など姫路市の観光を取り巻く動向や、姫路市自体の観光の現状、観光に関する市民や来訪者、事業者など関係者の意向などを踏まえて、姫路市の観光の課題を整理している。第3章は「姫路市の観光戦略プラン・将来像」として、姫路の観光の将来像とその達成度合いを図るための数値目標などを設定している。第4章は「姫路市の観光施策」として、将来像を実現するための戦略と具体的な施策を記載している。そして第5章では「姫路市観光戦略プランの推進体制」として、関係主体の役割や体制、推進の仕組みについて記している。

姫路市の観光の主な課題としては、全国に共通的な、新型コロナウイルス感

染症への対応や、デジタル技術の有効活用、SDGs の取組推進などがある。一方、固有の課題としては、姫路市域には農山村地域や瀬戸内海の家島諸島地域などを含む多彩な地域資源があるが、現状では、観光客は姫路城に一極集中している傾向が強く、滞在時間も短く、観光消費額も少なくなっており、そうした構造的な状況への対応がある。また市内に大規模なコンベンションセンターが完成したことから、それを活用し、市内観光とも連携した国際会議や集客イベントなどの MICE 誘致を進めることが新しい課題である。また、観光推進体制について、これまでも姫路観光推進に中心的な役割を担ってきた団体が地域DMO（観光地域づくり法人）に登録されることから、地域と一体となった観光地域づくりの体制を強化することも課題である。

　こうした課題に対応するため、姫路の観光の 5 年後の将来像を「観光を通して、にぎわいと感動にあふれるまち姫路〜訪れてみたい、また来てみたい、と感じるまち姫路を目指します。〜」と設定した。そしてそれを実現するための施策体系を**図 11-7** のとおり整えている。五つの戦略を打ち立てており、戦略1 は姫路城以外の資源も含む観光コンテンツ自体の魅力向上について、戦略 2 では、インバウンド対応やワーケーションなども含む観光客の受入環境の整備、戦略 3 では、デジタル技術や大阪・関西万博等も活用した誘客について、戦略 4 では、コンベンションセンターを活用・連携した MICE 誘致、そして戦略 5 では、観光を活かした産業振興・地域づくり、地域 DMO を中心とした観光マネジメント体制等について施策を位置づけている。

　そして、これらの観光施策の推進を測る数値目標について、総入込客数、旅行消費額、延べ宿泊者数、リピーター率などの項目で具体的に設定し、定期的に測定することとしている。

市町村レベルの観光計画の策定プロセス

　ここでは主として市町村レベルにおける観光計画の策定方法とそのプロセスについて説明する。**図 11-8** のように、3 ステップに分かれ、調査編では、当該市町村の観光に関わるさまざまな定量的・定性的なデータを集め、整理する。分析編では、その結果を活用し、情報を加工・分析し、当該市町村の観光に関わる課題を明確にする。そして、計画策定編では、それら二つを踏まえ

戦略1：観光コンテンツの磨き上げによる魅力向上	戦略3：効果的なプロモーションによる誘客推進
(1) 姫路城周辺の魅力の創造と発信	(1) 国内外プロモーションの充実
(2) 地域の観光地としての魅力の向上	(2) 外国人観光客の誘致
(3) 多様な観光コンテンツの発掘・磨き上げ	(3) デジタルを活用した効果的なマーケティングの推進
(4) 姫路城世界遺産登録30周年、県DC[※]、大阪・関西万博、WMG関西^{※※}に向けた魅力の創出	(4) 姫路城世界遺産登録30周年、県DC[※]でのPR
(5) イベントによる魅力の創出	(5) 大阪・関西万博、WMG関西^{※※}との連携・活用
(6) 周辺市町やテーマに沿った連携による観光の推進	戦略4：国際会議観光都市・MICE都市の推進
戦略2：観光客のニーズを踏まえた受入環境の整備	(1) MICE開催地としての選ばれやすい環境づくり
(1) ホスピタリティの向上	(2) 国内外からのMICE誘致
(2) 来訪者の利便性の向上	戦略5：観光を活かした産業振興・地域づくりの推進
(3) 外国人観光客へのおもてなしの充実	(1) 稼げる観光関連産業の成長促進
(4) ワーク×観光スタイルの推進	(2) 観光産業への参入・連携支援
	(3) 観光マネジメント体制の強化
注1：[※]県DC：兵庫デスティネーションキャンペーン	(4) SDGsへの貢献と持続可能な観光（サスティナブル・ツーリズム）の推進
注2：^{※※}WMG関西：ワールドマスターズゲームズ関西	

図11-7　姫路市観光戦略プランにおける施策体系

出典：姫路市観光戦略プラン（https://www.city.himeji.lg.jp/kanko/cmsfiles/contents/0000020/20656/plan.pdf（2022年10月20日閲覧））を基に筆者作成。

て、計画自体を作成する。

　これらの作業は基本的には当該市町村が実施するが、高度な調査やデータの扱いなど専門性が高まる中で、大学等の研究機関や専門事業者が協力する場合も多くなっている。

3. DMO

　地域の観光政策に関する非常に重要な概念としてDMOがある。DMOはDestination Management/Marketing Organizationの略で、地域のマネジメント・マーケティング活動を通じて、観光誘客により地域全体の利益を向上させ、地域を活性化させる組織である。日本では「地方創生」の政策をきっかけに、観

【ステップ1：調査編】

当該市町村の観光に関係するデータを収集し、整理する。

　○観光動態のデータ（観光入込客数（全体・施設別）、駅等の乗降客数、ビッグデータ）

　○当該市町村の基礎的データ（人口、産業構造（商工業、農林水産業等）、歴史・成り立ち）

　○現在の計画の進捗状況の把握・点検、関連する取り組みの把握・整理

　○利用者・来訪者等の実態および意向調査（利用・来訪実態、利用・来訪意向とその条件等、現場での
　　聞き取り調査、インターネットによる調査）

　○観光資源等の状況および利用実態・意向調査（現地調査、関係者へのヒアリング等）

　○関連動向の把握・整理（一般的な社会動向、周辺市町村の動向、市町村内の動向等）

　○関連政策や計画・事業等の把握・整理（国、都道府県、市町村内）、等

【ステップ2：分析編】

調査編の結果を受けて、情報を加工・分析し、課題を抽出・整理する。

　○ SWOT 分析（当該市町村の観光の強み、弱みの内部環境、機会と脅威の外部環境をクロスさせて、課題
　　を抽出）

　○ 3C 分析（観光客の立場や声からの分析、競合地域との比較による分析、自らの市町村のあり方からみた
　　分析を重ね合わせて、観光の今後のあり方を検討）

　○事例調査（当該市町村と類似した地域、似た課題を持つ地域、参考にしたい取り組みをしている地域等
　　の事例を調査・分析し、適用性について検討）、等

【ステップ3：計画策定編】

調査編と分析編を踏まえて、計画を策定する。

　○計画策定体制の検討（庁内調整会議、市民や事業者など関係者からなる会議の設置等）

　○将来像と計画の柱の設定

　○数値目標の設定

　○施策体系と個別の施策の設定

　○計画推進の仕組みと体制の検討（PDCA の仕組み）

　○計画書の作成、等

図 11-8　市町村レベルの観光計画の策定プロセス

　出典：筆者作成。

光庁が 2015 年に「日本版 DMO 登録制度（その後、名称を「登録 DMO」に変更）」を創設し、地域における DMO の設立と事業展開を支援している。なお、観光庁では DMO を「観光地域づくり法人」と呼んでおり、地域の「稼ぐ力」を引き出すとともに地域への誇りと愛着を醸成する「観光地経営」の視点に立った観光地域づくりの舵取り役として、多様な関係者と協同しながら、明確なコンセプトに基づいた観光地域づくりを実現するための戦略を策定するとともに、戦略を着実に実施するための調整機能を備えた法人としている（**表 11-3**

表 11-3　観光地域づくり法人（DMO）の 3 区分

名称	エリア	登録数
地域 DMO	原則として、基礎自治体である単独市町村の区域を一体とした観光地域	130
地域連携 DMO	複数の地方公共団体にまたがる区域を一体とした観光地域	101
広域 DMO	地方ブロックレベルの区域を一体とした観光地域	10

注：広域 DMO の例としては、公益社団法人北海道観光振興機構のように一つの都道府県を範囲とするものから、一般社団法人せとうち観光推進機構のように 7 県にまたがるものもある。
出典：観光庁 web サイト　https://www.mlit.go.jp/kankocho/page04_000048.html　（2022 年 10 月 20 日閲覧）を基に筆者作成。

図 11-9　観光地域づくり法人（DMO）の役割イメージ
出典：観光庁 web サイト　https://www.mlit.go.jp/kankocho/page04_000048.html　（2022 年 10 月 20 日閲覧）掲載の図を一部抜粋。

参照）。

　2022 年 5 月末時点、全国で 241 件の観光地域づくり法人（DMO）が登録されている。DMO には**図 11-9** ように広域的なエリアから小規模なエリアまで三つの区分があり、今後も登録が増えると考えられる。

第 4 節　アフターコロナ時代に求められる観光政策

1. アフターコロナ時代の観光政策で大切になる考え方

　アフターコロナ時代の価値観の転換や、社会の変革については、さまざまな

ことがいわれているが、ここでは、その中で観光政策において大切になる考え方を整理する。

① パンデミックなど世界的・広域的なリスクのみならず、地震やゲリラ豪雨など局地的な災害も増える中で、住民だけではなく来訪者もいる観光地において、平常時における事前の防災対策に加えて、災害発生時の適切な対応なども含めた、安全・安心・リスク管理の対策が求められる。

② サステナブルや SDGs が世界共通のキーワードとなって久しいが、観光や地域活性化の面でもその徹底が求められる。特に、自然や歴史資源などの魅力を損なわない適切な利用、オーバーツーリズムによる地域社会や生活への悪影響の軽減、さらには人材面や経済面も含めた持続的な観光地経営も求められる。

③ 地域の一部分だけではなく、観光地全体が活性化するように、地域のあらゆるステークホルダーが参画した地域観光づくりのプラットフォームが形成され、それを観光地域づくり法人（DMO）が中心になって円滑に運営するために、DMO の人材面と財政面の体制強化が求められる。

④ リアルな観光実態等に即応した適切な観光の取り組みを推進し、評価する、いわゆる PDCA サイクルを回すために、ビッグデータや独自のリサーチ等に基づくエビデンスデータを活用したマーケティング・マネジメントが求められる。

⑤ AI やロボティクスなどを含む DX 技術の進展は目覚ましく、ヴァーチャルツアーなどの観光コンテンツのほか、SNS 等を活用した発信や、キャッシュレスなどテクノロジー活用した業務効率化など、あらゆる場面でそれらの適切な活用が求められる。

⑥ 従来より、宿泊施設や飲食店など観光関連業界の人材不足、後継の経営者不足が問題となっていたが、コロナ禍がその追い打ちをかけた。血縁のみにこだわらない観光施設の事業承継など新しい観光地づくりに向けた人材の確保・育成が求められる。また、他産業との連携や新しい働き方も含めた観光の仕事の再検討も必要である。

⑦ 高齢者の旅行人口の増加、障がい者や食事制限のある人の増加、

LGBTQ への対応、嗜好の個別化など、実にさまざまな多様化が不可逆的に進行している。さらに今後インバウンドの回復や多国籍化、そして地方への訪問の増加も見込まれる中で、ハードソフトにおいて多様性に配慮し、それらを受け入れる対応が求められる。

⑧人口減少・少子高齢化の中で、地域における人材や資金など経営資源の限界が見えるなか、さらに地域間競争が激しくなれば、「観光」自体を地域課題や社会課題解決に対応させ、かつ資源や取り組みを磨き上げ、他地域との差別化を図っていくことが必要になる。単に誘客数や消費単価だけではなく、それらを意識した戦略や取り組みが求められる。

2. 今後さらなる進展が注目される取り組み等

上記の大切になる考え方も踏まえて、アフターコロナ時代にさらなる進展が注目される取り組み例を以下に取り上げる。

国立公園の「ナショナルパーク」としてのブランド化

コロナ禍によりオープンエアでの観光の大切さが見直されたが、既に観光庁が 2016 年に発表した「明日の日本を支える観光ビジョン」の中の取り組みとして「国立公園の『ナ

写真 11-1　JNTO 国立公園サイト
出典：JNTOweb サイト　https://www.japan.travel/national-parks/
（2022 年 10 月 20 日閲覧）

ショナルパーク』としてのブランド化」がある（**写真 11-1**）。現在、日本には北海道から沖縄まで 34 ヵ所の国立公園があるが、「世界中から休日を過ごしにくる上質感あふれる空間に」というキャッチフレーズで、保護すべき区域と観光活用する区域を明確化し、民間の力も生かし、体験・活用型の空間へと生まれ変わらせるとしている。SDGs の価値観やアウトドア、キャンプなど人気が高まるなか、国立公園の活用は、日本人にとってもインバウンドにとっても重

要な取り組みになる。

日本が誇る・地域が誇る「文化財」の観光活用

上記と同様に「明日の日本を支える観光ビジョン」の中の取り組みとして「『文化財』を、『保存優先』から観光客目線での『理解促進』、そして『活用』へ」が位置づけられている。従来の「保存を優先とする支援」から「地域の文化財を一体的に活用する取組への支援」への転換である。2022 年 7 月現在、建築物

写真 11-2　島原城グランピング
出典：総務省 web サイト　https://www.soumu.go.jp/main_content/000517182.pdf （2022 年 10 月 20 日閲覧）

に限定しても、国宝で 229 件、重要文化財（国宝含む）で 2,540 件指定されており、これらの活用が期待される。

すでに、文化財である歴史的建造物を活用し、特別感や地域特性を演出した会議やレセプション（ユニークベニュー）が開催されたり、お城に泊まる「城泊」、お寺に泊まる「寺泊」などの取り組みも進みつつあり、指定文化財に限らずに、博物館や美術館などの活用も含めた、地域ならではの展開が期待される（**写真 11-2**）。

「地域産業×観光」による地域の観光コンテンツの磨き上げ

日本全国の各地域には交通、漁業、農業、林業、製造業など、小規模事業者や中小企業が担う、その地域に根差した特徴的な地場産業がある。それらに観光面から光を当て、新しい独自の観光コンテンツに磨き上げることが大切である。

人口減少・少子高齢社会の中で、地場産業は概して人材不足で、マーケットも縮小傾向であることが多く、「観光」をきっかけとした消費者との直接的な

交流がその打破のきっかけになる可能性もある。一方、観光サイドからは、地域間競争が激しくなる中で、従来の観光コンテンツの他に、地域に根差した固有のコンテンツを探し、磨き上げるよい機会となる。

　従来から各地で農林水産業体験などが広く実施されてきたが、その地域ならではの特色づけや魅力などを改めて確認し、コンテンツを再構築することが求められる。

健康・スポーツ・ウエルネスツーリズム

　日本の人口の３割弱が高齢者（65歳以上人口）である高齢社会の中で、「健康長寿」は以前から非常に重要なキーワードであったが、コロナ禍によりさらに「健康」の重要性が増した。またスポーツについても、コロナ禍においては、在宅時間が長くなる中で、また、三密を回避するオープンエアでの活動として、ウォーキングやランニング、自転車、アウトドアなどに取り組む人も増えてきた。

　さらに、近年、ウェルネスツーリズム（Wellness Tourism）という概念も提唱されている。琉球大学ウェルネス研究分野によれば、「ウェルネスツーリズムとは、旅先でのスパ、ヨガ、瞑想、フィットネス、ヘルシー食、レクリエーション、交流などを通して、心と体の健康に気づく旅、地域の資源に触れ、新しい発見と自己開発ができる旅、原点回帰し、リフレッシュし、明日への活力を得る旅のこと」とされている。

　2025年開催予定の「大阪・関西万博」のメインテーマは「いのち輝く未来社会のデザイン」でサブテーマは「多様で心身ともに健康な生き方／持続可能な社会・経済システム」である。サブテーマと「ウェルネス」は非常に親和性の高い概念であり、万博におけるウェルネスツーリズムの展開も期待される。

ワークスタイル×ライフスタイル×観光

　国土交通省の調査によれば、大都市に居住する関係人口は1,800万人という推計がある。関係人口とは、移住や観光でもなく、単なる帰省でもない、日常生活圏や通勤圏以外の特定の地域と継続的かつ多様な関わりを持つ人口であり、上記のデータからすれば全国民の１割以上が、居住地以外の地域との関係

を持っていることになる。

　コロナ禍において在宅ワークをする人が増え、居住地を都市部から地方部に移す人も出始めた。またワーク（仕事）とバケーション（休暇）を合わせた造語である「ワーケーション」という言葉も注目されている。テレワーク等を活用し、普段の職場や自宅とは異なる場所で仕事をしつつ、自分の時間も過ごすこ

写真 11-3　ワーケーションの例

出典：観光庁 web サイト　https://www.mlit.go.jp/kankocho/workation-bleisure/corporate/case/salesforce/（2022 年 10 月 20 日閲覧）

とであるが、既にいくつかの地域ではその推進に取り組んでいる（**写真 11-3**）。

　一方、コロナ禍以前から、ノマドワーカー的な働き方をする人や総務省の制度である「地域おこし協力隊」を活用し地方に移住し一定期間働く人、そして、その後地域で起業する人も増えてきた。さらに、日本各地の空き家を活用した、住まいの定額制サービスである ADDress や、全国の 1,000 以上ある宿泊施設を定額制で利用できる HafH（ハフ）などの住まいや宿のプラットフォームサービスも出現してきた。

　すなわち、さまざまな形で、日常と非日常、仕事と遊び、居住地と出張先や移住先などの境目が見えにくくなり、逆に融合しつつあるといえる。

　そうした中で新しい観光と、その受け皿として地域でどんなサービスや受け入れ体制をつくっていったらよいのかまさに模索中である。この分野も今後期待される。

【参考文献】

ADDress（2022），https://address.love/（2022 年 10 月 20 日閲覧）
HafH　https://www.hafh.com/（2022 年 10 月 20 日閲覧）
一般財団法人地域自治研究機構「観光振興に関する条例」。

http://www.rilg.or.jp/htdocs/img/reiki/070_tourism_promotion.htm
（2022 年 10 月 20 日閲覧）

観光政策審議会答申（1995），「今後の観光政策の基本的な方向について」。
https://www.mlit.go.jp/singikai/unyusingikai/kankosin/kankosin39.html
（2022 年 10 月 20 日閲覧）

観光庁「観光立国推進基本計画」。
https://www.mlit.go.jp/kankocho/kankorikkoku/kihonkeikaku.html
（2022 年 10 月 20 日閲覧）

――「観光立国推進基本法」。
https://www.mlit.go.jp/kankocho/kankorikkoku/kihonhou.html
（2022 年 10 月 20 日閲覧）

――（2020），「令和 2 年版観光白書」。

――（2022），「新たな旅のスタイル」ワーケーション＆ブレジャー。
https://www.mlit.go.jp/kankocho/workation-bleisure/
（2022 年 10 月 20 日閲覧）

国土交通省（2021），「ライフスタイルの多様化と関係人口に関する懇談会〜関係人口と連携・協働する地域づくり〜」。
https://www.mlit.go.jp/kokudoseisaku/kokudoseisaku_tk3_000110.html
（2022 年 10 月 20 日閲覧）

国立大学法人琉球大学ウェルネス研究分野。
https://health-tourism.skr.u-ryukyu.ac.jp/wellness-spatourism
（2022 年 10 月 20 日閲覧）

JTB 総合研究所編（2021），『観光学基礎：観光に関する 14 章』，JTB 総合研究所。

島川崇（2020），『新しい時代の観光学概論：持続可能な観光振興を目指して』，ミネルヴァ書房。

羽田耕治編著（2020），『はじめてでもわかる！自治体職員のための観光政策立案必携』，第一法規。

前田勇編著（2015），『新現代観光総論』（第 3 版），学文社。

山下晋司編（2011），『観光学キーワード』，有斐閣。

第12章
ブランドと観光

POINT

- ヒト・モノ・カネ・情報につぐ、5番目の経営資源[1]としてブランドが注目されて久しい。そのブランドは、企業や、商品、サービスだけに限られるかといえば、実は、国や都市、地域のいわゆるプレイス[2]（場所）にもブランドがあり、それを生かすことにより、人を呼び寄せ、そのプレイスに恩恵をもたらすことができる。
- 本章では、ブランドについての理解、観光におけるブランドの使われ方、そしてプレイスのブランドがその国、地域、場所にどのように貢献するのかを以下の点を中心に理解する。
- ブランドの役割は、モノやサービスを他と「識別」させ「差別化」することで、売れ続けるしくみをつくることである。
- ブランドは観光ビジネスにも強く働き、顧客がモノやサービス選択の際に重要な決め手となる。
- ブランドはモノやサービスだけにとどまらず、プレイスにも有効に働く戦略となる。
- これからの持続可能なプレイスには、地域住民へのインターナル・ブランディングと社会貢献の視点がより重要になる。

第1節　ブランドとは

　では、まずブランドとは何であるか。すぐに思い浮かべるのは、いわゆる高級ブランド品と呼ばれるものから連想される高価なモノであろうか。実は経営

学におけるブランドはもっと広い意味で使われている。そしてそれは重要な経営資源でもある。本節では、ブランドの概念を理解する。

1. ブランドの定義

　ブランドの研究は、1980年代以降のまだ新しい分野だが、その考え方の基本となるものは昔からあった。ブランドの起源は、古期スカンジナビア語または古ノルド語に分類される北欧の古い言葉で、焼き付ける、焼き印を押す、という意味の「Brandr」とされている。家畜にしるしをつけることによって、自分のものと他人の物を識別して区別した。それが、識別「これは私のモノです。私が作りました」、差別化「私のモノはここが違います」、品質の保証「私のモノは確かです」、付加価値の提供「私のモノにはこんな特徴があります。ストーリーがあります」という風に意味づけがされ、現在のブランドの基となる。専門的に言うと、ブランドには出所表示機能、品質保証機能、意味伝達機能を持っているということになる。

　それでは、そのブランドの定義だが、最初にブランドを戦略として位置づけたアメリカ・マーケティング協会の言葉を借りると、「個別の売り手もしくは売り手集団の商品やサービスを識別させ、競合他社の商品やサービスと差別化するための名前、言葉、記号、シンボル、デザイン、あるいはそれらを組み合わせたものである」。ここで重要なのがブランドは、商品やサービスを「識別」させ「差別化」するための戦略になるということである。

　また、ブランドの概念も時代とともに変化している。ブランドは新しい領域の研究と述べたが、具体的には1990年代にデービッド・アーカーらによってブランド・エクイティ（ブランドは資産）という概念が体系化され、今までのブランドの概念を大きく変えた（青木2011）。それまではモノやサービスのよいイメージを作り出すマーケティングの手段としてブランドを捉えていた。これをマーケティングの結果として、ブランドを無形資産として財務的に評価した価値を生み出すものと捉えた。そして現在ではブランドをマーケティングの出発点と捉え、まず消費者にどう思われたいかのブランド・ビジョン[3]を設定し、それに向けてブランドをつくりあげていく。ブランドは企業側にあるのではなく、消費者側、そして消費者の頭に宿る記憶なのである。

2.　ブランドとブランディング

　企業は消費者に提供する商品、サービスを識別してもらうためのイメージを創るために、他にはない付加価値を提供し、ブランドを構築する。そのブランドの価値を高める活動がブランディングである。

　企業は消費者に「こう思われたい」という商品などのブランドが目指すもの「ブランド・ビジョン」を設定する。それを消費者に伝える手段として、「ブランド要素」と「ブランド体験」を設計する。ブランド要素とは、消費者がそのブランドを識別する手掛かりになるもので、名前、ロゴ、マーク、色、キャラクター、デザイン、タグライン、ジングル、音、匂い、ドメイン（ドット・コム）などがある。そしてそれらはブランド・ビジョンに沿った、好ましい連想を起こさせる目的がある。次にブランド体験とは、消費者がブランドと接し、そのブランドを認知し、ブランドに感情移入する体験プロセスのことである。企業のブランド要素の提供、ブランド体験を経て、ブランド・イメージが消費者の頭の中に作り上げられる。そして、「こう思われたい」企業のブランド・ビジョンと「こう思う」という消費者のブランド・イメージが一致したときにそのブランドは消費者の頭の中に移り、消費者は顧客（ロイヤル・カスタマー）になる。このブランド・ビジョンとブランド・イメージを一致させる活動がブランディングである。

3.　マーケティングとブランディングの違い

　マーケティングとブランディングは、相反するものではないが、視点の違いがある。マーケティングはより企業の視点、ブランディングはより消費者・顧客の視点をもつ。マーケティングは「買ってください」の戦略、ブランディングは「買いたい」と思ってもらう戦略と言い換えることができる。これを後述のプレイスにあてはめると、マーケティングは「来てください」、ブランディングは「行きたい、行こう」となるであろう。

　マーケティングは、市場（マーケット）や消費者のニーズを知り、そのニーズを満たすことで売れるしくみをつくり、利益を上げることが目的で、マーケット・イン[4] の戦略である。ブランディングは、マーケット、消費者に対し、

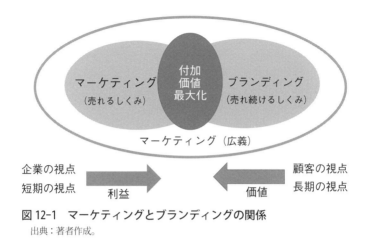

図 12-1　マーケティングとブランディングの関係

出典：著者作成。

新しい価値を創り提供することで、新しいタイプの顧客を創出し、顧客がリピートして売れ続けるしくみをつくる戦略である。マーケティングの最終目標は利益に結び付くことで、ブランディングの目標は顧客の価値創造[5]といえる。もちろん顧客とマッチングした価値が創造できれば、顧客はリピーターになり、口コミなどでより大きな利益に結び付くが、その利益を最終目標にはしていない。また、マーケティングの目的の利益はすぐに結果を必要とする短期的視点であり、ブランディングの価値創造は時間のかかる長期的視点が必要となる。

　以上のマーケティングとブランディングの関係を**図 12-1** に表している。

　次に、消費者・顧客がブランドから獲得する価値は、「機能的価値」（機能、品質等）と「情緒的価値」（感動、安心等）があるが、ブランディングではその「情緒的価値」により重きを置き、消費者・顧客との関係性を築いている。有名な成功例はナイキの「Just Do It」で、プロであれアマチュアであれ、すべてのスポーツをする人を応援するというこのスローガン、キャッチフレーズは、1988 年から 30 年以上続いている。

4. インターナル・ブランディングと CSR に繋がるブランディングの重要性

　通常ブランディングは、そのブランドを評価する消費者に対してのアクション（エクスターナル・ブランディング、またはアウター・ブランディング）に目が行きがちであるが、実は内向き、すなわち社内あるいはその組織内で関わる人に対してのブランド浸透がより重要である。まず、社内、組織内でそのブランドに共感し、ファンになり、その想いを顧客に伝えることで、外部のファン創りに貢献し、社会に認められるブランドがつくられる。これがインターナル・ブランディング（または、インナー・ブランディング）である。この好事例として、従業員をパートナーと呼び、人がブランドの源泉と考える「スターバックス」がよく取り挙げられる。観光分野では、従業員第一主義を掲げ、「ざっくばらんに」、「ありのままの自分で」、「仕事を楽しもう」の基本理念を持つアメリカの「サウスウエスト航空」。お客様同様、社員も紳士淑女とする、従業員が誇り、モチベーションをもって働く環境をもつ「リッツカールトンホテル」。従業員をキャスト（役者）と呼び、ゲスト（顧客）の感動体験をつくるのはキャストの役目とする「ディズニーランド」などが挙げられる。

　また、昨今は企業、組織に CSR（Corporate Social Responsibility）すなわち、企業の社会的責任、社会への貢献が求められ、ブランドにもその要素が込められるようになってきている。ますますブランドが社会と同じゴールを目指すことを求められているのである。観光分野では SDGs、CO_2 問題等を取り上げ、持続可能な観光を目指している。

第 2 節　観光におけるブランド

1. 観光におけるブランドとその事例

　ブランドは、企業ブランド（コーポレート・ブランド）、モノ・ブランド（商品ブランド）、サービス・ブランドと大きく分けることができる。これを観光分野にあてはめると、企業ブランドは観光産業の企業等、モノ・ブランドは地

域産物等、サービス・ブランドは航空をはじめとする運輸、宿泊、旅行等の
サービスを提供している主体がそれにあたるであろう。

　例えば、航空会社でもその会社の名前を聞いただけで抱くイメージは違う。
スカイトラックス社などの航空会社の格付け調査で、常に上位評価のシンガ
ポール航空を例にとると、その名前、機体、ロゴを見ただけで、客室乗務員の
ホスピタリティがすばらしい。機内設備が充実して快適だ。機内食がおいし
い。時間に正確で安心だ。等々のイメージを持つ。その体験を通じて同社は、
多くのロイヤル・カスタマーをつくっている。それとは逆に、機内サービスの
評判があまりよくないイメージをもつ航空会社もある。同じ路線を飛び、所要
時間も同じ場合に、どの航空会社を選択するかは価格面以外では、ブランド力
の違いともいえる。シンガポール航空という企業ブランドが高いレベルで提供
する航空サービスのブランドを保証しているというように、それぞれのブラン
ドとの関係性は深い。

　そして、JTB が提供する旅行サービスは行き届いているだろう。エクスペ
ディアだったらまず価格に競争力はあるだろう。ヒルトンが運営しているホテ
ルならいつものサービスを受けることができるだろう。等々、われわれの頭の
中で選択肢に挙がってくるには、このブランド力が必要になってくる。ブラン
ドにおける、識別、差別化、信頼、意味づくりが働くのである。

　観光産業におけるブランドの例を表にすると**表 12-1** のようになる。ただし、
地域産物等のモノ・ブランドについては第 3 節で詳しくふれるので、この表に
記載はない。

2. 観光におけるブランドの役割

　まず顧客は観光ブランドに対し、何らかのブランド・イメージを持つわけで
あるが、その際それを提供する企業のこう思われたいというブランド・ビジョ
ンと一致した場合に、顧客の選択肢に挙がるので、そのブランド・ビジョンと
一致したブランド・イメージを顧客に持ってもらう戦略が必要になる。そして
顧客の頭の中の想起集合[6]に選ばれることが重要である。

　第 1 節第 3 項で、ブランドは機能的価値より、情緒的価値に重きが置かれる
としたが、観光についてはよりその傾向が強いといえる。人々の観光に求める

表 12-1　観光分野のブランド例

<table>
<tr><th></th><th>企業ブランド／マスター・ブランド</th><th>サービス・ブランド</th><th>イメージ</th></tr>
<tr><td rowspan="6">航空会社</td><td>日本航空</td><td>日本航空／JAL</td><td>赤、鶴丸、老舗、伝統、上品</td></tr>
<tr><td>ANA ホールディングス</td><td>ANA</td><td>青、安心、おもてなし、清潔</td></tr>
<tr><td>スカイマーク</td><td>スカイマーク</td><td>リーゾナブルな価格、親しみやすい、快適</td></tr>
<tr><td>ピーチ・アビエーション</td><td>ピーチ</td><td>価格が手頃、LCC、桃色、キュート、女性</td></tr>
<tr><td>シンガポール航空</td><td>シンガポール航空</td><td>安心、ホスピタリティ、清潔</td></tr>
<tr><td>エミレーツ航空</td><td>エミレーツ航空</td><td>中東、豪華な機内、大型飛行機</td></tr>
<tr><td rowspan="6">旅行会社</td><td>JTB</td><td>JTB（ルック JTB、エース JTB 等）</td><td>日本、大手、親近感、安心、高サービス</td></tr>
<tr><td>エイチ・アイ・エス</td><td>HIS</td><td>低価格、独自性、革新的、若い</td></tr>
<tr><td>阪急阪神ホールディングス</td><td>阪急交通社</td><td>阪急（鉄道、百貨店）、お得、企画力</td></tr>
<tr><td>日本航空</td><td>ジャルパック</td><td>JAL、安心、高品質</td></tr>
<tr><td>楽天</td><td>楽天トラベル</td><td>ネット、いつでも、早い、国内宿泊</td></tr>
<tr><td>エクスペディア</td><td>エクスペディア</td><td>オンライン、お得、丁寧な対応</td></tr>
<tr><td rowspan="6">ホテル</td><td>帝国ホテル</td><td>帝国ホテル</td><td>老舗、高級、名門、高品質サービス</td></tr>
<tr><td>リーガロイヤルホテル</td><td>リーガロイヤルホテル</td><td>大阪、老舗、信用</td></tr>
<tr><td>ヒルトン</td><td>ヒルトンホテル</td><td>世界展開、安心、親しみ</td></tr>
<tr><td>マリオット・インターナショナル</td><td>ザ・リッツ・カールトン</td><td>ラグジュアリー、高品質サービス</td></tr>
<tr><td>星野リゾート</td><td>星のや、界、リゾナーレ、OMO</td><td>おもてなし、おしゃれ、革新的、スタッフ</td></tr>
<tr><td>アパホテルズ＆リゾーツ</td><td>アパホテル</td><td>駅前、良コスパ、安心、創業者夫妻</td></tr>
</table>

注：その他、テーマパーク、鉄道等あり。

出典：SKYTRAX/World's Top 100 Airlines 2021（https://www.worldairlineawards.com/worlds-top-100-airlines-2021/）、マイボイスコム・アンケートデータベース（https://myel.myvoice.jp/）：航空会社のイメージに関するアンケート調査（2019）、旅行会社のイメージに関するアンケート調査（2016）、ダイヤモンドオンライン（https://diamond.jp）：ホテルランキング【トップ 10】No. 1 〜 No. 8、ミルトーク調査（https://milltalk.jp/）、クチコミランキング_旅行会社（https://kuchiran.jp/life/tour.html）、等を参考に著者作成。

ものとして、非日常体験があるが、それは個人によって、何を非日常とし、どんな体験をしたいかは千差万別であろう。ただ共通したものとしては、安全、信頼、快適、癒し、価格に見合う価値などがあるのではないか。その商品やサービスが選ばれるためには、他と差別化し、ストーリーを伝えることのできるブランドがその役割を担うのである。

第3節　プレイスにもブランドが響く

第2節に挙げたブランドとともに、観光には場所のブランド「プレイス・ブランド」がある。モノ、サービスだけでなく場所（プレイス）にもブランドがあり、例えばある特定の国、都市、地域が観光の目的地として選ばれるためにはこのブランド力に大きく左右される。

1. プレイス・ブランドの定義

観光分野で場所を表す言葉として、デスティネーションがよく使われ、その場所の誘客戦略として、デスティネーション・マーケティングやデスティネーション・ブランディングという用語も浸透している。では本節のプレイスとの違いは何であろうか。UNWTO（2009）によると、デスティネーションとは、「観光地としての国、地域または都市を指し、人々が訪れたいと思う場所」であり、デスティネーション・ブランドとは「目的地の観察可能な特徴に基づいて、その目的地に対して抱く知覚認識を集めたもので、他のすべての目的地と区別することができる。それは目的地の中心的な特性をもつ DNA でもある」と定義されている。具体例としては、JR 6 社が自治体や旅行会社などと協力し、3 ヵ月ごとに対象となる地域を変え日本各地で続けられている、誘客のための国内最大のデスティネーション・キャンペーンがある。これに対して、プレイスは「観光の要素が強いものの、政治、文化、ビジネスなどの総合的なイメージを網羅する国、地域、都市」を指し、プレイス・ブランドはそれら観光、政治、ビジネスなどにおける総合的イメージによってつくられる特徴がある。そしてプレイス・ブランディングは、観光を筆頭に、国や地域、都市の政治的、文化的、ビジネス的なイメージを包括する、総合的な意味で場所をブラ

ンディングするプロセスである。

　これからは、観光の目的地として旅行者を呼び込むデスティネーション・ブランディングを超えて、プレイス全体のブランディングを推進することが重要であろう。本節では、場所を観光誘致だけにとどまらない、より総合的な持続可能性に焦点をあてる意味で、観光に比重は高いもののデスティネーションとはせず、プレイスとする。

　日本はそれぞれの地域が観光デスティネーションとしてのブランド戦略を行っているが、国として統一されたプレイスとしてのブランド戦略になっているかはまだ道半ばであろう。例えば、インバウンド市場において、もし日本の統一されたブランド、すなわちマスターブランド（顔）が認知されていると、世界からより選ばれる国になる。最高のブランドを集めたセレクトショップになるであろう。

　ここでそのようなマスターブランドを持った国の、プレイス・ブランドとしての成功事例をイギリスとニュージーランドで触れておこう。イギリスはロンドン五輪の前年の 2011 年から「GREAT キャンペーン」を展開している。五輪前後は旅行目的地（デスティネーション）としての英国を訴求し、特に、五輪開催後は「Countryside is GREAT」を掲げて地方誘客への取り組みを促進し、ロンドン以外の地域における観光宿泊客数を増加させた。その後、「GREATキャンペーン」は、観光だけでなく、貿易・投資や教育・留学分野においても推進され、「Innovation is GREAT」、「Entrepreneurs are GREAT」、「Food is GREAT」、「Education is GREAT」等のように、英国の多様な魅力や強みを世界に向かって訴求するものとなっている。一方、ニュージーランドはそれよりも前の 1999 年より 100％PURE キャンペーンを始めている。「100％ Pure Relaxation」、「100％ Pure Adrenalin」、「100％ Pure You」、「100％ Middle-earth」、「100％ Pure Welcome」など 20 年以上続くキャンペーンを、世界中に向けて発信している。人口 500 万人のニュージーランドに毎年約 380 万人が世界中から訪れ、観光はニュージーランドの外貨収入における最大の収入源である。ニュージーランド政府観光局は世界で最も古い政府観光局として、積極的にこのキャンペーンを通じて、ニュージーランドの魅力をより多くの人々に伝えているのである。またこのキャンペーンは国際的に最も成功した国家レベルのプ

ロモーション活動と評価されている（宮崎・岩田編 2020）。

2. プレイスにおける二つのブランド

プレイスには、プレイス（国、地域、都市）そのものをブランドとするケースと、プレイスにおけるモノ・ブランド（特産品や食など）のケースの大きく2種類のブランドがある。ここではそれらを地域「場」ブランドと地域「モノ」ブランドとし、それらのブランド価値を高める活動を地域「場」ブランディングと地域「モノ」ブランディングとする。

日本の場合は、地域ブランドというと、地域産品に傾斜しがちで、他国と比べ「場」の認識が薄いように思われる。小林（2016）によるように、われわれは地域「場」を直接消費することはできず、そこの地域産品の「モノ」を通して、間接的にその価値を消費していることの理解が必要である。すなわち日本では、地域ブランド構築の中心が地域の特産品の開発で、それを全国に流通させることが目的となるケースが多く、長期的な視点で、持続可能な地域のブランド化の目標設定がなされていない。

表 12-2 で地域「場」ブランドと地域「モノ」ブランドの一例を示している。厳密にいうと、「モノ」ブランドには「サービス」ブランドも含まれるとし、例えば温泉などは、これに該当する。

日本における地域商品を守る取り組みとして、2006 年に地域名と一般商品名からなる名称を商標として登録、地域に根づいた商品／サービスの育成や保護を目的とする特許庁の地域団体商標制度が施行された。2015 年には、生産業者の利益の保護を図り、地域共有の財産として産品の名称を保護する農林水産省の地理的表示（GI）保護制度が施行された。これらは地域産品の価値を守る施策で、知的財産保護と活用の色合いが強く、そのこと自体はブランドにとって有効な施策ではあるが、登録したことでブランドができたと安心し、実は地域としてのブランド化まで結び付いていないケースも散見されるのが現状である。これらの制度を活用しながら、より地域との繋がりを深め、地域のブランドとして永く定着することが求められる。

表 12-2　地域「場」ブランドと地域「モノ」ブランド例

地域「場」ブランド（一例）

プレイス	地域「場」ブランド	備考（キャンペーン、イメージ等）
国家ブランド （nation brand）	イギリス	クール・ブリタニア、GREAT キャンペーン
	ニュージーランド	100 % pure キャンペーン
	アメリカ	ブランド USA
	シンガポール	パッション・メイド・ポッシブル
	日本	クール・ジャパン
都市ブランド	パリ	花の都
	ロンドン	ビジット・ロンドン
	ニューヨーク	アイ・ラブ・ニューヨーク
	ソウル	アイ・ソウル・ユー
	東京	東京ブランド
地域ブランド	バスク（スペイン）	美食
	沖縄	海、文化、食
	白川郷（岐阜）	茅葺
	伊根町（京都）	舟屋
	小布施町（長野）	景観

地域「モノ」ブランド（一例）

地域	地域「モノ」ブランド
北海道	夕張メロン、白い恋人
青森	大間まぐろ
秋田	秋田こまち、比内地鶏
新潟	魚沼産こしひかり
福島	喜多方ラーメン
栃木	宇都宮餃子
群馬	草津温泉
長野	信州そば
愛知	八丁味噌、きしめん
三重	松坂牛、松坂肉
京都	宇治茶、京漬物、豊岡かばん
兵庫	神戸ビーフ、灘の酒
広島	広島かき
長崎	長崎カステラ、ちゃんぽん、皿うどん
沖縄	琉球泡盛

出典：著者作成。

3. ビジネス・ブランドとプレイス・ブランドの違い

　ここでは、第2節であげたブランドを小林（2016）と同じくビジネス・ブランドとし、それらとプレイス・ブランドの違いを明らかにする。ビジネス・ブランドは一つの企業が主体であるのに対し、プレイスにはブランディング主体が複数存在し、ブランド構築を難しくしている。特に地域「モノ」ブランドには特産品を作る、販売する、場所を提供する、交通・宿泊に関わる個人や組織、そして自治体などもあり、誰がイニシアティブをとるかで目指すものが変わってくる。例えば主体となるのが、喜多方市「蔵とラーメンのまち」の大和川酒造、伊勢市「おかげ横丁、おはらい町」の赤福のような積極的な地元企業の場合もあるが、自治体などの公的機関のケースも多い。

　ただし、研究が進んでいるビジネス・ブランドをプレイスに応用することは可能であろう。企業ブランドと製品・サービスブランドの関係性は、地域「場」ブランドと地域「モノ」ブランドの関係性に類似すると考える。

　特に共通するものとして、情緒的価値の醸成が挙げられる。有形無形である地域資源、例えば歴史、文化、自然、まちなみ、産業、特産品などを情緒的価値に結び付け、いかにブランド体験を生み、ストーリーで伝えることができるかが求められる。

　一方、価値の視点からプレイス・ブランドを見てみると、ビジネス・ブランドとは違った価値がある。モノで地元にお金を落としてもらうための、特産品などの買いたい価値、その場所を訪れたい、そこでしか経験できない場所があるといった行きたい価値、ここまではビジネス・ブランドの適用範囲であるが、そしてもう一つ、「住んでよし、訪れてよし」の地域であるための、住民がそこに住み続けたいと思う、住みたい価値である。それぞれ、特産品などの「モノ」のブランド、観光地としての「場」のブランド、そして「暮らし」のブランドであり、それぞれがその地域の訪問価値を上げることになる。これらのブランド構築により、地域の活性化（まちおこし）、観光客誘致、移住政策が広く可能となる。

表 12-3　プレイス・ブランド事例

プレイス （地域のアイデンティティ）	キーワード	内容
小樽市（北海道） 「訪れる人を魅了し、暮らす人には優しい、市民幸福度の高いまち」	斜陽のまち、レトロ、運河、石造倉庫群、ガラス工芸	小樽運河の保存への住民運動が大きな波をつくり、斜陽のまちから、歴史的遺産をもつレトロなまちへと変えた。また、かつての漁業用の浮球製造の技術からガラス工芸という新たな地域の特産品も生み出した。「時代に取り残されたという場所認識の枠組みから、場所への愛着をてことして近代史の遺産というフレームへと転換」し、「運河と建造物群の価値が社会的認識として定着」（村山 2006, p. 44）できた例であり、小樽のイメージを創り上げている。 小樽観光協会：https://otaru.gr.jp/
小布施町（長野県） 「花いっぱいの文化と歴史があふれるまちづくり」	栗（小布施堂）、葛飾北斎（北斎館）、蔵のあるまちなみ、花づくり、農家民泊	単なる観光客を増やすのではなく、住民と来訪者の交流により、住民と来訪者両方を増やすことを目指している。外向きには地域に眠っていた葛飾北斎の書画や町屋を活用し歴史観光地として地域ブランドを構築し、内向きには住み続けたいという意識を高めるために、花づくりを地域のアイデンティティに据える。 （電通 2009, 12. pp. 206-211） 小布施文化観光協会：https://www.obusekanko.jp/
直島（香川県） 「よく生きるとは何かを考える島」	サイトスペシフィック・ワーク*、現代美術、自然、精錬所、安藤忠雄、ベネッセコーポレーション	精錬所のある産業地区、教育と生活の文教地区、自然を生かした観光地区に、島を三分割する構想のもと、ベネッセ創始者と 2 代目が中心となり、安藤忠雄ら著名な建築家、芸術家によってアートな地域づくりがなされた。そして、これが瀬戸内国際芸術祭に繋がり、海と島、島と島の交流を促すことになっている。 （電通 2018, pp. 141-154.） 直島町観光協会：https://naoshima.net/
湯布院（大分県、由布市） 「地域自治を大切にした住み良さ日本一のまち」：由布市 「四季のうつろい、時の流れ、行きかう人々、今も変わらぬ 湯布院」：湯布院紹介ポスターより	温泉、ゆったり、自然、田んぼのある風景、湯布院音楽祭、湯布院映画祭	1970 年代に若手旅館経営者らによって、地域資源の温泉などを生かした保養観光地を目指し、地域住民と訪問者の交流を深める音楽祭や映画祭などのイベントを企画し、まちづくりがなされた。「住みよいまちこそ、人が訪れたいまち」をコンセプトに、住民の生活を最優先に取り組んだ（濱田 2010, p. 85）。また、開発制限、景観保全などの取り組みにより、近くの別府温泉とは異なった温泉ブランドを創り上げた。 由布院温泉 観光協会：http://www.yufuin.gr.jp/

注：*サイトスペシフィック・ワーク：アーティストや建築家を招いて、その地を生かして創作する作品。作者はその土地を訪れ作成、その土地の風土・文化に触れそれを題材とする、住民との関わりを持つなどの特徴がある。

出典：著者作成。

4. プレイス・ブランドの成功事例

プレイス・ブランドとしてケースはたくさんあるが、代表的なものを**表12-3**で紹介している。それぞれの地域の名前を聞くだけで、われわれはその土地のイメージを持つが、そのイメージと、送り手がわれわれに持ってほしいと思うイメージ（ブランド・ビジョン）がどこまで一致しているかで、そのブランド力を図ることができる。その意味で、ここに挙げた地域はブランド化に成功しているといえるのではないだろうか。そして何より訪問者と同様、あるいはそれ以上に住民のことを大切にしている地域でもある。

第4節 "来てください"から"行こう"の ブランドづくり

地域が、そのプレイスのブランディングを、伊万里や信楽といった陶磁器の特産品、神戸ビーフや宇都宮餃子等の食、ゆるキャラのくまモン、シンボルとなる城やタワー等の建物、温泉や自然をその成功事例にならい、「第二の〜」を作れば同じように人が集まり活性化すると捉え、一過性のマネのブランド戦略をとると、そこには限界があるといえる。既存の事例の模倣はブランディングの目的である差別化に繋がらない。ないものをマネでつくるのではなく、あるものを探し、磨き、活用することが重要なのである。

また、地域が受け入れ側目線の「来てください」の発想を、来訪者主体の顧客目線の「行こう」の発想に変換し、地域のブランドづくりを目指すことが重要となる。ただし、訪問者重視の戦略に偏るのではなく、今後は持続可能性により注目し、住民と来訪者のバランスの取れた高い満足度の維持を意識したブランディングの取り組みが必要とされる。そこに住民が地域への誇り、シビック・プライドを醸成することができるのである。

1. シビック・プライド

シビック・プライドとは、地域に住んでいる人たちが、その地域に対して持つ愛着や誇りのことで、その地域をより良い場所にするために、自分自身が関わっているという自負心でもある。「地域住民の大半は、自身が住む地域に対

して、愛着や誇りを持っているものであり、訪問者に対してそれを伝えることは否定的ではない。その点で、地域住民はブランドの積極的な支持者になる可能性を秘めている」（宮崎・岩田編 2020，p. 96）。そこで住民の地域ブランドに対する当事者意識を高めることにより、このシビック・プライドが醸成され、訪問者と同じブランド観を共有することができる。観光の観点からは、「地域住民が感動するイベント、誇りを感じるイベントを定期的にしかけ、地域住民に観光の大切さをアピールしていくことも、シビック・プライドを醸成していく上で有効だと言えるだろう」（宮崎・岩田編 2020，p. 100）。住民、訪問者の一方だけが満足を得るのではなく、共有できることが大切である。そしてそこに住む住民だけでなく、そこで働く人、そこに遊びに来る人も、その地域との関わりが強ければ、その人たちにとってその地域のシビック・プライドを持つことになり、その輪が広がっていくことになる。それが、その場所に「行こう」から、その次のステップの「帰ろう」に結び付くのではないだろうか。

2. これからのプレイス・ブランド戦略

　COVID-19 をきっかけに、ウィズ・コロナの時代には、これまでの地域ブランディングとは違うアプローチが生まれた。遠出や旅行が制限されている時期に、マイクロツーリズムと呼ばれる新しい旅の形が、住んでいる地域や、近隣の地域を見直す良い機会となった。その地域の宝を発見し、地域イメージの向上に繋がり、それがシビック・プライドへの気づきと目覚めに結び付いたのではないだろうか。また、来訪して直接地域産物の購入が難しい場合でも、ECの浸透により、直接地域から手に入れることが容易になり、また、オンライン体験ツアーなど、バーチャルでその地域と交流し繋がることで、人とモノと地域を結び付けることもできるようになった。それはその地域を忘れられることなく、将来の来訪に繋がるものでもある。デジタル社会に向かっていくなか、一方でリアルの経験価値が増し、より「行こう」の訪問者目線のブランディングが浸透するようになると思われる。COVID-19 の前後で、「交流人口を地域経済活性化の糧」（小林 2021，p. 30）とすることには変わりはないので、人を呼び込む手段としてプレイス・ブランドは引き続き生かされるべきであろう。
　また、第 1 節第 4 項で述べたように、ビジネス・ブランドに求められるイン

ターナル・ブランディングと CSR がプレイス・ブランドにもあてはまる。インターナル・ブランディング（当事者、地域住民への）と社会貢献（地域課題解決だけでなく、社会との関わりを創り、社会の豊かさの向上への支援責任を持つこと）が持続可能なプレイスにとってより重要になると考えられる。

　少子高齢化と過疎化問題を避けて通れない現代において、各地域がそれぞれの特徴を生かし自立した持続可能な地域にするために、地域をブランドとして捉え交流人口、定住人口の増加に繋げることが大切である。そして、その地域のブランドが持続可能な地域に貢献する観光戦略を検討する際に役立つものと期待する。

COFFEE BREAK

世界三大「がっかり」スポットは本当にがっかり？

　日本人にとって、世界の観光地を実際に訪れ、思っていたのと違うといった「がっかり」する場所がいくつかあるとされている。その中でも名誉ある三大「がっかり」スポットをご存じだろうか。シンガポールの「マーライオン」、コペンハーゲンの「人形姫」、そしてブリュッセルの「小便小僧」といわれている。何に対してがっかりなのであろうか。シンガポールでは海に向かって巨大なマーライオンが口から水を多量に吐いている。コペンハーゲンでは地図を頼りにようやく見つけた人魚姫の小さいこと。ブリュッセルでもようやくたどり着いた小便小僧も人だかりがないと見過ごしてしまうくらいの大きさ。写真で見て勝手に想像を膨らませ、いざ実際に見てみると、イメージが違ったということであろう。

　ただし、ここでブランドの視点で見てみると、それぞれの観光地にとって素晴らしい貢献をしているのである。ブランド力のある地域の共通点として、独自のシンボルを持ち、それによってその地域のイメージを浮かべさせることができる。パリといえばエッフェル塔、ニューヨークといえば自由の女神といったシンボルがある。三大がっかりスポットは、実はその都市を思い浮かべてもらう大切な役目を果たしているのである。シンガポールかクアラルンプールか、コペンハーゲンかストックホルムか、ブリュッセルかアムステルダムか、どち

らに行こうかという選択肢があった場合、がっかりスポットといわれるシンボルがそれぞれ行きたい気持ちを喚起してくれる。

　ところで、ブリュッセルに「小便少女」もいるのをご存じだろうか。レストラン街の暗い路地の奥にひっそりと座っている。「小便小僧」と同じぐらい小さい像であるが、いまだ彼ほど「がっかり」になっていないのが残念である。

「マーライオン」　　　　　　　「人魚姫」

「小便小僧」

「マーライオン」：出典：シンガポール政府観光局（Visit Singapore）
　https://www.visitsingapore.com/ja_jp/see-do-singapore/recreation-leisure/viewpoints/merlion-park/
「人魚姫」：出典：Wonderful Copenhagen：
　https://www.visitcopenhagen.dk/koebenhavn/planlaeg-din-tur/den-lille-havfrue-gdk586951
「小便小僧」：出典：ベルギー・フランダース政府観光局（VISITFLANDERS）：
　https://www.visitflanders.com/en/things-to-do/attractions/top/manneken-pis.jsp?source=list

岩崎邦彦（2019），『観光ブランドの教科書：地域引力を生み出す』，日本経済新聞出版社，112–125 頁。

●注 ————

1　経済学者エディス・ペンローズ（アメリカ）が「ヒト・モノ・カネ」を提唱し、その後、情報が加えられ、さらに近年「ブランド」を第 5 の経営資源として注目されている。

2　主に訪問するツーリストが対象のデスティネーションよりも広義の、観光の要素は強いが、そこで学びたい、働きたい、暮らしたい人も対象とするため、ここではプレイスという言葉を使用する。

3　ブランド・アイデンティティと同義で、そのブランドが目指すもの、提供する価値を具現化したもの。例としてはナイキの「just do it」、スターバックスの「サード・プレース」、リッツ・カールトンの「第二の我が家」などが挙げられる。また、それを具体化したものがブランド・プロミスで、顧客に対し約束するもの、保証する品質、機能、価

値のことである。

4 　まず市場や消費者のニーズを調査し、買い手が必要とするものを市場に提供することで顧客に満足してもらい、同時に利益も得られるという考え方。

5 　顧客へのベネフィットを価値に変えるなど、新たな価値を創ること。（≒イノベーション）

6 　想起集合（evoked set）は、ある目的で消費者が何かを購入しようとする際に、記憶から直接想起される選択肢の集まりのこと。

【参考文献】

Aaker, David A. (2014), *Aaker on Branding: 20 Principles That Drive Success*, Morgan James Publishing.（阿久津聡訳『ブランド論：無形の差別化をつくる20の基本原則』，ダイヤモンド社，2014年）

――― (2018), *Creating Signature Stories: Strategic Messaging that Energizes, Persuades and Inspires*, Morgan James Publishing.（阿久津聡訳『ストーリーで伝えるブランド：シグネチャーストーリーが人々を惹きつける』，ダイヤモンド社，2019年）

American Marketing Association, "definition of branding"

https://www.ama.org/topics/branding/（アクセス日時：2022年7月30日）

Keller, Kevin L. (2013), *Strategic Brand Management, Fourth Edition*, Pearson Education, Inc.（恩藏直人監訳『エッセンシャル：戦略的ブランド・マネジメント』（第4版），東急エージェンシー，2015年）

UNWTO (2009), "Handbook on Tourism Destination Branding," *World Tourism Organization and the European Travel Commission*, pp. 159-161.

青木幸弘（2011），「ブランド研究における近年の展開：価値と関係性の問題を中心に」，『商学論究』，第58巻，第4号，43-68頁。

岩崎邦彦（2019），『観光ブランドの教科書：地域引力を生み出す』，日本経済新聞出版社。

岩田賢（2020），「『プレイス・ブランディング』の必要性の一考察」，『運輸政策研究』，第22巻，58-63頁。

小樽市「小樽市総合戦略〜OTARU PRIDE〜」

https://www.city.otaru.lg.jp/docs/2020120200218/file_contents/OTARU_senryaku.pdf（アクセス日時：2022年8月12日）

小林哲（2016），『地域ブランディングの論理：食文化資源を活用した地域多様性の創出』，有斐閣。

――― (2021)，「コロナ禍での地域ブランディング―地方活性化策の点と線―」，『マーケティングジャーナル』，第41巻，第1号，29-40頁。

鈴木孝弘・朝日幸代（2020），「湯布院のオーバーツーリズムに対する持続可能なまちづくりに関する考察」，『東洋大学経済論集』，第46巻，第1号，1-14頁。

陶山計介・伊藤佳代（2021），『インターナルブランディング：ブランド・コミュニティの構

築』，中央経済社。

田中洋編著（2012），『ブランド戦略・ケースブック』，同文舘出版。

――（2017），『ブランド戦略論』，有斐閣。

――監修（2019），『ブランド・マネージャー資格試験公式テキスト』，中央経済社。

――（2020），「想像力とブランド」，『マーケティングジャーナル』（日本マーケティング協会），第 39 巻，第 3 号，7-20 頁。

電通 abic project 編（2009），『地域ブランド・マネジメント』，有斐閣。

――（2018），『プレイス・ブランディング：“地域”から“場所”のブランディングへ』，有斐閣。

特許庁「地域団体商標制度とは」

　　https://www.jpo.go.jp/system/trademark/gaiyo/chidan/t_dantai_syouhyo.html

　　（アクセス日時：2022 年 7 月 30 日）

農林水産省「地理的表示（GI）保護制度」

　　https://www.maff.go.jp/j/shokusan/gi_act/（アクセス日時：2022 年 7 月 30 日）

羽田康祐（2020），『ブランディングの教科書：ブランド戦略の理論と実践がこれ一冊でわかる』，インプレス R&D。

濱田恵三（2010），「地域ブランドによる観光まちづくりの一考察」，『流通科学大学論集』，第 22 巻，第 2 号，75-91 頁。

牧瀬稔編著（2018），『地域ブランドとシティプロモーション』，東京法令出版。

村山研一（2006），「地域の価値はどのようにして形成されるか」，『地域ブランド研究』，第 2 号，29-56 頁。

宮崎裕二・岩田賢編著（2020），『DMO のプレイス・ブランディング：観光ディスティネーションのつくり方』，学芸出版社。

吉田春生（2016），『観光マーケティングの現場：ブランド創出の理論と実践』，大学教育出版。

若林宏保（2014），「地域ブランドアイデンティティ策定に関する一考察：プレイス論とブランド論の融合を目指して」，『マーケティングジャーナル』，第 34 巻，第 1 号，109-126 頁。

第13章
食と地域振興

POINT

- 食とツーリズムに関連するフードツーリズム、ガストロノミーツーリズム、アグリツーリズム、ワインツーリズム、スローフード、地産地消などのコンテンツを確認する。
- 食のグローバル化が地域振興にどのような影響を及ぼすのかを考える。
- 食の地域資源を利用したまちづくりによる地域振興の事例を検証する。

第1節　食とツーリズム

　まず、食とツーリズムに関連するコンテンツを確認し、地域振興とどのように関係するのかを見ていくこととする。

1. 食とツーリズムに関する定義

　ツーリズムにおいて観光の目的がいずれにせよ、訪問先での飲食は必然的な行為である。ツーリズムと食は切り離せない関係にあり、観光における飲食の重要性は世界共通といえよう。日本では2000年代以降、訪れた地の食文化を体験することも観光の楽しみという背景から、フードツーリズム、ガストロノミーツーリズム、ワインツーリズム、アグリツーリズムなどの言葉が出現した。

　日本フードツーリズム研究会によれば、「フードツーリズムは、地域ならで

はの食・食文化を楽しむということが旅の中心の目的であり、地域の場所や人が関わるさまざまな体験によって、目的である食・食文化の価値が高まる旅」と定義していて、日本の観光資源を最大活用し、地域活性の鍵となるとしている。そして尾家（2020）は、観光は土地の味覚と結びつくことによりフードツーリズムという観光形態を創り上げたと述べている。

UNWTO（国連世界観光機関）、公益社団法人日本観光振興協会、株式会社ぐるなびによる「我が国のガストロノミーツーリズムに関する調査報告」（2018年）の中で、ガストロノミーツーリズムとは、「その土地の気候風土が生んだ食材・習慣・伝統・歴史などによって育まれた食を楽しみ、その土地の食文化に触れることを目的としたツーリズムを意味する」と定義づけている。フードツーリズムよりも広義の概念として用いられている。2022年には、「第7回UNWTOガストロノミーツーリズム世界フォーラム」が奈良県で開催され、その機運醸成を目的とした"「食×楽×旅」が創造する持続可能な地域の観光モデル実現に向けて"というテーマで「ガストロノミーツーリズム国際シンポジウム」も行われた（観光庁 2022）。

今日、日本においてフードツーリズムやガストロノミーツーリズムという言葉がようやく認知されるようになってきたのだが、すでにイタリアでは、1980年代に「スローフード（slow food）」が発足し、地域の伝統と美味しい食、その文化を緩やかに楽しむスローな生活のスタイルを守るという概念が提唱されていた。当初はファストフードに対する反対運動がきっかけであり、郷土の風味とその含みたるものを再発見するということを打ち出したのである。その後160ヵ国以上に広まり、日本でも2016年にスローフード協会が発足した。

また、ツーリズムにおける食への関心の高まりから、農場や農村で自然と生活を体験する滞在型の観光スタイルであるアグリツーリズムや、ワインの生産地に滞在するワインツーリズムなど地域資源を活用した楽しみ方も現れた。日本では1992年に農林水産省によって「グリーン・ツーリズム」の用語が提唱され、農山漁村地域において自然、文化、人々との交流を楽しむ滞在型の余暇活動として位置づけられた。ヨーロッパ発祥のアグリツーリズムは、アグリカルチャーを意味し、その土地でしか体験できないことを農村で楽しむということである。こうした「モノ消費」から「コト消費」への多様化も見られるよう

になった。

　さらに、食における地域振興については、地産地消を推進するという取り組みがあり、地域で生産されたものを地元で消費するという意味から地域創生にも繋がるものとされている。2014 年に内閣府が打ち出した「地方創生」は、地域特有の文化や生活様式、環境等を観光資源として活性化するということである。この観光資源の一つに「食」も着目されるようになった。こうした食を通した取り組みは、旅行者だけではなく地域にとっても重要な資源となっているのである。

2.　インバウンドにおける食とツーリズム

　観光庁が 2019 年に実施した「訪日外国人の消費動向調査」における、全国籍・地域を対象とした「訪日前に期待していたこと」の項目では、1 位が「日本食を食べること」で 70.5 ％が回答しており、続く 2 位は「ショッピング」の 54.4 ％、3 位は「自然・景勝地観光の 46.5 ％、そして 6 位には「日本の酒を飲むこと（日本酒・焼酎等）」の 24.7 ％であった（複数回答による）。この調査結果から、外国人にとって日本での飲食が高い人気であることがわかる。

　そして、同様に「今回の日本滞在中にしたこと」の調査を行った結果、「訪日前に期待していたこと」の順位とほぼ変わらないなか、「日本食を食べること」は 1 位で 96.2 ％と訪日前を上回り、「日本の酒を飲むこと（日本酒・焼酎等）」は 6 位から 5 位に上昇し 44.7 ％という結果となった（**表 13-1**）。

表 13-1　外国人が「訪日前に期待すること」と「滞在中にしたこと」の調査（上位 6 位）

(％)

項　　目	訪日前に期待すること	滞在中にしたこと
日本食を食べること	1 位　70.5	1 位　96.2
ショッピング	2 位　54.4	2 位　84.0
自然・景勝地観光	3 位　46.5	3 位　66.1
繁華街の街歩き	4 位　41.7	4 位　73.9
温泉入浴	5 位　28.1	6 位　33.9
日本の酒を飲むこと	6 位　24.7	5 位　44.7

注：全国籍・地域、複数回答。
出典：観光庁「訪日外国人の消費動向調査」より筆者作成。

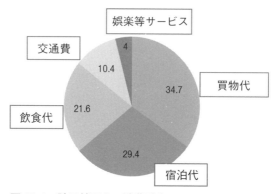

図 13-1　訪日外国人の消費動向（2019 年）

出典：観光庁「訪日外国人の消費動向」2020 年 1-3 月期より筆者作成。

　また、同庁による「訪日外国人の消費動向」の調査では、2019 年の消費総額が 4 兆 8,135 億円であった。**図 13-1** は、消費における買物代、宿泊費、飲食費、交通費、娯楽等サービスの割合である。飲食費は 21.6 ％であり、一人当たり 15.9 万円の消費に対して 3.5 万円を占めるという結果であった。

3. ユネスコ無形文化遺産「和食」

　2013 年 12 月に「和食」がユネスコ無形文化遺産に登録された。登録申請の内容は、「和食」そのものではなく、「自然の尊重」という日本の食に関する習わしに重きをおき、日本人の伝統的な食文化と題したものであった。

　具体的には、
　　①多様で新鮮な食材と素材の味わいを活用
　　②バランスがよく健康的な食生活
　　③自然の美しさの表現
　　④年中行事との関わり

の四つの項目を挙げている。「和食」がユネスコに登録された以降は、外国人からも注目されるようになり、日本を訪れる観光客の目的の上位に位置するようになっていった。

　無形文化遺産とは、芸能や伝統工芸技術などの形のない文化であって、土地の歴史や生活風習などと密接に関わっているものであることから、「和食」を本場で食すことが文化遺産としての価値があり、インバウンドに貢献しているといえよう。

第 2 節　食のグローバル化

　本節では、経済のグローバル化とともに、食に関しても世界に広がっていることを確認しておきたい。世界で日本の食にどれだけ関心がもたれているのかを見ていく。

1. 日本における食のグローバル化

　日本ではグローバル化に伴い、食においても世界を代表する中国料理、フランス料理、イタリア料理だけではなく、スペイン、ベルギー、ドイツ、タイ、ベトナム、インド、ネパール、韓国など、さまざまな国の料理が身近になっている。外国からもたらされた食文化は古い時代に遡るが、現代において代表的なのは、1971 年にアメリカからもたらされたファストフードであるマクドナルドが東京の銀座に日本で初めて出店され、50 年間で全国に 2,900 店舗まで拡大していったことが挙げられよう。しかし、外国のフードが日本において進化した例があり、日本の食文化として発展した例もある。例えば、餃子は中国のフードで水餃子が主流であるが、日本では焼餃子として広まり、また、カレーはインドやネパールのフードであるが、日本ではとろみのついたカレールーなどのように、進化していったものも少なくない。

2. 海外における日本食レストラン

　日本では食のグローバル化が広まる一方で、日本の食文化である寿司、焼き鳥、天ぷら、ラーメンなどのフードが海外に広まっている。そこで、海外にどれだけの日本食レストランが存在するか見てみよう。

　海外の日本食レストランの状況を把握するのは容易ではない。なぜなら、日本においてもいえることであるが、開店してもすぐに閉店する店舗があり、ま

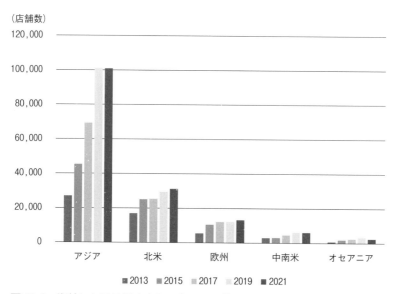

（店舗数）

図 13-2　海外における日本食レストランの数
出典：農林水産省「海外における日本食レストランの数」より筆者作成。

た、国によって形態の分類が異なることなどの要因があるため、正確な実態を
把握することが困難である。しかし、農林水産省が外務省の協力のもと、日本
食への関心の高まりを示す数値の一つとして、各国の日本食レストラン数の調
査を行っている。この調査は、外務省の在外公館において電話帳や業種リス
ト、飲食店情報サイトなどの情報を活用し、各現地での店舗数を集計している
（東出 2017，p. 82）。

　農林水産省が発表した「海外における日本食レストランの数」では、世界を
八つの領域に分類し、店舗数を示している。**図 13-2** は、2013 年から 2 年毎に
行われた調査結果から、アジア、北米、欧州、中南米、オセアニアの 5 領域を
抜粋し、グラフにしたものである。

　2021 年における日本食レストランを見ると、アジアで 10 万 900 店、北米で
3 万 1,200 店、欧州で 1 万 3,300 店であり、2019 年からは微増ではあるものの、
2013 年からは増加を辿っている。また、中南米で 6,100 店と 2019 年からは横
ばいとなっている。そして、オセアニアで 2,500 店と 2019 年の 3,400 店から減
少している。2021 年の調査では、ロシアで 3,100 店、中東で 1,300 店、アフリ

カで 700 店が示され、いずれにおいても微増している。

　2015 年に開催されたミラノ万国博覧会では、メインテーマが「地球に食料を、生命にエネルギーを」であったことから、各パビリオンにレストランの設置が義務づけられ、日本館においては、本格日本食レストランおよびフードコートを設置し、日本食・食文化が紹介された。また、日本館内には、「イベント広場」というステージを設け、地方自治体・団体が各地域の伝統的な食品の展示や飲食を提供した。当初は 150 万人の来館を見込んでいたが、200 万人を超える来場者があり、日本食の人気がさらに広まったといえよう（農林水産省 2015，ミラノ国際博覧会について）。

　こうした食のグローバル化が広まるなか、現地に行かなくても各国の料理が楽しめるようになってきたといえる。しかし、食文化はその土地の歴史や伝統も含むことから、ツーリズムでは本場の食文化に触れたいという期待が高まっている。

第 3 節　食の地域資源—フランスのチーズを例に

　本節では、フランスにおける食の地域資源の事例を通して地域振興を検討していく（**図 13-3**）。フランス北西部ノルマンディ地域圏のオルヌ（Orne）県にカマンベール（camembert）村がある。その地名が由来のカマンベールチーズと一般に呼ばれる伝統の食文化がある。日本でもその名は広まっているが、ノルマンディが起源であり、フランス国内をはじめ EU における厳しい基準をクリアしているチーズだけが、ブランドとして名乗ることができる認証制度がある。日本で作られているカマンベールチーズとは製造方法は異なる。そこで本節では、認証を獲得したノルマンディ地方のチーズの製造工程を通して、どのようにブランド化して流通していくのかという観点から、現地調査を基に検証していく。とくに、ノルマンディ地域圏オルヌ県ヴィムティエ（Vimoutiers）のカマンベールチーズ博物館（Le musée du camembert）、セーヌ＝マリティーム（Seine-Maritime）県の農業学校（Lycée agricole du Pays de Bray）で調査を行った内容を紹介する。ノルマンディ地域圏のチーズ工程を見ていく中で、何にこだわりをもち製造しているかを流通に関連づけながら見ていくこととする。

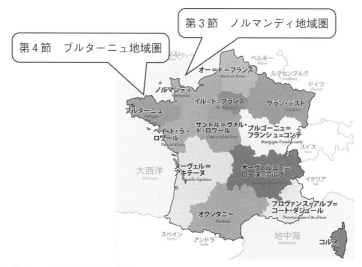

図 13-3　フランスの地域図

出典：フランス料理文化センター「フランス地方料理を巡る旅」ホームページより筆者修正
https://www.ffcc.jp/recipe/2021/10/post-12.html（2022 年 8 月 10 日引用）

1.　フランスにおけるチーズの消費と分類

　日本におけるチーズの総消費量は、2020 年で 36 万 744 トンであり過去最高を更新した。農畜産業振興機構によれば、近年の消費者志向の多様化とともにチーズの健康機能の評価によるものであると分析している。しかし、農林水産省が発表したナチュラルチーズの生産量を見ると、日本国内生産が 2 万 6,257 トンに対し、輸入は 19 万 962 トンであり、国内産が 1 割程度となっている。また、日本輸入チーズ普及協会によれば、2019 年の一人あたりのチーズ消費量は、日本が 2.87 kg に対しフランスは 26.8 kg であり、日本の約 10 倍の量を食べていることになる。

　チーズの種類について、基本はナチュラルチーズであり、分類すると、柔らかくクセがないフレッシュタイプ、外側を洗って熟成させるウオッシュタイプ、水分が 38 ％以下のもっとも固いハードタイプ、山羊の乳で作られるシェーヴルタイプ、チーズの表面から熟成させていく白かびタイプ、チーズの内部から熟成させる青かびタイプなどが主としてある。

図 13-4　A.O.C. と A.O.P. の表示ラベル

出典：Institut National de l'Origine et de la Qualité.

2.　フランスと EU における品質認証制度

　フランスでは、伝統的な酪農製品や農産物など食品を保護・保証する制度としての認証マークがある。フランス独自の原料や品種、飼育や生産方法の厳しい規定において、原産地が明確である産品に対して呼称を認め品質を保証するもので、A.O.C.（Appéllation d'Origine Controlée）原産地管理呼称の制度である。1905 年の産地呼称の偽装を取り締まる法律をもとに、1919 年「原産地保護に関する法律」が制定された。1935 年、当初はぶどう酒の産地偽装を管理するために原産地呼称を保証するための法律が制定され、A.O.C. を認定する機関としてフランスの国立原産地名称研究所 INAO（Institut National de l'Origine et de la Qualité）が設立された。A.O.C. の申請については、個人の生産者は認められず、地域特性の産物を重んじるため、生産者が組織する保護組合からの提出によるものとしている。そして、1955 年にチーズの特性を対象とする法律が制定され、1990 年には、ほかの農産物にも対象が拡大された。こうしてフランスのA.O.C. は、20 世紀初頭から伝統的な製造方法による産地の地域特性がある製品を認証する制度として確立していった。

　A.O.C. の概念が EU に広がっていき、フランス A.O.C. のチーズは、2009 年5 月から EU 基準の認証の原産地保護呼称制度 A.O.P.（Appellation d'Origine Protégée）に移行した。つまり、フランス国内 INAO による管理と EU による制度の保護による、二重の認証が発行されることになった。そして、認証を得た製品は**図 13-4** のように EU 基準の A.O.P. のラベルを貼ることが義務付けられた（フランス原産地名称研究所：INAO）。

3. ノルマンディ地域圏のチーズ

　フランスにおいて 2022 年にチーズの A.O.P. 認証を得ている数は 46 種類ある。フランスを大きく 13 の地域に分類しているが、これらの中でノルマンディ地域圏においては、カマンベール・ドゥ・ノルマンディ（Camembert de Normandie）、ヌーシャテル（Neufchâtel）、リヴァロ（Livarot）、ポン・レベック（Pont-l'Evêque）の 4 種類があり、いずれも白かびタイプのチーズである。乳製品の分類で見れば、イズィニ（Isigny）のバターも挙げられる。いずれも牛の乳から製造されていて、ノルマンディでは乳牛の飼育にもこだわりがある。つぎに、ノルマンディ地域圏の 4 種類のチーズから、カマンベール・ドゥ・ノルマンディ、ヌーシャテルのチーズを取り挙げよう（**図 13-5**）。

図 13-5　ノルマンディ地域圏
出典：雪印ホームページ「チーズを知る」
https://www.meg-snow. com/cheeseclub/knowledge/
world/place/normandie/（2022 年 8 月 10 日引用）

●**カマンベール・ドゥ・ノルマンディ**

　カマンベールチーズはフランスではもちろんのこと、日本でもよく知られているであろう。実は、日本をはじめカマンベールチーズを生産している国が多く、白かびタイプを総称して"カマンベール"と呼ぶほど一般化したため、ノルマンディ産のカマンベールとの区別が認識されにくくなっていった。カマンベールと呼ばれるものには、三つに分類される。

①カマンベール・ドゥ・ノルマンディ（Camembert de Normandie）

②カマンベール・ファブリケ・アン・ノルマンディ（Camembert, fabriqué en Normandie）

③カマンベールチーズ（Camembert）

　これらの中で A.O.P. に認定されているのは、①のカマンベール・ドゥ・ノルマンディだけであり、原材料がノルマンディ産の乳牛であることと、ノルマンディで生産されたという条件を満たしていなければならないのである。②は原材料の産地がどこであろうと製造がノルマンディ地域圏であるということ、そして③は乳牛の規定も製造方法も規約がなく、カマンベール風ということで呼称を使用しているものである。したがって、日本のカマンベールはこれにあたる（フランス酪農業界：AOP-CNAOL）。

　ではカマンベール・ドゥ・ノルマンディの製造にはどのような規定があるのだろうか。カマンベールチーズ博物館における調査をもとにまとめてみたい。

　1791 年から製造が始まり、1983 年に製造工程が作成された。まず乳搾り（La traite）から始まる。そして五つの工程を経ることになる。①乳の凝固（Le caillage）、②型に入れる（Le moulage）、③塩漬け（Le salage）、④精製（L'affinage）、⑤包装（L'emballage）の順である。現在は工場で製造されるようになったが、一部の工程は今でも手作業で行われている。以上の工程において、生産日から熟成期間を経て、最低でも 21 日間が必要である。出来上がったチーズの特徴は、平らな円柱形で直径が 10.5〜11 cm、高さの規定はないが約 3 cm が一般的であり、重量は 250 g 以上でなければならなく、脂肪分が 45 ％以上であること、白かび特有の柔らかいタイプのチーズということが挙げられよう[1]。このような伝統的な製造工程と規約を受け継ぎながらカマンベール・ドゥ・ノルマンディが作られている（**写真 13-1**）。

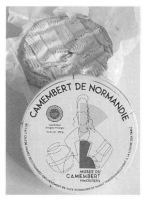

写真 13-1　カマンベール・ドゥ・ノルマンディ

出典：カマンベールチーズ博物館。https://www.museeducamembert-fr. （2022 年 8 月 10 日引用）

●ヌーシャテル

　ノルマンディ地域圏東部のルペイ・ドゥ・ブレ（Le Pays de Bray）にある農業学校では、ヌーシャテルのチーズ製造を行っている。農業学校では乳牛の飼育からチーズ製造、販売、地元の市場やスーパー、そしてパリまでの流通を行っており、6次産業として実践的に取り組んでいる。ヌーシャテルは1969年にA.O.C.の認証を取得しており、ノルマンディ地域圏の中でもっとも歴史の古いチーズである。ちなみに、ポン・レヴォックが1972年、リヴァロが1975年、そしてカマンベール・ドゥ・ノルマンディの順でA.O.C.に認定されている（フランス酪農業界：AOP-CNAOL）。

　製造工程は、前項のカマンベール・ドゥ・ノルマンディと同様で5段階のステップである。まず、朝6時と夕方4時半に牛乳を搾る作業から始まる。この2回は牛の乳が張る時間帯であり、毎日休むことなく行われる。①乳の凝固、②型に入れる方法はカマンベール・ドゥ・ノルマンディとは少々異なり、③塩を加えるが、昨今の健康志向から近年は減塩しているという。そして④精製、⑤包装の順であり、その後、2週間寝かせてから出荷する。出荷後およそ2ヵ月間が食べごろである。ヌーシャテルチーズにはさまざまな形があり、レンガ型、正方形、樽型などがあるが、個性的なハート型が大きな特徴といえるであろう。チーズの重量は100〜600gまで幅が広く、ハート型は200gか600gである。ヌーシャテルは生産量が多くないため、フランス以外には20％程度が流通しているだけで、ほとんどがフランス国内で消費されている（**写真13-2**）。

写真13-2　ハート型のヌーシャテルチーズ
出典：筆者撮影（2017年9月）。

4．BIO へのこだわり

　カマンベール・ドゥ・ノルマンディとヌーシャテルのチーズは、A.O.P. 表示のラベルが貼られ流通していくことになる。消費者に産地と品質を保証することで分かりやすく、安心して購入することができる。さらに、ヌーシャテルチーズを製造する農業学校では、A.O.P. からさらに、BIO（biologique）も目指している。日本では有機栽培やオーガニックと呼ばれているが、ヨーロッパ共通の認証である BIO は、有機農産物のことで、加工食品の 95 ％以上の原材料が BIO の場合、そのマークを表示する認可を取得することができる。しかし、取得するには厳しい規定があり、例えば遺伝子組み換えや農薬は使用禁止であり、合成着色料や香料を使用してはいけない。また、乳製品や肉が BIO である場合の条件は、飼料に規定があり、広い敷地で飼育することも義務付けている（有機農業の開発と促進のためのフランスの機関、ホームページより）。このような規定から、チーズは乳が原材料となるので、乳牛がどのような飼料を食べて育ったかが重要になってくる。農業学校では、飼育から製造まで、すべてに有機農産物である地域の産品を使用することにこだわっているのである。

　フランスの品質表示については、A.O.C. は国の機関である INAO によって認証されるが、BIO については行政の食品当局によって認証されることになる。いずれの認証もフランス農林水産省の管轄下にある。

　本節では、ノルマンディ地域圏の食の資源であるのチーズ製造について見てきたが、伝統的な製法を守り製品の質を管理していくことで、地域資源としての価値を高め、伝統的産品がブランド化して効果をもたらしているといえる。こうした製品の保証制度は、少量生産であっても一定の品質を保ちながら、産地における地域活性化にも貢献できる。そして、現地を訪れチーズの食文化を楽しむツーリズムにも繋がるであろう。

第 4 節　　地産地消による地域振興
―フランスのバターを例に

　第 3 節では、フランスのチーズを事例に食の地域振興を見てきた。フランス人の 92 ％がチーズ、バター、クリームなどの乳製品を食べているという調査

があり、本節では、その一つであるバターに着目し、地産地消の事例を見ていく。

1. 日本における地産地消

　地産地消は、地域で生産されたものをその地域で消費することを意味する言葉である。日本においては、農林水産省が2005年に「地産地消推進検討会」を立ち上げ、2006年から地産地消の明確な位置づけが示されるようになり具体的に推進されるようになった。農林水産省は検討会において、単に地域で生産されたものを地域で消費するだけではなく、「地域の消費者ニーズに即応した農業生産と、生産された農産物を地域で消費しようとする活動を通じて、農業者と消費者を結び付ける取組であり、これにより、消費者が、生産者と『顔が見え、話ができる』関係で地域の農産物・食品を購入する機会を提供するとともに、地域の農業と関連産業の活性化を図る」という内容を位置づけた。2010年12月には、六次産業化・地産地消法が公布され、地域資源を活用した農林漁業者等による新事業の創出等及び地域の農林水産物の利用促進に関する法律が打ち出された。こうした経緯から、全国で地産地消を推進する施策が進められ、各自治体における具体的な取り組みが数多く紹介されている。

　一方、地産地消は日本だけではなく、海外においても推進されていった。例えばフランスでは2009年に、当時の農業大臣ミシェル・バルニエ（Michel BARNIER）によって地産地消の促進が唱えられ、政策として進められることになった。地産地消の効果の一つに、食料自給率の向上が挙げられる。日本の食料自給率（カロリーベース）は、2021年において38％であり輸入に頼る状況である。世界を見ると2019年に100％を超えている国は、カナダ、オーストラリア、フランス、アメリカの4ヵ国である。世界3位を誇るフランスは131％の自給率である（農林水産省「世界の食料自給率」ホームページより）。そこで、海外の事例としてフランスのブルターニュ地域圏の資源を利用した地産地消の事例を取り上げ見ていく。

2. ブルターニュの食の地域資源

　ブルターニュはフランスの北西部に位置し、北は英仏海峡に、西は大西洋

に、南はビスケー湾に面した半島が東西に広がる地域圏である。海に囲まれた地域であるとともに内陸では農業が営まれていて、食の資源が豊かな地であるといえよう。現代のブルターニュは、イル＝エ＝ヴィレンヌ県、コート・ダルモール県、モルビアン県、フェニステール県の四つの県からなる地域である。ブルターニュ地域圏の食の資源は豊富であり、海に囲まれた半島であることから、海の幸だけでも多くの魚介類が水揚げされる。鮮魚での流通はもちろんのこと、缶詰工場で加工食品の製造も行っていて、保存食としても流通している。また、塩の産地でもあり、岩塩やあら塩などさまざまな種類がある。これらのほかに、りんごの発泡酒であるシードル（cidre）やそば粉を使ったガレット（galette）なども伝統的な食文化である。そして、第 3 節で述べたノルマンディとともに、隣接するブルターニュなどのフランス北西部は、りんごや乳製品が食の資源として特徴的な地域である。ブルターニュ地域圏は、とりわけバター製造の歴史が古く、中世の記録からも食されていたことが明らかになっている。バターを塩で覆い運搬する方法が用いられていたことから、塩バター（Le beurre demi-sel）が誕生したのである。フランスでは、食の資源として南部は植物油を用いるのに対して、北部ではバターが中心となっていった。現代において、この塩バターは、フランスのバター消費における 30 ％を占め、ブルターニュ地域圏においては 80 ％を占めている（Pascal BEAUDOIN & *François* BUSON 2015, pp. 14-16）。日本においても、乳製品は牛乳、チーズ、バターなど身近な食であることから、ブルターニュ地域圏のバターに着目したい（**図 13-6**）。

　ブルターニュ地域圏のイル＝エ＝ヴィレンヌ県の北部に英仏海峡に面したサン・マロ（Saint-Malo）の街がある。中世に建設された要塞がそのまま残っていて、城壁からは海を見渡すことができる。サン・マロの要塞は、大戦によって破壊されたのだが、のちに復元され、城壁に囲まれた旧市街地にはホテルやレストランが建ち並び、観光客でにぎわう地となっていった。この城壁内に、ボルディエバターの本店がある。

　1927 年に創業された「ラ・メゾン・デュ・ブール（La maison du beurre）」の乳製品の専門職人（crèmerie）の息子として生まれ、父のあとを継いだジャン＝イヴ・ボルディエ（Jean-Yves BORDIER）が、1985 年にサン・マロでバター

図 13-6　ブルターニュ地域圏

出典：france-tourisme.net　http://france-tourisme.net/s-Bretagne.htm
（2022 年 8 月 12 日引用）

の製造を行うことになったのがボルディエバターのはじまりである。ボルディエ
バターは、19 世紀の伝統的な練り上げる技法によってすべて手作業で行うこ
とにこだわっているのが特徴である。バターは、ブルターニュやノルマンディ
の厳選された契約農家から毎朝直送される高品質の牛乳によって製造されてい
る。前節のチーズと同様に、ボルディエバターはヨーロッパ共通の認証である
BIO によって製造していて、ミネラル豊富な牧草を食べて育った牛からの乳を
使用している[2]。BIO は、乳牛の健康を保持すると同時に草を育む土を健全に
保つことが重要であり、手間や時間がかかる飼育であるが、乳牛がどのような
飼料を食べて育ったのかというこだわりも重要とされている（有機農業の開発
と促進のためのフランスの機関、ホームページより）。

　ボルディエバターの本店、ラ・メゾン・デュ・ブール・ボルディエ（La
maison du beurre BORDIER）には、バターの歴史についてのパネルや製造で使用
される器具類が展示してあり、バター製造工程を知ることができる。製造は、
まず専用工場において、届いた牛乳を撹拌してクリームにすることから行われ
る。これは牛乳の乳脂肪を凝縮させる工程であり、24 時間そのまま発酵させ
ることで深みのある味になる。クリーム状から手動の機械に入れ混ぜること
で、凝縮されてバターになる。つぎに塩を加えるが、さらにほかに加えたい食

材がある場合はこの段階で加える。こうした工程で出来上がるボルディエバターの種類は、無塩バター（Le beurre Doux）、有塩バター（Le beurre Demi-Sel）、海藻入りバター（Le beurre aux Algues）、エスプレット唐辛子入りバター（Le beurre au Pement d'Espelette）、柚子風味バター（Le beurre au YUZU）、レモン風味のオリーヴオイルバター（Le beurre à l'Huile d'Olive Citronnée）、燻製塩バター（Le beurre au Sel Fumé）、ヴァニラ風味バター（Le beurre au Vanille）などがある。そして、乳脂肪を凝縮させる工程は本店で作業したのち、最後の成型の工程は販売店において消費者が購入する際に手作業で行われる。形は丸や四角、長方形など5種類の形状と、重量は 20 g〜150 g の間でオーダーでき、ニーズにあわせた形や量を販売している。ボルディエバターは、地元の牛乳にこだわり、伝統的技法による製造に加え、最後の仕上げまでも手作業で行われるのである。こうして製造されたボルディエバターは、本店のほか地元の人たちのための店舗がブルターニュ地域にいくつかあり、すべての店舗で最後の工程である成型が行われ販売されている。本店に隣接するボルディエが経営するレストラン「ビストロ・オトゥール・デュ・ブール（Le Bistro Autour du Beurre）」では、食事のときに8種類のバターが提供されるとともに料理にも使用されている。

　また、地元の加工食品の製造にも活用されている。ブルターニュのガレット専門店である「ブレイズ・カフェ（BREIZH Café）」では、伝統食であるガレットにボルディエバターを使用している。「パティスリー・グレン・ドゥ・ヴァニーユ（Grain de vanille）」の菓子店では伝統菓子のクイニー・アマン（Kouign Amann）やガトー・ブルトン（Gateau Breton）に、「ラ・ダニエル（La Daniel）」の菓子店でもボルディエバターが使用されている。さらに、海産物を缶詰として製造している「ラ・ベル＝イロワズ（La belle-iloise）」は、オイル・サーディンの缶詰にオイルではなくボルディエバターを使用していて、加工品にも展開されている。これらは、一部にしか過ぎないが、地元産のボルディエバターを使用した加工食品の製造・販売が地域中で取り組まれているといえよう（**写真 13-3、写真 13-4**）。

　さらに、ボルディエバターの品質が評価され、フランス国内のミシュラン三つ星レストランが使用するようになったことをはじめ、全国で販売されるようになった。ボルディエバターは地産地消とともに、フランス国内、そして海外

写真 13-3　Le Bistro Autour du
　　　　　Beurre で提供される 8 種
　　　　　類のバター
出典：筆者撮影（2018 年 9 月）。

写真 13-4　ブレイズ・カフェ
　　　　　BREIZH Café のガレット
出典：筆者撮影（2018 年 9 月）。

にも注目されるブランドとなっていった。

　フランスの元農業大臣であったバルニエは、「地産地消は、本物らしい、旬の、近接性の、社会的紐帯の産品の探求への消費者の増大する需要に応える」とし、「地産地消は生産者に対して、その産品の高付加価値化をもたらす」と述べている。ボルディエバターは、伝統や高品質にこだわった高付加価値化をもたらした事例となったといえよう。

　フランスのブルターニュ地域圏におけるボルディエバターを通して地産地消の一例を述べたが、ボルディエバターのように地元の産物を地域で消費しているだけではなく、ブランド力が高まると地元以外でも評価され海外にも広まっていくことになる。その結果、地域で製造したものを国内外に流通させることだけではなく、食の資源として人を引き寄せ、地元以外の人たちにもその土地に来ていただき地産地消を体験してもらうことで、さらに地域活性が推進していけるのではないかと考えられる。

　地産地消により地域の伝統や食文化が継承されていくことで、地元の人が消費するとともに、旅行やインバウンドでも消費され、さらにその評価が広まっていくことで地域振興が進められることに期待したい。

COFFEE BREAK

世界の宗教における飲食の禁忌

宗教や文化においてタブーとされている飲食があり、食文化史の分野において研究が進められてきた。主な宗教別の食材が以下の通りである。

　　ユダヤ教：豚、血、貝類、うさぎ、馬、甲殻類、適切な処理を施していない肉

　　キリスト教：特にないが、一部の宗派で避けている食材がある

　　イスラム教＊：豚肉、血、アルコール、宗教上適切な処理が施されていない肉

　　ヒンドゥー教：肉全般、魚介類、卵、生もの、五葷（ニンニク、ニラ、らっきょう、玉ねぎ、アサツキ）

＊イスラム教は食材や料理の許可として「ハラル」認証制度がある。

COFFEE BREAK

「ミシュラン・ルージュ」ガイドブックにおける格付け

19世紀末にフランスのミシュラン兄弟によって、農業機械とゴム製品を製造する会社が設立されたのが「MICHELIN」である。のちにタイヤ製造の会社として成長するのだが、1900年にドライブを楽しんでもらうための「ミシュランガイド」を刊行した。1926年に、おいしいレストランを「星」の数で示すようになった。レストランガイドとして赤い表紙のミシュランは、フランスだけではなく欧米やアジアの主要国でも刊行されていて、調査員による同一基準の評価である。日本においても、2007年に「ミシュランガイド東京2008」がアジア初として発行され、毎年更新されている。

　　星の数と評価基準

　　三つ星：そのために旅行する価値のある卓越した料理

　　二つ星：遠回りしてでも訪れる価値のある素晴らしい料理

　　一つ星：近くに訪れたら行く価値のある優れた料理

　　ビブグルマン：価格以上の満足感が得られる料理

　　ミシュラングリーンスター：ガストロノミー＆サステナビリティ

＊本章の第3節と第4節は筆者がこれまで発表した以下の論考を基にしている。いずれも最新のデータに修正、加筆を行った。転載を許可してくださった紀要委員会に御礼申し上げる。

東出加奈子（2018），「フランス・ノルマンディ地方のチーズ食文化に関する考察～カマンベールとヌーシャテルの事例～」，『大阪成蹊大学紀要』，第4号，149-155頁。

東出加奈子（2020），「フランスにおける地産地消の取り組み―ブルターニュ地域圏の事例―」，『大阪成蹊大学紀要』，第6号，131-137頁。

●注 ─────────────

1　Musée du Camembert カマンベールチーズ博物館展示ならびに学芸員による説明（2017年9月調査）。博物館は1986年に創立し、カマンベールの歴史と製法について多くの史料を提供してくれる。

2　La maison du beurre BORDIER ボルディエバター本店の展示パネルならびに店舗調査より。

【引用文献・資料】

france-tourisme.net「ブルターニュ地域圏」。

　　http://france-tourisme.net/s-Bretagne.htm （2022年8月15日閲覧）

La France Agricole, Michel Barnier a annoncé le 14 avril 2009 un plan pour favoriser la commercialisation de produits agricoles en «circuits courts», lors de la visite d'une Amap (association pour le maintien d'une agriculture paysanne, à Vanves (Hauts-de-Seine)). 2009年8月11日，

　　http://www.lafranceagricole.fr/article/circuits-courts-barnierannonce-un-plan-de-developpement-1 （2022年8月10日閲覧）

Pascal BEAUDOIN & *François* BUSON (2015), *La petite histoire gourmande des grandes marques bretonnes*, Edition Food Ouest.

The MICHELIN Guide（2021），「ミシュランガイド東京2022」，『ミシュランガイド京都・大阪＋和歌山2022』，日本ミシュランタイヤ。

エディング（2013），『世界のおいしいチーズ：厳選!! 53種』，メディアパル。

尾家健生（2020），「フードツーリズムからガストロノミーへのパラダイムシフト」，『平安女学院大学研究年報』，第21巻，第2号，1-11頁。

観光庁（2019），「訪日外国人の消費動向」2019年 年次報告書。

　　https://www.mlit.go.jp/kankocho/siryou/toukei/content/001345781.pdf （2022年8月15日閲覧）

──（2020），「訪日外国人の消費動向」2020年1-3月期。

　　https://www.mlit.go.jp/kankocho/siryou/toukei/content/001354360.pdf （2022年8月10日閲覧）

──（2022），「第7回UNWTO ガストロノミーツーリズム世界フォーラム」。

　　https://www.mlit.go.jp/kankocho/page07_000053.html （2022年8月18日閲覧）

ジェイクリエイト編（2018），『我が国のガストロノミーツーリズムに関する調査報告』，日本観光振興協会，ぐるなび，国連世界観光機関（UNWTO）駐日事務所共同調査レポート．

須田文明（2014），「地域ブランド：ふたつの真正性について」，桝潟俊子・谷口吉光・立川雅司編著『食と農の社会学：生命と地域の視点から』，ミネルヴァ書房．

──（2016），「フランスにおける地産地消の展開：AMAP を中心に」，茂野隆一・武見ゆかり編『現代の食生活と消費行動』（フードシステム学叢書第 1 巻），農林統計出版．

スローフード協会 HP「Slow Good Nippon」。https://slowfood-nippon.jp/aboutus/（2022 年 8 月 25 日閲覧）

チーズプロフェッショナル協会監修（2015），『世界のチーズ図鑑』，マイナビ．

独立行政法人農畜産業振興機構（2022），「国産ナチュラルチーズの現状と都府県チーズ工房などの動向」。https://www.alic.go.jp/joho-c/joho05_002074.html （2022 年 8 月 15 日閲覧）

日本特産農産物協会「地産地消とは？農林水産省『地産地消推進検討会中間取りまとめ』から」。www.jsapa.or.jp›chisan›intro （2022 年 8 月 15 日閲覧）

日本フードツーリズム協会「フードツーリズムマイスター養成講座」。https://food-tourism.jp/（2022 年 8 月 25 日閲覧）

日本マクドナルドホールディングス株式会社「日本マクドナルド 50 年の歴史」。https://www.mcdonalds.co.jp/campaign/thankyou50th/history/memories/（2022 年 8 月 15 日閲覧）

日本輸入チーズ普及協会（2020），「世界各国の 1 人あたりチーズ年間少量」（2019 年度）。http://www.jic.gr.jp/data.html（2022 年 8 月 10 日閲覧）

農林水産省（2007），「グリーン・ツーリズムの定義と推進の基本方向」。https://www.maff.go.jp/j/nousin/kouryu/kyose_tairyu/k_gt/pdf/1siryou2_2.pdf （2022 年 8 月 15 日閲覧）

──（2015），「ミラノ国際博覧会について」平成 27 年 11 月．https://www.maff.go.jp/j/council/seisaku/syokusan/bukai_18/pdf/data5.pdf （2022 年 8 月 10 日閲覧）

──「世界の食料自給率」。https://www.maff.go.jp/j/zyukyu/zikyu_ritu/013.html（2022 年 8 月 17 日閲覧）

──（外務省調べ）「海外における日本食レストランの数」。
2021 年　https://www.maff.go.jp/j/shokusan/eat/attach/pdf/160328_shokub-13.pdf
2019 年　https://www.maff.go.jp/j/press/shokusan/service/191213.html
2017 年　https://www.maff.go.jp/j/keikaku/syokubunka/wasyoku_unesco5/data.html
（2022 年 8 月 18 日閲覧）

──・地産地消推進検討会（2005），「地産地消推進検討会中間取りまとめ─地産地消の今後の推進方向─」 https://www.maff.go.jp/j/study/tisan_tisyo/pdf/20050810_press_5b.pdf（2022 年 8 月 10 日閲覧）

羽生敦子（2016），「カマンベールチーズの脱ローカル化についての考察：ノルマンディの村

からパリへ、そしてフランスから世界へ」,『白鴎大学論集』, 第 30 巻, 第 2 号, 131-157 頁。

東出加奈子 (2017),「パリにおける『日本食レストラン』の実態」,『大阪成蹊大学紀要』, 第 3 号, 81-89 頁。

フランス原産地名称研究所 (INAO：Institut National de l'origine et de la Qualité)
https://www.inao.gouv.fr/Les-signes-officiels-de-la-qualite-et-de-l-origineSIQO
（2022 年 8 月 12 日閲覧）

フランス農業食料省 (Ministère de l'agriculture et de la souveraineté alimentaire)
https://agriculture-gouv-fr.translate.goog/les-fromages-aop-le-savoir-faire-des-terroirs?
（2020 年 8 月 10 日閲覧）

フランス酪農業界 (AOP-CNAOL)
https://presse-filiere--laitiere-fr.translate.goog/la-filiere-laitiere/aop-cnaol.html?
（2022 年 8 月 18 日閲覧）

ボルディエバター「ジャン＝イヴ・ボルディエ」
http://www.lebeurrebordier.com/jean-yves-bordier/ （2022 年 8 月 10 日閲覧）

南直人編 (2014),『宗教と食』, ドメス出版。

有機農業の開発と促進のためのフランスの機関
http://www.agencebio.org/la-bio-en-france （2022 年 8 月 15 日閲覧）

第14章
観光まちづくり

POINT

- 「観光まちづくり」とは住んでよし、訪れてよしのまちづくり。
- 観光まちづくりは、まち全体の活性化や地方創生に貢献し、住民にとっても わがまちへのプライド形成に資する。その結果、住みよいまちづくりにも繋がる。
- アフターコロナ時代に注目される観光まちづくりの取組事例としては、公園 など公共施設の魅力化、まちごとミュージアム、地域分散型宿泊施設、観光 まちづくり拠点としての「道の駅」、農業との連携、農泊、ワーケーション、 地域芸術祭など。

第1節 「観光まちづくり」とは

　「観光まちづくり」とは、一言でいえば「住んでよし、訪れてよしのまちづくり」である。ここで「まち」とはおおむね市町村と同レベルか、それより小さい規模を想定している。また「まちづくり」とは、行政が主導するトップダウン型の都市空間整備ではなく、地域住民や事業者等が主役となり、行政と連携しつつ行うボトムアップ型のソフトな取り組み（ハードを含む場合もある）である。

　なお、旧運輸省（現、国土交通省）が2001年に「観光まちづくりガイドブック―地域づくりの新しい考え方〜『観光まちづくり』実践のために」を著し、

住んでよし、訪れてよしのまちづくり

観光にとっても、まちづくりにとってもよい（相乗効果：WIN-WIN）

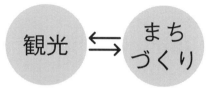

図 14-1 「観光まちづくり」のイメージ
出典：筆者作成。

そのなかで観光まちづくりを以下のように定義している。「観光まちづくりとは、地域が主体となって、自然、歴史、産業等、地域のあらゆる資源を活かすことによって、交流を振興し、活力あふれるまちを実現するための活動」である。ポイントは、「地域が主体」、「あらゆる資源を活かす」、「活力あふれるまちを実現するための活動」の3点である。

　では「観光」ではなく、なぜ「観光まちづくり」と言われ出したのか。この二つは何が違うのか。以下に「観光」と「観光まちづくり」を比較する形で説明しよう（**図14-1**）。

　「観光」の構造は、一般的に、観光客が行き先の観光施設や宿泊施設等にお金を払って、サービスを享受し、観光客はそれで満足感を得て、観光施設等は経済的利益を得るという、主にはその二者に限定された関係である。そこには行き先のまちにある他の資源やお店、住民等は特に関係してこない。しかし、例えば観光施設の人気が高まり、人がたくさん集まり過ぎると、車が混雑して生活道路が渋滞したり、ごみの不法投棄が増えるなど、いわゆるオーバーツーリズムといわれる状態になる。周辺住民やまち自体に迷惑をかけることにもなり、みんなが得をする持続可能な観光にはならない。

　一方、「観光まちづくり」の構造は、「観光」と同様に観光客が観光施設を利用することはもちろんであるが、それ以外に、まちで人気のお店に立ち寄ったり、レストランやカフェを利用したり、道の駅などで特産品を購入したり、まち歩きのガイドに案内してもらうなど住民とのふれあいもある。それにより、一つの施設にとどまらず、まち全体の活性化や地方創生に貢献することに繋が

る。そして、それらに住民が関わり、交流することにより、住民自身のまちの見直しや誇りの向上にもなる。さらに、観光客を気持ちよく迎える視点に立つため、まちをきれいにしようという気運も起こり、まちの整備が進み、結果、住みよいまちづくりにも繋がる。すなわち、「観光まちづくり」とは、観光客や観光施設の関係者だけではなく、地域住民にとっても、まち全体にとってもプラスに働くのである。

　こうしてみると「観光」よりも「観光まちづくり」の方が、よいことばかりのように見えるが、一方で、関係主体が多様でかつ多くなるため、推進することは大変である。しかし長期的に持続可能なまちづくりを進めていくためには大切な考え方である（**図 14-2**）。

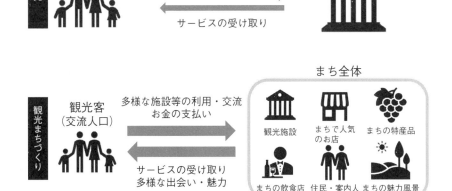

図 14-2　「観光」と「観光まちづくり」のイメージ
　出典：筆者作成。

第2節　アフターコロナ時代に一層注目される
観光まちづくりの考え方

　まず日本における観光客の状況をおさらいすると、コロナ禍直前の2019年の日本人の国内観光客は約6億人で、うち宿泊3億人、日帰り3億人であった。またインバウンド客は約3,000万人となっていた。また、旅行消費額は約28兆円で、その内訳は国内宿泊で約6割、国内日帰りで2割、インバウンドで2割であった。観光客数は日本人が圧倒的に多いが、旅行消費額ではインバウンドの一人当たりの単価が大きいため、一定のシェアを占めている。今後、日本人観光客が先行して回復し、インバウンドも東アジアなど周辺国から徐々に戻ってくると予想されており、数年後にはコロナ禍以前を上まわることも想定される。

　一方、国内観光客6億人、インバウンド客3,000万人に対して発信し、誘客しているのが地域側である。全国には47の都道府県があり、市町村数は1,718市町村（市：792、町：743、村：183）である。かつては、「観光」は有名観光地や温泉地などが取り組むもの、あるいは、主要産業がない地域が取り組むものともいわれたが、2000年代に国が「観光立国」を提唱して以降、現在は、全国のほとんどの市町村で取り組んでいると考えられる。特に、人口減少、少子高齢化への対応として「地方創生」の政策が2015年から始まったが、その大きな柱に「観光」やそれをきっかけとした「関係人口の増加」、「移住・定住への誘導」があり、全国の主に地方の市町村では主要な取り組みとして位置づけられた。一方、都市部では、定住人口増加や企業誘致などの都市間競争を有利に進めるために、都市ブランド向上や住民の満足度や愛着、プライド醸成のため「観光」に注目する例が増えてきた（**図14-3**）。

　こうした大きな時代の流れの中で、コロナ禍に見舞われ、従来の価値観や社会の仕組み自体の見直しを求める意見も多いが、筆者としては、アフターコロナ時代に求められる考え方は「観光まちづくり」と非常に親和性があると考えている。その考え方とは、①安全・安心、密の回避（時間、空間）、②オープンエア、身近な地域への注目・充足、③サステナブル、SDGs、エシカル、④お金よりやりがい、⑤リピーターやファン、繋がりや関係人口志向、⑥あるもの

インバウンド
約3,000万人

国内観光客
約6億人

【地域側】
○都道府県：47
○市町村数：1,718 市町村
　（市：792、町：743、村：183）

図 14-3　日本の観光客の状況と「地域側」
出典：筆者作成。

（ストック）活用（空き家・空き施設、歴史的建造物、公共施設等）、⑦コト消費・体験・感動重視の七つである。いずれの視点ももともと「観光まちづくり」が重視してきた考え方に近い。

第 3 節　アフターコロナ時代に求められる　　観光まちづくりの事例

1.　公園や文化・スポーツ施設がまちなかの魅力的な「観光スポット」に変身

　かつて公園や、公設の美術館や博物館などの文化・スポーツ施設の多くは、行政が設置し、運営するものであった。また利用者の多くは、周辺に住む住民や施設の内容に興味のある人に限られていた。ところが近年、おしゃれなカフェや飲食店、物販店などのある公園や文化・スポーツ施設が増えてきており、より広範囲から多くの人が集まる観光施設ともいうべき状況になってきた。

　なぜそんな変化が生まれたのであろうか。2003 年の地方自治法改正により「指定管理者制度」が創設され、それまでもっぱら行政が管理運営してきた公共施設を、民間事業者等が担えるようになり、多様なニーズ等に対応し、より効果的・効率的に運営するようになった。

　さらに、多くの地方公共団体が厳しい財政状況にある中で、公共施設の「官民連携手法：PPP（Public Private Partnership）」の導入が進んできた。PPP とは、

公共施設等の建設、維持管理、運営等を行政と民間が連携して行うことにより、民間の創意工夫等を活用し、財政資金の効率的使用や行政の効率化等を図るものである。

公園版の PPP ともいうべき制度が「公募設置管理制度（Park-PFI)」である。都市公園内で飲食店や売店等を設置・運営し、それから得られる収益を公園整備に還元するという条件で、公募により事業者を選定する仕組みである。事業者にとっては公園と調和した魅力的な施設整備をすれば集客や収益増に繋がる。公園を所有する行政にとっては、直営で整備するよりも安い費用で魅力的な公園を整備できるメリットがある。

Park-PFI 推進支援ネットワークの web ページには 2022 年 7 月時点で 67 ヵ所

事　例

天王寺公園エントランスエリア「てんしば」（大阪市）

出典：(公財) 大阪観光局。

それまで活用が不十分であった大阪市が設置する天王寺公園のエントランス部を近鉄不動産との官民連携により 2015 年に再整備（約 25,000 m²）した。

広大な芝生広場を中心に、飲食施設やドッグランやフットサルコート等を配置し、回遊性と集客性を高めるとともに、周辺の天王寺動物園・大阪市立美術館などとの機能的・空間的連携を図ることによって、あべの・天王寺エリア全体のブランド価値向上や活性化に繋がった。

の Park-PFI の実施事例が掲載されており、その中の一つが事例に示す「てんしば」である。

　このように既存の公共施設が、官民連携等により一定の集客力を伴う魅力施設に変身し、周辺地域も含めてより住みやすく、価値の高い地域になるのは典型的な観光まちづくりの例である。

2.　まち全体で進める体験交流型観光

　これまで、特に「観光地」といわれる地域ではなかったとしても、まち全体を対象とした観光まちづくりの取り組みを始める場合がある。

　大阪府高槻市では、2016 年から「オープンたかつき」という名称で体験交流型観光プログラムを進めている。その web サイトの冒頭は以下のように始まる。

　　「自然、歴史、グルメ、アートなど、さまざまな魅力が詰まった高槻。こうした高槻の魅力をただ「見る」のではなく、地元の人と交流し「体験」することで、新たな良さを発見する。そんな新しい「体験交流型観光」スタイルを提案するのが「オープンたかつき」です。豊かな自然の中で思いっきり体を動かしたり、由緒ある名所旧跡を求めて街中を探険したり…　甘いものが好きな方には、美味しいスイーツめぐりなどもオススメ。地域の特色を活かしたユニークな趣向で皆さまをお出迎えするステキなたかつき、いよいよオープンです！」。

　特徴は、毎年、冬春、夏、秋と三つの期間に分けて、まち歩き、自然と遊ぶ、歴史を訪ねる、文化を味わう、食を楽しむなどの体験プログラムが、合計100 以上組み立ててあり、主に週末に体験できるのである。名所旧跡探訪だけではなく、カフェでコーヒーのおいしい立て方を学んだり、自然の中でヨガをするなど、普段暮らしているまちにちょっとした価値を与えること、さらには高槻で働いている人や住んでいる人など身近にいる人がホストを務めていることである。

主な対象は高槻市民を想定しているが、周辺市町やテーマに応じて遠方からの来訪者もいる。運営は、高槻市観光協会が中心的な役割を果たしつつ、高槻市と商工会議所と連携して実施している。各プログラムのホスト役のことをパートナーと呼ぶが、毎年、パートナーが一堂に会し、実施に関する情報共有や今後の展開等について意見交換をする場を持つことにより、持続的な展開をめざしている。

こうした取り組みは、2006年に開催された「長崎さるく博」が始まりとされ、それ以降、「○○まちなか博物館（ミュージアム）」、「○○建築博」などの名称で、いろいろなテーマによって全国各地で実施されている。来訪者

図 14-4 「オープンたかつき 2022 春」リーフレット表紙

出典：オープンたかつき web サイト
https://open-takatsuki.jp/
（2022 年 10 月 20 日閲覧）

による交流人口増加や消費拡大の効果を目指す場合もあるが、多くは、そのまちに住む住民が、わがまちの魅力を再発見し、それを誇りに昇華したり、発信することにより、当該市のブランドイメージを向上させる効果があると考えられる。観光まちづくりのベーシックでありながら、重要な取り組みということができる。

3. ウォーカブルなまちで多様なお店に出会う観光まちづくりイベント

伊丹市（兵庫県）では「伊丹まちなかバル」が継続的に開催されてきた。2009年から始まり、毎年春と秋に開催し、コロナ禍の前の2019年10月で21回目となっている。JR伊丹駅と阪急伊丹駅を中心とする徒歩圏エリア内にある100店以上の飲食店等が参加し、それを来訪者が食べ歩きながら楽しむイベントである。5枚綴りのチケットを使い、5軒の飲食店等を選んで、各お店で1フードと1ドリンクを楽しめる。来訪者は普段は利用しないお店を発見し、

そこで新しい料理やシェフに出会い、新しい魅力を見つける機会となる。一方、お店側は自身のお店やメニューを PR し、新しい顧客獲得の機会となる。また、まち全体としては、集客によるにぎわい創出や、飲食店以外への波及効果に加え、イメージアップの効果も期待できる。伊丹まちなかバルでは、バル当日に

図 14-5　第 13 回伊丹まちなかバル（2015 年）チラシ
出典：伊丹まち未来（株）web サイト
https://itamibar.com/（2022 年 10 月 20 日閲覧）

音楽やアートなどの関連イベントも実施し、相乗効果をねらってきた（**図 14-5**）。

　松平（2017）によれば、2016 年の 1 年間に実施された全国のまちなかバルイベントは 127 件となっており、多くの地域で開催できる汎用性のある人気イベントとなっている。

　茨木市（大阪府）では毎年 11 月に「茨木おいもスイーツフェア」を開催している（現在は「茨木おいもグルメフェア」に名称変更）。このフェアは、茨木のさつまいものブランディングと地域活性化を目的に、市内の和洋菓子・飲食店が作るさつまいもスイーツの魅力を発信するイベントとして 2012 年に始まった。フェアの目玉行事は「茨木おいもスイーツラリー」で、市内の 30 店以上のスイーツ店が参加し、「さつまいも」を使ったその年の新作スイーツを発表し、その商品を購入してスタンプを集めるスタンプラリー方式のイベントである。約 1 ヵ月の期間内に、すべてのお店のスイーツを購入する強者も毎年数人は誕生する。このイベントのきっかけは、「茨木・宙いもプロジェクト」という市民グループの動きである。「さつまいも」自体が特産物だったわけではないが、「さつまいも」を介して農家とお店と市民が繋がり、茨木の名産品をつくりたいというねらいで始まった。そうしたこともあり、当初は市民サポーターや店舗サポーターが参画して自前のさつまいもを生産し、それをスイーツフェアで使用していたほどである。

　上記の伊丹市も茨木市も、飲食店やスイーツ店等がまちなかに立地するごく普通のまちである。そこでお店どうしを繋いでイベントを仕掛けることによって、誘客し、活性化を図る。さらに、市民はお店を利用し、商品を購入し、さらには活動へ参画することによって支え、魅力的なまちに育てていく。まさに「観光まちづくり」の一つである。

　特に、まちなかの飲食店やスイーツ店は、コロナ禍で大きなダメージを受け、深刻な経営状況であるお店も多い。しかし、アフターコロナの時代には、身近なまちなかを歩いて楽しむウォーカブルなまちづくりが志向されている。今後も大いに期待される観光まちづくりである。

4. 地域と利用者とホテルが win-win な地域分散型宿泊施設

　ホテルなどの宿泊施設は一つの建物の中で完結しているのが一般的であるが、近年、泊まるのはリノベーションした空き家の部屋、夕食は地域で人気のある居酒屋、お風呂はまちなかの銭湯、朝食は近くの喫茶店でモーニングを食べるなど、まるで地域住民として暮らすように「地域に泊まる」取り組みが現れてきた。

　こうした取り組みは、「アルベルゴ・ディフーゾ」というイタリアで生まれた考え方がもとになっている。日本でも地方部や都会の下町などを中心に、「NIPPONIA」や「まちやど」、「hanare」などのブランド名や施設名称で類似の取り組みが広がりつつある。それらは、貴重な歴史的建物や町家などを活用したものが多く、歴史的町並みを体験し、貴重な建物に泊まりたいというニーズに応えるという意味で分かりやすい方向性である。

　一方、その中で少し異色なものが、大阪の「SEKAI HOTEL」である。現在、東大阪市布施の商店街と大阪市西九条の住宅街で事業展開しているが、いわゆる「普通のまち」である。当社の Web サイトではコンセプトとして「私たちの『日常』は誰かにとっての『非日常』である」として「世界中の何処もが旅行先になり得る」とし、ミッションについても「人種や国籍、趣味嗜好などそれぞれの経験と思考からカタチ作られるセカイはまさに十人十色。（中略）多様性の下に共生するセカイ」を実現したいと表明している。まさに「旅」の本質に迫る考え方であろう。

SEKAI HOTEL では、フロントとなっている拠点でチェックインを済ませると、スタッフが別の場所にあるまちなかの部屋まで案内する。その道中、飲食店やカフェ、銭湯、スーパーマーケットなどのお店を紹介しながら歩く。宿泊客には「SEKAI PASS」というカードが渡され、提携店でカードを見せると割引等のサービスを受けられる。

こうしたことによって、商店街の活性化と、利用客にとっての非日常体験の提供、そしてホテルにとっての一般ホテルとの差別化という、地域・利用客・ホテルの win-win-win の仕組みを目指している。まさに宿泊施設を中心とした「観光まちづくり」の取り組みの一つといえる。

事　例

SEKAI HOTEL の宿泊プラン例

・【朝食＋銭湯】まちごとホテルを満喫するならコレ！レトロなモーニングではじめる下町の非日常
・お部屋：古家をリノベーションした【商店街内の客室】
・お風呂：昭和の雰囲気がどこか心地よい【薪で沸かす銭湯】
・ご朝食：地元客でにぎわうレトロな喫茶店で【美味しいモーニング】
合計金額・大人 2 名 1 泊 38,000 円（税込）

5. 地域内外から人が集まる「観光まちづくり拠点」としての「道の駅」

道の駅とは、国土交通省によれば、道路利用者のための「休憩機能」、道路利用者や地域の方々のための「情報発信機能」、そして「道の駅」をきっかけに活力ある地域づくりを行うための「地域連携機能」、の三つの機能を合わせ持つ休憩施設のことである。市町村等が設置し、市町村長からの申請により国土交通省で登録するもので、1993 年 4 月に全国で 103 ヵ所が登録されたのを皮切りに、現在（2022 年 2 月）、1,194 駅に増加している。すべての都道府県にあり、最も多いのが北海道の 127 駅、少ないのが東京の 1 駅である。

　道の駅の「地域連携機能」で最も特徴的なものとして、地域の農林水産物やその加工品、工芸品などを地域の農家や事業者等が出品、販売する直売所、地域産品を生かしたものや総菜、パン、スイーツなどをつくる加工所、それらを飲食できるレストランやカフェなどがある。それらは道の駅の賑わいの中心となり、人気のある道の駅では相当の集客数と売上を誇るところもある。また、多種多様な地域産品を開発・製造し、都会での販売やインターネットでの出店など、本格的な地域商社機能を有する道の駅もある。さらに、ご当地の観光情報の提供はもちろん、コンシェルジュの配置や地域めぐりツアーの出発地、レンタサイクルの拠点など、地域の観光ゲートウェイ機能を有する場合もある。さらに、道の駅に観光協会や地方公共団体の観光セクションの事務所を置くところもあり、まさに「観光まちづくりの拠点」といえる。

　国土交通省でも、道の駅の方針として、第1ステージ（1993年〜）の「通過する道路利用者のサービス提供の場」から、第2ステージ（2013年〜）の「道の駅自体が目的地」、そして第3ステージ（2020〜2025年）では「『地方創生・観光を加速する拠点』へ＋ネットワーク化で活力ある地域デザインにも貢献」と謳っており、より地域や広域ネットワーク、海外プロモーション、防災など新しい時代に対応したものを目指している。

　道の駅に隣接した宿泊施設を整備する動きもある。積水ハウスとマリオット・インターナショナルが、地方創生事業「Trip Base（トリップベース）道の駅プロジェクト」にて、宿泊特化型のホテル「フェアフィールド・バイ・マリオット」（50〜100室）を2022年春までに5府県14ヵ所で展開し、現在も拡大進行中である。道の駅は「泊り、地域を巡る拠点」にも変貌中である（**写真14-1**）。

写真 14-1　フェアフィールド・バイ・マリオット・京都京丹波
出典：筆者撮影。

　道の駅は、行政が観光施策に取り組む場合の最もわかりやすい目玉事業となっている。対外的な発信・集客や販売という目的も当然あるが、直売所の出品者は農家や地元事業者等の住民であることも多く、かつ平日の利用者は住民であるケースも多く、住民自身が商品を供給し、買い物するなど利用し、支えるという地域経済循環の場ともなっている。その意味では住民も来訪者も両方が喜ぶ「観光まちづくり」の拠点でもある。

6. 農業×観光まちづくり

　農業×観光まちづくりは、古くて新しいテーマである。みかんやぶどうなどの味覚狩りは、高度成長期の 1960 年代から身近に行ける家族や地域団体、企業などの福利厚生のレジャーとして楽しまれてきた「観光農業」である。そして、1990 年代になると「グリーンツーリズム」という言葉が使われ始め、農林水産省の「都市と農山漁村の共生対流」という政策のもと、都市住民が農村を訪問し、体験や交流を通じて楽しみ、健康を育み、農村の活性化を図るものである。全国の数多くの農村で地域の活性化ビジョンが描かれ、滞在型市民農園、直売所施設、特産品加工施設、宿泊施設、魅力資源を結ぶ遊歩道などの整備が進められた。「交流」や「共生対流」という言葉を使っているが、実態としては、農村地域における「観光まちづくり」である。事例として、滋賀県竜王町の取り組みを示す。

　その後、2010 年代には、「農林水産業の 6 次産業化」の政策が現れた。農林水産業の領域を 1 次産業に限定するのではなく、1 次産業×2 次産業×3 次産業＝6 次産業として、加工品製造や、農業体験などの観光、マルシェやインターネットでの直接販売など、全体として生産者と消費者との距離を近づけ、農家側の商品価値を高めつつ、所得向上を図るねらいである。そして、国による「地方創生」の旗振りのもと、2015 年頃から地域の農業や食と観光を掛け合わせた活性化の取り組みが全国的に広がっていった。特徴としては、都会にいる若者人材が地方に移住し、新規就農者となったり、総務省の「地域おこし協力隊」の制度を活用して、数年間の地域での活動を経た上で、地域に住み続け起業する人が増えてきたことである。その多くは、農業や観光に関係する事業であり、新しい人材が地域に参入したことは、地方創生の一つの大きな成果

事　例

道の駅・アグリパーク竜王（滋賀県竜王町）における農業体験

出典：滋賀県 web サイト　https://www.pref.shiga.lg.jp/gt-shiga/
destination/107131.html（2022 年 10 月 20 日閲覧）

・町内には、いちご、ぶどう、なし、かき、さくらんぼ、もも、ブルーベリーなどの果樹や野菜などの体験農業ができる農園が 30 ヵ所以上あり、年間を通じて旬に対応した体験が楽しめる。コロナ禍前には京阪神等から 5 万人以上の来園者がいた。

・道の駅の役割は、情報発信や申し込み、受付、料金収受、トイレや、近くの農園にとっては駐車場の受け皿にもなる。農園の共通的な事務負担を減らすとともに、研修等により体験農園の品質向上を支援する。

と考えられる。

　そして、コロナ禍においては外出を控え、自分と向き合う時間の中で、身近な地域や安全安心、健康などへの関心が高まり、農産物のインターネットでの購入や直売所の人気が高くなったり、自ら農作業をする貸農園などの需要も増えた。

　アフターコロナの「農業×観光まちづくり」として、一つは SDGs 推進の視点が重視され、生産者にとっても消費者にとっても、地域にとっても、適正で持続可能でかつエシカルな方向が目指されるだろう。農林水産省は 2050 年に全国の有機農業の取組面積の割合を 25 ％（100 万ヘクタール）に拡大する目標を立てており、日本の農業も確実にオーガニックな方向に向かい始めている。もう一つは、繋がりや経験価値の重視がキーワードとなる。例えば、生産者と事前にオンラインで会話し、現場でも直接会って他の参加者も含めて体験・交流し、事後も定期的に産物や情報が送られてきて、SNS で交流している。さらには、産地活性化プロジェクトを応援するためにクラウドファンディングに投資するなど、顔の見える関係で、継続的に繋がることに価値が見出されるであろう。

7.　教育旅行等を中心とする「農泊」による観光まちづくり

　教育旅行とは、教育上の目的で実施される旅行で、学校行事として行われる修学旅行、林間学校などで、小中学生や高校生を対象とする。教育旅行による農家民泊の取り組みが活発化したのは、2008 年度に国の掛け声によって「子ども農山漁村交流プロジェクト－120 万人・自然の中での体験活動の推進」が実施されたことによる。総務省・文部科学省・農林水産省の連携事業として、全国 2 万 3,000 校の小学校 5 年生の子どもたちが農山漁村での 1 週間程度の宿泊体験活動に参加するものである。地域にある複数の農家に数人ずつ分かれて宿泊したり、拠点となる大規模な宿泊施設に泊まるケースもある。農林水産省によると、2017 年度までに、全国 43 道府県の 185 モデル地域（農山漁村）で、延べ約 27 万人の小学生が宿泊体験、およびさまざまな農林漁業体験を実施している。効果については、子どもの食に対する関心、思いやりの心の醸成、農山漁村地域の活性化に大きく寄与している。

こうした取り組みを踏まえて、現段階においては、子どもたちの教育旅行の
みに限定せずに、大人やインバウンド客も含めたターゲットを対象に「農泊」
としての取り組みが進められている。「農泊」とは、農山漁村地域に宿泊し、
滞在中に豊かな地域資源を活用した食事や体験等を楽しむ「農山漁村滞在型旅
行」のことで、地域資源を観光コンテンツとして活用し、インバウンドを含む

事　例

大和飛鳥ニューツーリズムの体験型教育旅行「民家ステイ」
（奈良県明日香村）

出典：明日香村 web サイト　https://asukamura.jp/files/asukaho_koufukin_jisseki_
r1.pdf（2022 年 10 月 20 日閲覧）

・2011 年に設立した一般社団法人大和飛鳥ニューツーリズム（途中、広域化によ
り改名）は、明日香村に本拠地を置きつつ、周辺自治体（橿原市・高取町・桜井
市・宇陀市・下市町）と連携し、広域で体験型教育旅行「民家ステイ」を受け
入れている。

・民家ステイの登録件数は約 140 件で、明日香村でも 40〜50 件。4 人一組で受
け入れ。行程はおおむね 14 時〜翌朝 10 時で、夕食、朝食、宿泊と村内等の
案内。

・コロナ禍前の 2019 年で約 6,000 人の修学旅行生で、首都圏等からの中高生が
多い。インバウンド客は 2 割ぐらいで、台湾を中心にシンガポール、インド
ネシアなどから。

・教育旅行以外に、企業研修での受け入れも検討中である。

国内外の観光客を農山漁村に呼び込み、地域の所得向上と活性化を図るものである。地域の関係者による任意の協議会が運営するのではなく、「中核法人」を位置づけ、その組織と農林水産業、小売業、飲食業、旅行業、交通業、宿泊業等が連携し、地域で一丸となって取り組む想定をしている。まさに地域主導の「観光まちづくり」といえる。2022 年 3 月末時点で、全国に農泊推進対策採択地域は 599 ヵ所となっている。事例として奈良県明日香村の取り組みを示す。

8.　ワーケーションによる観光まちづくり

　コロナ禍で注目を集めた旅行スタイルの一つが「ワーケーション」である。観光庁によると、「Work（仕事）と Vacation（休暇）を組み合わせた造語で、テレワーク等を活用し、普段の職場や自宅とは異なる場所で仕事をしつつ、自分の時間も過ごすこと」である。コロナ禍もあり、在宅勤務やテレワークが広まり、また、時期や場所の密を回避し、分散化する旅行スタイルが注目された。

　企業側にとっては、普段とは異なる就業環境による、仕事の質の向上や有給休暇の取得促進、地方創生や SDGs への寄与、従業員にとってはリフレッシュ効果や長期休暇の取得、受け入れ地域にとっては、平日旅行需要の創出、関係人口の増加、遊休施設等の有効活用などのメリットがあるとされ、近年、取り組む企業や自治体も増えつつある。

表 14-1　従来と今後のワーケーション

	従来のワーケーション	今後のワーケーション
レクリエーション	気晴らし、娯楽、レジャー	Re-Creation（再創造）
観光の	代替・穴埋め	再定義
ワーカーの位置づけ	観光客（交流人口）	関係人口
滞在	単発・短期間	継続／連続・比較的長期
接し方	消費する人	パートナー
ワーカーにとって	生産性向上：ワークスタイル	刺激・転機：ライフスタイル
地域との関係	交流	価値創造
地域が提供するもの	寛容	歓待・ホスピタリティ

　出典：松下（2022）、「ワーケーション企画入門」p. 36 を基に筆者作成。

ワーケーションを単に、コロナ禍で減少した観光需要を回復させる手段と捉えるだけでは不十分であるとし、松下（2022）は**表14-1**のように、従来と今後求められるワーケーションを整理している。ポイントは単なる観光需要創出ではなく、地方創生や関係人口創出を目的とすること、そして、ワークとバケーションを分けるのではなく、「重ねて」考えることである。

いずれにしても、まだ日本社会において「ワーケーション」はなじみの少ない取り組みである。そうした意味で、企業も地域も、そしてワーカーである私たちも、いかに魅力的なワーケーションを産み出せるかが、今後試されている。事例として、和歌山県白浜町の取り組みを示す。

事　例

白浜町（和歌山県）の取組事例

・白浜町では白浜温泉というリゾート地に加えて、大阪から2時間、首都圏から飛行機で1時間という利便性を生かして、20年ほど前から、ふるさとテレワークの推進やIT企業の誘致を進めている。
・ワーケーションもその文脈の上で捉えて、「関係人口創出」に繋がるという考えで、具体的には、企業の保養所を活用した町営の企業向けオフィスを2棟設置、その他ワークプレイスの整備やテレワーク宿泊施設の整備などを実施している。2022年現在で15社のIT企業が立地している。
・和歌山県も協力しており、2019年には和歌山県等が「ワーケーション自治体協議会」を設立し、全国65の自治体が参加している。取り組みとしては、モニターツアーなど体験会の開催、コンシェルジュ配置など受入環境整備、情報発信の強化など。

9. 地域芸術祭と観光まちづくり

「大地の芸術祭 越後妻有アートトリエンナーレ」は、世界最大級の国際芸術祭であり、日本中で開催されている地域芸術祭のパイオニアである。新潟県の

越後妻有地域で 2000 年から始まり、3 年に 1 度開催されている。豊かな四季がめぐる里山で 1 年を通して約 200 点の作品を楽しめるだけでなく、季節ごとに企画展やイベント、ツアーを開催しており、アート作品や旧小学校での食事や宿泊もできる。地域に内在するさまざまな価値をアートを媒介として掘り起こし、そ

写真 14-2　瀬戸内芸術祭の作品
写真提供：松田充史

の魅力を高め、世界に発信し、地域再生の道筋を築くことを目指している。2018 年開催の第 7 回には 7 月 29 日〜9 月 17 日で約 55 万人の来訪者があった。写真映えする作品が多く、来訪者による SNS による発信力が高まった効果といわれている。また、住民が作品の製作を手伝うなど、地元と連携した芸術祭となっている。

　もう一つの日本を代表する地域芸術祭が「瀬戸内国際芸術祭」である（**写真14-2**）。2010 年から始まり、3 年に一度開催され、2022 年が 5 回目となる。香川県の瀬戸内海の島々を舞台としており、来訪者は船で会場である島々をめぐることになる。公式 web サイトに、目的が以下のように記されている。「『島のおじいさんおばあさんの笑顔を見たい。』―そのためには、人が訪れる“観光”が島の人々の“感幸”でなければならず、この芸術祭が島の将来の展望に繋がって欲しい。このことが、当初から掲げてきた目的＝『海の復権』です」。

　2019 年開催の第 4 回では、会期 107 日間で来場者数が約 118 万人あり、香川県内における経済波及効果は 180 億円とされている。アーティストと地域を繋ぎ、作品と来場者を結ぶ役割を果たす瀬戸内国際芸術祭のサポーターには、「こえび隊」と「企業・団体ボランティアサポーター」があり、参加者の総数は延べ 9,458 人となった。また、会期中には県内の高校などと学校連携事業を開催するなど、全県的な盛り上がりにも貢献している。そうしたこともあり、会

場の一つである男木島では、2013 年以降、移住者は 500 人を超え、ほとんど
が定住している。子育て世帯も多く、2017 年に 3 人、2018 年に 1 人の子ども
が生まれるという当初の目的を一部かなえる出来事も起こっている。

　昨今、全国的に地域芸術祭やトリエンナーレ、アートを活かしたまちづくり
などがよく開催されており、それらの行事の目的の多くは、アートによる日常
の時空間の再発見であったり、有名アーティストやその作品による集客などで
ある。では観光まちづくりにとってよい「地域芸術祭」とは何であろうか。上
記の二つの成功例からいえることは、フィールドである地域の課題に正面から
向き合うこと、その地域が持つ魅力を作品として引き出すこと、そして、地域
住民や地域のステークホルダーとうまく連携すること、そしてそれにより何回
も継続して開催していけることだと考えられる。

10. 鉄道やバス等による観光まちづくり

　人口減少やマイカー普及による利用者減少に加え、特に、近年のコロナ禍を
受けて、地方における鉄道やバスなどの公共交通の経営は非常に厳しくなって
いる。そうした問題を、地域の通勤通学や観光利用などを含む沿線自治体に
とっての重要な地域課題として捉え、さまざまな対応策が実施されている。

　ローカル鉄道の知名度を上げるきっかけとなった、和歌山電気鉄道貴志川線
の「たま駅長」がよく知られているが、その他にもユニークな取り組みがあ
る。ここでは、おもに「観
光まちづくり」に関係する
取り組みの一部を紹介す
る。

　兵庫県加西市と小野市を
走る営業キロ 13.6 キロメー
トルのローカル鉄道が「北
条鉄道」である。この電鉄
会社では、沿線住民を含む
希望者をボランティア駅長
（ステーションマスター）と

写真 14-3　北条鉄道
出典：筆者撮影。

して登録する制度がある。2 年任期で、自分が担当する駅に月 2 回以上は出勤して、駅長活動、駅舎等の清掃を行うなどが決まりである。8 駅すべてにステーションマスターがいる。駅舎を活用して、パン工房の設置、切り絵教室の開講、婚活相談、楽器演奏会、鉄道制服を着用した列車お見送り活動、もちろん周辺への観光案内などの役割もある。ステーションマスターの個人的な関心や特技の活用と、地域課題への対応、周辺観光の活性化などを、駅舎空間の活用の中でうまく組み合わせているところにユニークさがある（**写真 14-3**）。

　兵庫県姫路市に本社のある神姫バスでは、「バスの八百屋」という取り組みを進めている。バスは単に人を運ぶ役割ではなく、地域と地域のあらゆるものを結び、繋ぐということで、県内全域に及ぶバス網を活用し、路線バスによって産地から農産物を集荷し、県内の人口集積地である阪神地域のショップで販売する事業である。モノを産地から消費地に運ぶだけではなく、観光などの魅力情報も合わせて運び、逆に今度は消費地から産地に人を運び観光交流に繋げるねらいもある。また、バスの中をサウナに改造した移動型サウナバス（「サバス」と命名）をプロデュースし、それを企業や団体に貸与したり、イベント時に活用するプロジェクトを始めた。

　岡山県の両備グループでは、コロナ禍もあり非常に厳しい経営環境の中で、2022 年をバス事業存続の正念場と捉え、「宇宙一面白い公共交通を目指すプロジェクト」を推進している。その中で、「プラネタリウムバス」の運行を実験的に行った。バス車内でプロジェクターによって星空を映し出し、癒しの空間を演出している。

　いずれの取り組みも、それ単体で、採算がとれるものではないと考えられるが、非常にユニークな取り組みであり、地域と連携しつつ新しい価値を産み出す観光まちづくりに挑戦している。今後の進展や他の地域での応用なども期待される。

【参考文献】

hanare
　https://www.chillnn.com/1754a80e9403b7（2022 年 10 月 20 日閲覧）
　hanare は東京・谷中のホテルです。しかし、単に一つの建物に完結したホテルではなく、

まち全体を一つの大きなホテルに見立てることで地域と一体になったホテルです。ホテルのレセプションは最小文化複合施設「HAGISO」の 2F にあります。宿泊室はまちの中。大浴場はまちの銭湯。ホテル自慢のレストランはまちの美味しい飲食店。お土産屋さんは商店街や路地に店を構える雑貨屋さん。文化体験はまちのお稽古教室やお寺で。レンタサイクルは自転車屋さんで借りることができます。あなた次第でまちはホテルになる。the whole town can be your hotel

NIPPONIA
　　https://nipponia.or.jp/（2022 年 10 月 20 日閲覧）
Park-PFI 推進支援ネットワーク
　　https://park-pfi.com/（2022 年 10 月 20 日閲覧）
SEKAI HOTEL
　　https://sekaihotel.jp/（2022 年 10 月 20 日閲覧）
アルベルゴ・ディフーゾ
　　https://albergodiffuso.jp/#action-plan（2022 年 10 月 20 日閲覧）
一般社団法人 日本まちやど協会
　　https://machiyado.jp/about-machiyado/（2022 年 10 月 20 日閲覧）
一般社団法人 大和飛鳥ニューツーリズム（2022）
　　https://yamatoasuka.or.jp/（2022 年 10 月 20 日閲覧）
移動型サウナバス「サバス」
　　https://www.shinkibus.co.jp/sys/frames/view/1456（2022 年 10 月 20 日閲覧）
茨木宙いもプロジェクト
　　http://soraimo.com/index.html（2022 年 10 月 20 日閲覧）
観光庁「新たな旅のスタイル」ワーケーション＆ブレジャー
　　https://www.mlit.go.jp/kankocho/workation-bleisure/（2022 年 10 月 20 日閲覧）
国土交通省 都市局 公園緑地・景観課（2020），公募設置管理制度（Park-PFI）について。
　　https://www.mlit.go.jp/sogoseisaku/kanminrenkei/content/001329492.pdf
　　（2022 年 10 月 20 日閲覧）
神姫バス「バスの八百屋」
　　https://www.shinkibus.co.jp/bus_yaoya/category/about/index.html（2022 年 10 月 20 日閲覧）
成功している芸術祭、失敗している芸術祭の本当の理由
　　https://www.huffingtonpost.jp/ryushi-osaki/art-festival_b_9284338.html
　　（2022 年 10 月 20 日閲覧）
「大地の芸術祭　越後妻有アートトリエンナーレ」公式 web サイト
　　https://www.echigo-tsumari.jp/visit/v_category/model_course/（2022 年 10 月 20 日閲覧）
地域芸術祭がもたらす、インバウンド誘致と地方移住／地域活性機構 リレーコラム
　　https://www.glocaltimes.jp/4521（2022 年 10 月 20 日閲覧）
てんしば
　　https://www.tennoji-park.jp/（2022 年 10 月 20 日閲覧）

農林水産省農村振興局「子ども農山漁村交流プロジェクトに関する支援等ついて」。

　　https://furusato.jp/wp-content/uploads/country/doc_c05.pdf　（2022 年 10 月 20 日閲覧）

農林水産省農村振興局都市農村交流課（2022），「農泊をめぐる状況について（2022 年 4 月 1 日時点）」。

　　https://www.maff.go.jp/j/nousin/kouryu/nouhakusuishin/attach/pdf/nouhaku_top–33.pdf

　　（2022 年 10 月 20 日閲覧）

北条鉄道株式会社

　　http://www.hojorailway.jp/（2022 年 10 月 20 日閲覧）

松下慶太（2022），「ワーケーション企画入門：選ばれる地域になるための受け入れノウハウ」，学芸出版社。

松平偉栄（2017），『「まちなかバル」の全国動向と来訪者の回遊行動特性に関する研究―「伊丹まちなかバル」を事例として―』，大阪市立大学大学院 都市系専攻　修士論文概要集。

安田亘宏（2013），『フードツーリズム論：食を活かした観光まちづくり』，古今書院。

両備グループ「宇宙一面白い公共交通を目指すプロジェクト」

　　https://ryobi.gr.jp/news/6676/（2022 年 10 月 20 日閲覧）

主要索引

■執筆者紹介

国枝　よしみ（くにえだ　よしみ）　**執筆担当／まえがき・第1章・第5章・第8章**
大阪成蹊大学副学長・国際観光学部長・教授　博士（先端マネジメント）（関西学院大学）
　慶應義塾大学文学部卒業。関西学院大学大学院経営戦略研究科博士課程修了。
　日本航空、ホテル日航大阪等を経て、公募により奈良県広報広聴課参事、観光交流局参与。その後大阪成蹊短期大学副学長、大阪成蹊大学副学長・教授を経て2022年4月より現職。
　著書に『観光マネジメント』（D. WEAVER & L. LAWTON 著監訳，千倉書房，2022）。『サービスと消費者行動』（山本昭二・国枝よしみ・森藤ちひろ編著，千倉書房，2020）、『1からの観光事業論』（共著，中央経済社，2016）、『地域創造のための観光マネジメント講座』（共著，学芸出版社，2016）、『これでわかる！着地型観光』（共著，学芸出版社，2008）等。

中井　郷之（なかい　さとし）　**執筆担当／第2章・第10章**
大阪成蹊短期大学経営会計学科准教授　博士（商学）（大阪市立大学・現大阪公立大学）
　立命館アジア太平洋大学アジア太平洋学部卒業。大阪市立大学大学院経営学研究科後期博士課程満期単位取得退学。函館大学商学部専任講師、羽衣国際大学現代社会学部准教授を経て、2017年4月より現職。
　著書に『商店街の観光化プロセス』（単著，創成社，2015年）、『これでわかる！着地型観光 地域が主役のツーリズム』（共著，学芸出版社，2008年）、『地域共創と政策科学―立命館大学の取組』（共著，晃洋書房，2011年）、『入門 観光学』（共著，ミネルヴァ書房，2018年）などがある。

金　蘭正（きむ　らんじょん）　**執筆担当／第3章・第8章・第9章**
大阪成蹊大学国際観光学部准教授　博士（観光学）（立教大学）
　立教大学大学院観光学研究科博士課程後期課程修了。鈴鹿大学国際人間科学部を経て、2015年4月より現職。
　著書に『よくわかる観光学1 観光経営学』（共著，朝倉書店，2013年）、『スポーツツーリズム概論』（共著，学術研究出版／ブックウェイ，2018年）、『観光の事典』（共著，朝倉書店，2019年）などがある。論文に「韓日観光交流の活性化方案に関する一考察―日本人若者の韓国に対するイメージ分析を中心に―」（『日本近代学研究』第50輯，2015年）、「観光地域づくりの推進役としてのDMOの役割に関する研究―日本版DMOの先進事例を中心に―」（『日本近代学研究』第57輯，2017年）、「日本におけるユニバーサルツーリズムをめぐる取り組みと高齢者の旅行阻害要因に関する研究」（『東北亜観光研究』Vol.15, No.3, 2019年）などがある。

中川　渉（なかがわ　わたる）　**執筆担当／第 4 章**
株式会社 JTB　大阪教育事業部　事業部長　現職。
　龍谷大学経済学部卒業
　株式会社日本交通公社（JTB）教育旅行大阪支店入社。株式会社ジェイティービー
和歌山支店　営業課長、JTB 西日本　教育旅行大阪支店　営業課長、株式会社 JTB
西日本　京都支店法人営業部　法人営業部長を経て、株式会社 JTB　姫路支店　支
店長、株式会社 JTB　教育旅行大阪支店　支店長　を歴任。
　JTB 入社後、国内・海外修学旅行や研修旅行等、広く教育旅行営業に関わる。その
後、関西中心に管理職として業務を行う傍ら、地域課題を解決するため、各地域
での着地型交流（活性化）事業開発にも携わる。現在は大阪で、着地型教育旅行
プログラムを開発し、訪日（インバウンド）教育旅行にも展開中。

岡田　晃（おかだ　あきら）　**執筆担当／第 6 章**
大阪成蹊大学客員教授　株式会社 ANA 総合研究所　顧問　沖縄電力株式会社社外取締役
　東京大学経済学部卒業
　全日本空輸株式会社入社。同社執行役員企画室長、取締役オペレーション統括本
部長、専務取締役貨物事業室長、株式会社 ANA 総合研究所代表取締役社長を経て
2021 年 4 月より現職。

島　雅則（しま　まさのり）　**執筆担当／第 7 章**
大阪成蹊大学国際観光学部准教授
　慶應義塾大学商学部卒業。メーカー勤務で中東、オランダに駐在。株式会社ロイ
ヤルホテルに転じ、国際企画部門において豪州ケアンズ等、海外グループホテル
の現地での管理運営や市場調査を担当。株式会社ロイヤルホテル理事として、リー
ガロイヤルホテル新居浜・取締役社長兼総支配人、登大路ホテル総支配人を歴任。
大阪成蹊大学経営学部准教授を経て、2022 年 4 月より現職。国家資格「ホテル・
マネジメント技能検定」検定委員。
　論文に「日本のホテル業界のムスリム訪日客受入体制の実態と考察―マレーシア
とタイを先進事例に―」（『大阪成蹊大学マネジメント学部紀要』第 6 号，2020 年）
などがある。

今村　康子（いまむら　やすこ）　**執筆担当／第 9 章**
株式会社 ANA 総合研究所　研究員　修士（システムデザイン・マネジメント学）（慶
應義塾大学）
　大妻女子大学短期大学部英文科卒業。慶應義塾大学大学院システムデザイン・マ
ネジメント研究科修士課程修了。全日本空輸株式会社にて客室乗務員、インフラ
イトマネジャー（客室乗務員管理職）、本社商品戦略室でのサービス・商品企画・
立案を経て、2018 年より現職。
　論文に Methods to Achieve Two Objectives at Same Time: Deriving Combinational
Model of Process and Cognition for Customer Service by Analyzing Flight Attendants'
Empirically Grounded Hospitality, "Society of Interdisciplinary Business Research"（共
著，2020 年）、「サービスエクセレンスに関する事例研究～本邦航空会社における
カスタマーデライトを生み出す組織能力～」（実践経営学会第 65 回全国大会論文
集，2022 年）などがある。

原田　弘之（はらだ　ひろゆき）　執筆担当／第 11 章・第 14 章
大阪成蹊大学国際観光学部准教授　工学修士（大阪大学）
　大阪大学工学部卒業。大阪大学大学院工学研究科博士前期課程環境工学専攻修了。
株式会社地域計画建築研究所（アルパック）で地方自治体の観光まちづくりや地
域活性化の調査・計画・事業支援等に携わる。同社執行役員・地域産業イノベー
ショングループ長を経て、2022 年 4 月より現職。
　著書に「これでわかる！着地型観光―地域が主役のツーリズム―」（共著，学芸出
版社，2008 年）、「地域のチカラ―夢を語り合い、実践する人びと―」（共著，自治
体研究社，2009 年）などがある。
　資格として、技術士（農業部門；農村環境）、認定都市プランナー（都市・地域経
営）、地域づくりプランナー（一般社団法人地域づくり支援機構）。

中野　毅（なかの　たけし）　執筆担当／第 12 章
大阪成蹊大学国際観光学部准教授　経営管理修士（MBA）（関西学院大学）
　関西学院大学経済学部卒業。関西学院大学専門職大学院経営戦略研究科終了。
外資系航空会社日本支社で営業部長、本社でグローバル・コーポレート・セール
スマネージャー等を歴任。大阪成蹊大学経営学部准教授を経て、2022 年 4 月より
現職。
　論文に「アウトバウンド・プロモーションにおけるフィンランド・モデル」（単著，
「第 31 回日本観光研究学会全国大会論文集」，2016 年）などがある。

東出　加奈子（ひがしで　かなこ）　執筆担当／第 13 章
大阪成蹊大学国際観光学部教授　博士（文学）（奈良女子大学）
　大阪外国語大学（現大阪大学外国語学部）フランス語科卒業。フランス留学。大
阪外国語大学大学院言語社会研究科博士前期課程修了。奈良女子大学大学院人間
文化研究科博士後期課程修了。
　三井住友銀行の勤務経験もあり、奈良女子大学研究員、非常勤講師、大阪成蹊大
学経営学部准教授、教授を経て、2022 年より現職。
　著書に、『海港パリの近代史―セーヌ河水運と港―』（単著，晃洋書房，2018）、『は
じめて学ぶフランスの歴史と文化』（共著，ミネルヴァ書房，2020）などがある。
　論文に、「19 世紀ベルシーにおける河川商業―セーヌ河の労働者組織―」（単著，
寧楽史苑，2018）、「19 世紀セーヌ河の客船運航―パリ万国博覧会とバトー・ムー
シュ―」（単著，寧楽史苑，2022）などがある。

経営の視点から考える「新しい観光学」

2023 年 2 月 20 日　初版第 1 刷

編　著　　国枝よしみ／岡田晃
発行者　　千倉成示
発行所　　株式会社 千倉書房

　　　　　〒 104-0031　東京都中央区京橋 3-7-1
　　　　　TEL 03-3528-6901 ／ FAX 03-3528-6905
　　　　　https://www.chikura.co.jp/

印刷・製本　　藤原印刷株式会社
装丁デザイン　　冨澤　崇

© Akira Okada, Yoshimi Kunieda 2023
Printed in Japan
ISBN 978-4-8051-1275-5　C3063